한국문단사와 문학사를 읽는
근·현대 작가 사진 기록물

정릉으로 온 편지

첫 번째 이야기

박종석 저

염상섭
계용묵
전영택
오상순
김관식
신석초
박목월
장만영
고석규
김종후

도서출판 월인

목차

Ⅲ. 〈작고 문인 사신철〉의 사료적 가치와 과제

〔부록〕 사신 기록물 연구 자료

머리말

조연현(趙演鉉, 1920~1981)은 한국의 대표적인 작가들이 보내온 편지를 '번호와 작가명'으로 정리해 서류철로 보관했다. 〈작고 문인 사신철(作故 文人 私信綴)〉이다. 1965년 《현대문학》 창간 10주년을 기념해 박종화(朴鍾和, 1901~1981)가 선물한 병풍에는 이들 작가의 필명이 적힌 〈작가 필명 병풍〉도 정릉 자택에 남아 있었다.

서울 종로구 연건동, 휘경동과 정릉은 함안에서 출발한 그의 삶과 문학, 걸출한 한국 문인들을 배출한 《현대문학》 그리고 한국문단사와 문학사가 함께 숨 쉬었던 공간이었다. 정릉, 지금은 문패(門牌)와 흉상(胸像)만이 자리 잡고 있다.

위와 같은 사실은 한국문단사 그리고 한국문학사와 깊은 관련이 있다고 판단한 필자가, 편지를 읽었다. 그리고 한국문단사와 문학사를 읽는 근·현대 작가 사신 기록물로 연구했다.

전국 각지에서 문인들이 '서울로 보내온 편지'를 조연현은 휘경동에서 다시 정릉으로 보낸 다음, 그는 문학적 운명처럼 정릉을 떠났다. 이곳에 〈작고 문인 사신철〉이 남아 있다. 필자가 〈작고 문인 사신철〉을 읽는 동안 김유중 교수의 도움과 유족의 판단으로 은평구 〈국립한국문학관〉으로 갔다.

이 책은 조연현의 문학 공간이었던 서울 정릉 자택을 찾아가 17년만에 발굴한 〈작고 문인 사신철〉의 작고 문인 10명의 친필 사신 기록물을 분류하고 연구해, 한국문단이면사와 한국문학사의 확장 가능성을 조망한 내용을 담았다.

조연현 작고 후, 40년 넘게 묻혀 있었던 〈작고 문인 사신철〉을 분류하고 분석하는 과정에서 다음과 같은 결론을 얻었다.

첫째, 조연현은 왜 〈작고 문인 사신철〉을 정리해 보관했을까에 대한 답을 찾고자 했으며, 답을 찾는 과정에서 조연현의 삶과 비평 세계, 그리고 그가 끼친 한국 문단의 영향에 대한 궁금증도 해소하고자 했다.

둘째, 작고 문인 사신 기록물을 연구하는 과정에서 시론적 성격의 『작가 사신 연구 방법론』(2023)을 출간했으며, 이 이론서를 원용하여 〈작고 문인 사신철〉을 분석하고 연구한 결과를 확인할 수 있었다. 이때 체계적이며 이론적 토대 위에서 작고 문인 사신의 가치를 증명하고자 했다. 또한 문학 연구 방법론으로 범주화할 수 있는 구체적인 논의를 뒷받침하는 예로 활용할 수 있었다.

셋째, 작가의 전기적인 삶의 모습과 문학적인 요소를 담은 사신 기록물의 내용을 밝히는 것이며, 이 과정에서 얻어진 내용은 한국문학사와 한국문단사의 이면을 파악하는 기초 자료임을 증명할 수 있었다.

넷째, 〈작고 문인 사신철〉은 '비평이란 무엇인가라고 묻고, 이 물음에 온몸을 던졌던 최초의 비평가가 조연현'(김윤식)의 비평문학사적 시각을 담고 있다. 1920년대 동인지 문예 시대의 소설가부터 해방 전후 개성파 시인 그리고 1950년대 문학 활동을 펼쳤던 비평가들의 사신 기록물에서 그의 시각을 엿볼 수 있었다.

다섯째, 조연현 자택인 정릉에 보관 중인 100여 명이 넘는 작가들의 사신 기록물 가운데 이 책에서 다루지 못한 작고 문인들의 사신 기록물 연구 결과도 〈작고 문인 사신철〉의 연장선에서 출간할 작정이다.

조연현의 〈작고 문인 사신철〉이 세상에 알려지게 된 이야기를 밝혀 이 책의 이해를 돕고자 한다. 2005년 12월 9일(토), 서울 정릉 조연현

댁을 방문했을 때, 각종 자료와 사진을 제공했던 유족 특히 조혜령 그리고 작가 주변의 이야기를 들려주셨던 부인 최상남은 맑고 깨끗한 흰 머릿결로 맞아 주셨다. 이때 조연현이 정리했던 〈작고 문인 사신철〉의 존재를 알았고, 염상섭(廉想涉, 1897~1963), 전영택(田榮澤, 1894~1968) 등 몇몇 작가의 사신 기록물만을 열람한 뒤 이를 『조연현 평전』(2006)에 실었다.

2022년, 그리고 17년의 문학적 시간이 흘렀다. 그 사이의 시간이란…

울산 통도사 역에서 출발한 2022년 8월 1일(월), 정릉 자택을 찾았을 때는 부인은 이미 고인이 되셨다. 17년 만에 방문한 정릉에는 그의 흉상과 〈작고 문인 사신철〉이 유족과 함께 문학적 세월을 보내고 있었다. 한국문학사에서조차 밝혀지지 않았던 그 문학적 세월을 더듬고자 정릉을 찾았던 것이다. 이후 두 차례 더 방문하여 따로 보관했던 〈작고 문인 사신철 뭉치〉를 알게 되었다. 그리고 갑자기 사라졌던 이상 친필 원고도 정릉에 있었음을 알았다.

이 책은 근·현대 작가 사신 기록물인 〈작고 문인 사신철〉의 문학적 세월을 추적해 사신에 담긴 한국문단사와 문학사적 사료(史料)의 가치를 밝히는 데 있다. 또한 그동안 밝혀지지 않은 한국문단사와 한국문학사의 흐름에 '빛'을 더하는 가치가 있음을 밝히고자 했다. 〈작고 문인 사신철〉이 조연현의 문학적 담론인 한국비평문학사를 이해하는 데 하나의 변곡점(變曲點)이 된다는 점에서도 깊은 관심과 연구 또한 중요하다는 사실을 강조하고 싶었다.

〈작고 문인 사신철〉을 본격적으로 연구하면서 매일 잠에 들지 못했다. 때로는 눈물로, 때로는 한숨으로 시간을 보냈다. 하늘에 별이 떠 있듯이 〈작고 문인 사신철〉의 작가들이 둥둥 떠 있었다. 그리고 많은 시간 동안 앞을 쉽게 볼 수 없는 새벽에 별을 보았다. 김광섭(金珖燮, 1905~1977) 시인의 「저녁에」와 김환기(金煥基, 1913~1974)의 「어디서 무엇이

되어 다시 만나랴」라는 그림이 떠올랐다. 시와 그림의 미적 충돌이 일어났다면 난 적어도 이 충돌을 본 것이다. 또한 조연현의 문학적 열정과 근·현대 작가들의 불빛도 보았다.

발굴 후, 근·현대 작가들의 기존 연구를 뒷받침하거나 새로운 관점으로 이들을 입체적(立體的)으로 볼 수 있다는 생각이 들어 행복했다. 하지만 〈작고 문인 사신철〉이 오랜 시간 동안 직간접적으로 침묵에 갇혀 있었고, 이에 해당하는 근·현대 작고 문인들의 목소리를 직접 들을 수 없어 답답했다. 침묵 속에서만 있었던 작고 문인들의 사신과 무슨 대화를 할지 난감했으며, 또한 작고 문인들과 대화는 무척 고독했다. 그러나 고독 속의 행복감과 희열은 오래가지 못했다. 왜냐하면 〈작고 문인 사신철〉에 숨겨진 넓고 깊은 이야기 그리고 염상섭, 김관식(金冠植, 1934~1970) 등의 사신을 비롯해 근·현대 작가들이 남긴 사신 속의 심연(心緣)을 이해하고 분석하려는 필자의 무모함을 새삼 깨달았기 때문이다. 그래서 이 책이 작고 문인들의 심연을 오해(誤解)와 왜곡(歪曲)으로 남기는 것이 아닐까 하는 두려움도 있지만 이 연구를 멈출 수 없는 운명임을 스스로 되뇌었다.

〈작고 문인 사신철〉을 밤낮 없이 읽었다.

〈작고 문인 사신철〉을 읽는다면, 혹 과거 조연현의 문학적 행적에만 집중했던 연구자나 문인들도 미움의 마음을 삭이고 그를 사랑할 수밖에 없을 것이라는 생각이 들었다. 평범한 사람인 박종석도 조연현을 이해하고 사랑하게 되었다. 그러나 이러한 사랑 속에도 조연현의 고독함을 느꼈다. 조연현과 〈작고 문인 사신철〉의 작가들과 침묵의 대화를 끝없이 이어가야 하는 그 고독 속에 있는 필자의 모습을 보았다. 아마도 평생 문학과 대화를 나눈 조연현은 분명 고독 속에 있었을 것이다.

사람들이 고독을 의식하게 되는 것은 대개 혼자의 세계 속에서가 아니라, 여럿의 세계 속에서이다. 혼자의 세계 속에서 고독을 느낀다는 것은 고독의 관념일 뿐이다. 절실한 고독은 항상 군중 속에서 자각된다. 무능한 사람은 고독이 자기변명의 패자의 미학이 될 것이며, 유능한 사람은 고독이 자기 창조의 승리의 미학이 될 것이다.

— 조연현, 「고독(孤獨)의 사상(思想)」 중에서

조연현은 문학 특히 비평의 미학을 창조하기 위해 고독한 시간을 보냈다. 그에게 다가가 보면, 그의 고독을 느낄 수 있다. 고독 속에서 문학에 대한 그의 사랑이 있음을 다시 알게 되었다. 조연현의 비평적 담론과 거대한 근·현대 작가 사신 기록물을 분석하고 해석한다는 부담감이 있었으나, 사신 기록물 속의 비밀을 알게 된다는 점에서 또한 행복감을 감출 수가 없었다. 혹자는 시대의 굴곡 속에서 지적 기만으로 자신의 문단 권력을 유지하려는 기득권자들이 난무하는 시대에 조연현의 모습이 어른거린다고 한다. 그러나 해방 이후 그의 문학적 삶을 추적해 보면, 이와는 동떨어진 비평 문학의 세계에서 자신의 인생과 비평 문학의 추를 매단 것은 아닌가 하는 생각이 든다.

이 책은 〈작고 문인 사신철〉에 등장한 작가들 가운데 10명을 연구 대상을 정했다. 선택한 이유는 영역별로 해방 전후 활동한 작가들의 모습을 볼 수 있다는 점 때문이다. 여기에 소개된 〈작고 문인 사신철〉의 사신 원본은 문학사에서 분명 귀중한 사료이며, 이에 대한 내용 연구는 한국 작가들의 사신 연구에 대한 길 안내 역할을 할 것이다.

작고 문인 사신 기록물의 자료와 연구는 첫째, 기존 작가와 작품 연구에 새로운 방향성을 제공할 것이며, 둘째, 나아가 작가의 평전(評傳)과 전기(傳記) 집필에 필요한 고증적인 자료이며, 셋째, 작품 연구의 결정판인 전집 수록과 함께 작품 해석에 있어 전체적인 조망의 단서를 제공할 것이다. 그리고 〈작고 문인 사신철〉을 분석하고 연구하는 동안은 한국문학사와 한국문단사를 탐색하는 시간이다.

다만 이 책을 출간하면서 가진 몇 가지 생각을 밝혀두고 싶다.

1. 근·현대 작가들의 사신 기록물을 분석하는 역량 부족으로 깊이 있는 연구가 이루어지지 못한 것 같아 자괴감이 들었다. 많은 연구자들이 작가 사신 연구에 관심을 두지 않아 필자 스스로 체계와 방법론을 세웠기에 시론적(試論的) 성격이 강하다는 점 때문이다.
2. 작고 문인 사신 연구는 '발신자－수신자' 관계로 이루어지는 상호 작용성 연구인데, 발신자 관점에서만 연구할 수밖에 없는 한계가 있었다. 작가들에게 발신한 조연현의 사신 기록물의 발굴과 연구가 동시에 이루어지지 못했기 때문이다.
3. 필자의 문학적 식견과 비평적 안목이 부족함을 대신할 후학들에게 떠넘기는 것 같아 아쉽다. 그래서 출판 이후, 다시 연구에 매진해 재출간할 생각이 있음을 밝힌다.

조연현을 연구하고자 하는 동학과 후학들이 있다면,『조연현 평전』과 함께 이 졸저를 권하고 싶다. 이와 더불어 작가 연구의 길잡이 역할을 했던『작가 연구 방법론』과『작가 사신 연구 방법론』도 권하고 싶다.

20여 년 가까이 조연현을 부여잡고 있을 때, 특히 근·현대 작가 사신 기록물의 문을 열 수 있도록 도움을 주신 조연현의 유족과 따님 조혜령, 월인 출판사를 연결해 주신 서울대 국문학과 김유중 교수님의 조언이 없었다면, 필자의 열정과 눈물만으로는 〈작고 문인 사신철〉을 읽을 수 없었다. 그리고 오랫동안 울산에서 연구하고 집필 활동을 하는 필자를, 중앙 문단에는 알려지지 않았다고 용기를 주신 중앙대 이승하 교수님과 무심한 듯 깊은 관심을 주신 김학동, 최학출 교수님 그리고 울산

시인 문영 선생님께도 감사의 마음을 보내고 싶다.

그리고 조연현의 곁을 끝없이 맴돌 때, 평생 친구의 자리에 있는 부산의 정영재 선생은 필자의 마음을 읽어 주었다. 그리고 근·현대 작가들이 남긴 사신 기록물의 행초서 읽기에 도움을 준 김동곤 선생님, 튼튼이 교정 도움을 준 작은딸 서경이에게도 고마움을 전하고 싶다. 월인출판사 박성복 사장님께도 고마움을 전한다.

2005년 서울 정릉에서 〈작고 문인 사신철〉을 열람한 후, 17년 동안 가슴을 움켜잡고 울산에서 시간을 보냈다.

지난 2022년부터 본격적으로 읽었다.

2024년, 첫 번째 이야기이다.

울산은 고독(孤獨)하다.
조연현도, 문학도
고독(孤獨)을 안겨 줄 뿐이다.
山淸 박종석, 2024년 7월.

I

근 · 현대 작가 사신 기록물의 발굴 및 검토

조연현(趙演鉉, 1920~1981)은 누구인가? 그는 해방 전후 시대와 1970년 말까지 이어진 한국문학사와 한국문단사를 찾을 수 있는 문패(問霸)이자 현미경(顯微鏡)이다.[1]

1950~80년대 초반까지 문학을 갈망했던 이들은 적어도《현대문학》을 기억하고 있을 것이다. 지금으로부터 43년 전 작고한 조연현은《현대문학》과 궤를 같이했던 문학사가(文學史家)요 비평가라고 하면, 다소 생소한 존재일 수도 있다. 하지만 한국 문단에서 조연현과《현대문학》이 내포한 바가 적지 않다는 것이 문인들의 공통적인 의견임을 부정하기는 어려울 것이다.

"문학 제도의 틀을 만드는데 필생을 바친 인물이며, 날카로운 비평가로서도 거의 한 세대를 장악한 걸출한 문인이었다. 그가 만들어 낸 문학 잡지는 여럿이다. 좌익 문인들에 의해 장악된 문단에 균형을 세우려는 그의 노력에는 일단 문단 정치 세력의 혐의가 없을 순 없다."[2]는 점에서 그의 공과(功過)가 존재한다. 연구자의 관점에 따라 평가는 달라지기도 하지만[3] 애써 조연현의 의미를 축소하는 이들도 있다. 그러나 필자가 오랫동안 관심을 가지고 연구한 문학사가 조연현과 영문학자 송욱(宋稶, 1925~1980)[4]의 위치는 한국문학사의 중심에 우뚝 솟아 있다고

---

1 졸저, 『조연현 평전』, 역락, 2006, 15쪽.

2 정현기, 「제2장 역사, 문학 권력, 문학 전통, 한국 사회」, 『한국 현대 문학의 제도적 권력과 사회』, 문이당. 2002, 88쪽.

3 정현기,『한국 현대 문학의 제도적 권력과 사회』, 문이당. 2002.
김명인, 『조연현 – 비극적 세계관과 파시즘 사이』, 소명, 2004.
홍기돈, 「김동리와 문학 권력」, 『한국 문학 권력의 계보』, 한국출판마케팅연구소, 2004, 129~164쪽.

4 졸저, 『송욱 문학 연구』와 『송욱평전』(좋은날, 2000)을 출판했다.
영국의 세계적인 비평가 콜린 윌슨(Colin Henry Wilson, 1931~2013)은 작품 속에서 삶의 본질을 추구하는 등장인물을 '아웃-사이더(outsider)'로 명명했다. 콜린 윌슨은 노동자 집안의 아들로 태어나 미친 듯이 독서했고, 중학교 중퇴 후에는 공장에서 일하다가 특별한 교육 없이 오로지 독서력만 가지고 집필 활동을 시작해 1956년 문학비평서 『아웃 사이더』를 출간해 영국을 뒤흔든 베스트셀러 작가로 등극했다.

생각한다.

한국 문학의 흐름과 본질을 탐구한 조연현은『한국현대문학사』를, 송욱은 서구 문학론을 주체적으로 수용한『시학평전』을 통해 한국비평문학사를 조망했기 때문에 비평가의 '아웃 사이더'라 할 만하다는 것이 필자의 판단이다.[5] 두 비평가의 문학 활동 면면들이 한국문학사에서 한 축을 담당했다고 볼 수 있다.[6] 다만 여기에서는 전에 다루지 못했던 조연현을 수신자의 관점에서 형상화하고, 그가 남긴 문학적 함의(含意)인 근·현대 작가 사신 기록물인 〈작고 문인 사신철〉을 천착(穿鑿)하고자 한다.

해방 전후, 한국 문단의 가교 역할을 했다는 평가에도 불구하고 조연현이 문단 보수화와 문단 권력을 지향했다는 부정적인 평가를 받기도 했다. 그러나 해방 공간에서 조연현 비평의 성격을 면도칼처럼 날카로

---

5 조선 시대 천재 작가 허균(許筠, 1569~1618)은 서얼과 사명, 서산 대사와 어울렸으나 또 한편으로는 세상과 어울리지 못한 불여세합(不與世合)의 '아웃 사이더'였다. 어쩌면 조연현은 문사와 세상과 잘 어울렸다는 생각이 들고, 송욱은 불여세합(不與世合)의 모습이라는 생각도 든다. 극형 직전에도 책만 있으면 극락(極樂) 같이 지냈다는 박람강기(博覽强記) 허균의 모습과 송욱이 중첩되는 이유는 필자만의 생각이다. 교수 월급을 모두 연구와 도서 구입비에만 사용했던 송욱. 사망한 날, 비로소 월급봉투가 아내에게 전달되었다고 한다. 그는 독서광인 박람강기(博覽强記) 송욱이었다.

6 조연현과 달리 시인으로서보다 비평 이론에서 두각을 드러낸 송욱에 대한 연구 또한 소외되었다는 점에서 필자의 연구는 멈출 수가 없었다. 해방 전후부터 한국 문학을 체계적으로 연구하고 분석할 타당한 이론이 부재한 시대에 송욱은 서구 이론의 수용과 적용을 통해 비평이 나아갈 길을 모색하는데 앞장섰다는 점에서 비평의 본질을 추구하는 '에고티스트(egotist)'적 비평가였다. 그리고 한국 전통 문학의 흐름까지 접목하려는 노력으로 보면 분명 그는 비평계의 이단아(異端兒)였다.
두 작가가 한국비평문학사에 끼친 영향에 대한 관심을 가지고 연구의 결실을 맺었지만, 문학사에 대한 무관심 속에 20여 년의 세월이 흘렀다. 조연현과 함께 송욱을 잊은 적이 없었다. 잊혀지지 않았다. 그래서 다시 송욱을 읽을 수밖에 없었다. 송욱 작고 20주기인 2000년에『송욱 문학 연구』,『송욱 평전』출간 후, 문단과 학계의 관심을 제고했다. 동시에 작가 연구의 중요성을 깨닫고,『작가 연구 방법론』을 집필함과 동시에 전국 대학의 국문학과에서 작가론의 강의에 활용할 수 있는 교재로 자리매김할 수 있었으면 하는 바람도 컸다.

운 감각과 문장력으로 논쟁에 능했다고 김윤식은 평가했다.[7] 또한 6.25 전후 혼란스러웠던 한국 문단을 공고히 하고, 한국문학사를 체계화했다는 점은 반드시 평가되어야 한다. 한국 문단의 길목을 마주할 때마다 조연현을 제외해서는 안 된다. 왜냐하면 해방 전후부터 1970년대까지 그의 문단 활동과 비평 활동은 한국문단사이며, 한국문학사이기 때문이다. 즉 조연현은 한국문단사와 문학사를 들여다볼 수 있는 현미경이다. 이 현미경을 통해 들여다본 조연현을, 필자는 한국 문단의 명패(名牌)를 가진 '기린아(麒麟兒)'로 명명하고 싶다. 바람에 날릴 듯한 작은 체구이지만, 해방 전후 한국 문단의 넓은 불모지에 당당하게 서 있는 한국 문학의 이정표이다.

조연현은 작가들이 창작 세계를 펼칠 수 있도록 《문예》와 《현대문학》의 공간을 설정했다는 점에서 한국 문단의 지형도 형성과 이정표의 역할을 했다. 이조차도 문학 매체를 통한 문단 권력 장악이라는 비판적 시각을 드러내는 평자도 있으나, 그렇다면 해방 전후 한국 문단의 방향성에 대한 답을 어디에서 찾아야 할까라는 문제의식이 생길 수밖에 없다. 이 문제 의식의 답을 조연현에게 찾을 수 있다는 것이 필자의 판단이다.

〈작고 문인 사신철〉은 한국문학사와 한국문단사의 수수께끼이기에 풀어야 할 숙제이다.[8] 〈작고 문인 사신철〉을 탐색하는 동안 조연현의 문학적 삶도 다시 읽고자 한다. 다시 탐구하고자 하는 의도는 다음과 같다.

---

7 김윤식, 「제7장 해방 공간의 세 가지 모순 개념과 그 극복 방식」, 『해방 공간 문단의 내면 풍경』, 민음사, 1996, 232~233쪽.

8 마찬가지로 송욱 저작 출간 후, 송욱에 대한 새로운 사실과 원고의 오류 등에 대한 고민이 내내 괴롭혔다. 그래서 두 권을 보완해 『에고이스트 송욱의 삶과 문학』과 『송욱의 실험시와 주체적 시학』을 2009년에 출간했다. 여전히 송욱은 한국비평문학사의 숙제이며, 수수께끼 같은 존재이다.

첫째, 진한 장맛을 보려면 오랜 시간을 기다려야 하듯이 조연현은 오랫동안 필자가 묵혔던 작가이다. 2006년에 『조연현 평전』을 출간했었고, 이제 숙성 시간이 흘러 장맛을 볼 시간이 된 것 같아 다시 연구를 시작했다. 조연현은 문학계에서 나름의 깊이와 두께를 가지고 있는 비평가요 문학사가이다. 그 깊이와 두께를 보여줄 또 하나의 단서가 바로 〈작고 문인 사신철〉이다.

둘째, 문단 권력을 타파하고자 했던 일련의 비평가 군(群)이 존재했음에도 불구하고 학계와 비평계는 그들의 카르텔을 형성해 한국 문학계를 지배해 왔었다. 이곳에 조연현이 존재해 있었다는 점에서 비판의 목소리가 있었다. 그러나 조연현에 대한 문학적 혹은 문단사적인 공과를 연구와 검토를 통해 정확하게 측정해야 할 시점이 되었다는 것 또한 사실이다. 그로부터 많은 작가들이 배출되면서 한국 문학과 문단의 지형도가 만들어졌는지 아니면 그로부터 문단에 부정적 영향을 미쳤는지를 연구하고 검토해서 한국문학사와 한국문단사를 정립하고, 한국문학사의 나갈 길을 다시 모색하는 계기가 되었으면 한다.

셋째, 조연현과 활동했던 작가들에 대한 연구의 보조 자료로 〈작고 문인 사신철〉을 정리하려고 한다. 그리고 후학들에게도 작가에 대한 연구와 자료를 구해야 하는 수고를 덜고, 자료를 통한 새로운 연구와 관심을 촉구하고자 하는 의도도 있다. 김명인은 2004년 『조연현－비극적 세계관과 파시즘 사이』에서 조연현의 비평 문학의 특징을 밝혔다. 여기서 '조연현의 삶과 문학에 영향을 준 전기적 사실들에 대한 불충분한 조사가 아쉬운 문제로 남겨 놓았다.'고 했다. 필자는 조연현의 문학과 삶을 정리하기 위해 함안과 서울 정릉의 유족과 관계자를 찾아 『조연현 평전』을 출간했었지만 부족한 부분이 많았다. 그래서 〈작고 문인 사신철〉은 조연현 작가의 전기적 삶과 문단 활동을 보완하는 자료 역할을 할 것이다.

넷째, 조연현은 왜 〈작고 문인 사신철〉을 정리하고 보관했을까에 대한 답을 찾을 수도 있다. 즉 《현대문학》 주간으로서 작가들이 보내온 사신을 단순하게 서랍에 보관한 것은 아닐 것이다. 작가들의 사신 혹은 엽서와 같은 기록물의 가치를 알았을 것이다. 한국문학사 못지않게 문단사에 대한 인식도 강했던 조연현은 당연히 주요 작가들의 사신들이 작가와 관련성 즉 창작, 생활, 고향에 대한 그리움, 안부, 인간적인 교유 관계 등의 다양한 내용이 관련성이 있다고 판단했을 것이다. 작고 문인의 문단 활동이나 창작 활동에 대한 사신 내용을 통해 작가와 작품에 대한 탐구를 보여줄 수 있다고 생각했을 것이다. 물론 이에 대한 추론의 근거는 이 책에서 설명할 것이다.

다섯째, 문학은 곧 인생이라는 그의 문학관으로 볼 때, 작가들과의 교유 관계를 소중하게 여긴 것에 주목해야 한다. 교유 관계를 통해 경험했던 작가들의 이면사를 수필로 남기려고 했을 것이다. 작가와의 후일담(後日譚)을 기록한 『한국 문단이 살아온 길』(《현대문학》 연재)과 『내가 남기고 싶은 이야기들』과 같은 에세이를 쓸 작정이었다고 생각된다. 그래서 〈작고 문인 사신철〉에 등장하는 작가들의 문단 이야기를 집필할 가능성도 있다. 가령 문인들의 경제적인 곤란, 문인들이 남긴 각종 일화 등이 앞의 두 책에 실린 것처럼 다른 이야기를 쓸 작정이었을 것이다.

여섯째, 조연현은 자신의 문학적 평가에서 불편했던 친일과 반공 논리에서 벗어나기 위한 몸부림으로 특정 분야의 인사와 예술가들과의 사신을 통해 정리할 것이라는 생각이 든다. 가령 독립과 관련된 김법린(金法麟, 1899~1964), 김일엽(金一葉, 1896~1971) 그리고 친일과 관련된 방인근(方仁根, 1899~1975), 김용제(金龍濟, 1909~1994)의 경우가 그러하다. 물론 이에 대한 구체적인 글이나 평가를 남기지 않았다.

일곱째, 이 책은 『조연현 평전』에서 언급한 내용과 연결된 부분도 있을 것이다. 그러나 나름의 내적 체계를 고려해 집필했다. 앞의 졸저와 함께 이 책을 읽으면 조연현의 모습을 형상화하는 데도 도움이 될 것이다. 그리고 조연현 연구에 새로운 문제 제기의 성격도 가지고 있다.

여덟째, 문학 비평의 기능은 무엇일까? 비평가는 비평 활동 자체만으로 그 가치가 있다는 만족감으로 족한가 하는 의문이 〈작고 문인 사신철〉의 근저(根底)에 있다. 비평은 문학의 효용적 가치에 비해 독자들에게 다가가는 감흥이 없을 수도 있다. 그러나 〈작고 문인 사신철〉을 새로운 연구 방법론으로 탐구한다면, 조연현의 문학적 열정과 비평 세계를 다른 각도에서 들여다볼 수 있다. 나아가 비평적 텍스트의 영역 확대 및 선정 그리고 주체적인 문학 연구 방법론의 확산을 기대할 수 있다. 물론 이를 통해 비평문학적 담론 형성도 가능하다. 그리고 지금껏 공개되지 않은 작가들의 삶과 문학 이야기도 독자들에게 즐거움도 줄 것이다.

위에서 던진 수수께끼 같은 의문은 〈작고 문인 사신철〉을 탐색하는 과정에서 해결될 것이다.

1. 〈작고 문인 사신철〉의 발굴 과정

〈작고 문인 사신철〉의 발굴 과정과 연구 결과를 정리한 첫 번째 이야기를 이 책에 담았다. 조연현은 근·현대 작가들이 자신에게 보내온 사신 가운데 작고한 45명의 문인만을 선별하여 작가들의 이름 앞에 번호를 붙여 사신 기록물로 남겼다. 〈작고 문인 사신철〉의 발굴 과정을 밝히면 다음과 같다.

1967년 12월 7일, 조연현의 일기에는 연합통신사 기자가 방문했을 때 〈작고 문인 사신철〉의 사신 일부를 공개했다고 밝혔다. 자신의 '서재방에서 아무렇게나 모아 둔 편지뭉치를 꺼내 그 속에서 작고(作故)한 문인들 것만 고르는 데는 상당한 시간이 걸렸다.'고 했다. 개인사와 관련되었기 때문에 공표할 것과 하지 말아야 할 것을 고민했었다. 사신의 일부를 복사한 기자는 특집으로 각 신문사로 보냈다. 물론 이 시기에 공개된 사신 기록물은 1967년 12월 이전의 작고 문인들의 사신 기록물이다.[9] 이 시기를 전후해 조연현이 문학사에서 중요한 작가들의 사신을 관리하기 시작했다고 볼 수 있다.

필자는 〈작고 문인 사신철〉의 존재와 연구 결과를 한국문학계에 알려야 한다는 것과 함께 조연현 문학의 새로운 접근이 필요하다는 점을 유족들에게 강조했으나. 조연현과 같은 생각을 가진 유족들의 판단으로

---

9 졸저, 「〈작고 문인 사신철〉의 사신 기록물 분류」의 〈부록〉, 『작가 사신 연구 방법론』, 월인, 2023. 198~245쪽.

문학계에 공개되지 않았다. 특히 『조연현 평전』(2006) 출간 이후, 필자는 꾸준히 공개와 연구의 필요성을 역설했었다. 2005년부터 무려 17년이나 지났다. 적어도 2022년 8월 1일 이전까지 필자에게 공개하지 않았다. 그래서 1967년 12월 7일에 공개된 몇몇 사신 이외의 사신 기록물은 문학계에도 알려지지 않았다.

이후 〈작고 문인 사신철〉은 서울 휘경동 시절이었던 1973년 조연현이 어떤 형태로든 챙겼을 것이고, 그리고 그가 말년 동안 문학 산실로 지냈던 정릉으로 옮긴 뒤, 1978년 박목월(朴木月, 1916~1978)의 작고 시기까지 정리한 것으로 보인다. 〈작고 문인 사신철〉에는 「36. 朴木月」로 기록되어 있다. 이 〈작고 문인 사신철〉에 등장하는 작가 가운데 박목월과 조연현의 생몰 연대를 고려하여 추정해 보면 대략 이 시기까지 관리했음을 알 수 있다. 그리고 「44. 金龍濟」의 생몰 연대(1909~1994)를 참고하면, 조연현이 급사 직전까지 관리했다고 볼 수 있으나, 길게 잡아도 1978년에서 1981년 정도로 추정이 된다. 즉 대략 1955년 이후부터 연건동 시절 포함해 1967년 12월 7일 이전(1차 정리) →1973년 휘경동 시절까지(2차 정리) →1978년 혹은 1981년 서울 정릉 시절까지(3차 정리)로 보인다.

〈작고 문인 사신철〉의 사신 대부분은 1963년 전후 연건동과 1973년 전후 휘경동 시절에 전국의 문인들로부터 받은 사신들이다. 물론 정릉으로 보내온 사신 기록물도 있다. 근거는 작고 문인들이 사신의 발신 연도를 추정하면, 대략 1950년 후반부터 1970년대 초반까지로 파악되기 때문이다.

그런데 조연현과 김용제의 생몰 연대를 비교하면 작고 문인이라 할 수 없는데, 어째서 생존했던 김용제를 〈작고 문인 사신철〉에 보관했을까? 이에 대한 궁금증은 남게 된다. 김용제가 한국문단사와 한국문학사에서 남아야 할 가치와 이유를 짐작할 수 있으나, 조연현은 이에 대해 설명하지 않았다.[10] 김용제뿐만 아니라 45명의 작고 문인 모두 설명하지 않고 떠났다.

〈작고 문인 사신철〉의 작고 문인의 활동 시기가 2022년, 지금으로부터 100년이 넘은 작가들이 특히 눈에 들어온다. 《창조》(1919) 동인 전영택(田榮澤, 1894～1968), 《폐허》(1920) 동인 염상섭(廉想涉, 1897～1963) 그리고 오상순(吳相淳, 1894～1963) 시인, 《폐허》 동인이면서 우리나라 최초의 여성지 《신여자》를 창간한 김일엽(金一葉, 1896～1971)[11] 그리고 채만식(蔡萬植, 1902～1950), 박화성(朴花城, 1903～1988), 이장희(李章熙, 1900～1929) 등을 배출한 《조선문단》(1924)을 창간한 방인근(方仁根, 1899～1975)과 해방 전후 활발하게 활동한 작가들은 조연현에게 사신을 보내놓고 한국문학사를 떠났다.

광복 후 좌우 문단 대립기에 정비석(鄭飛石, 1911～1991)과 함께 《조선》과 《대조》 잡지를 창간했던 계용묵(桂鎔默, 1904～1961), 천상병(千祥炳, 1930～1993)과 어울렸던 김관식(金冠植, 1934～1970), 신석정(辛夕汀, 1907～1974)과 동서지간인 장만영(張萬榮, 1914～1975), 이육사(李陸史, 1904～1944)와 절친이었던 신석초(申石艸, 1909～1975) 그리고 요절한 고석규(高錫珪, 1932～1958)와 김종후(金鍾厚, 1928～1958), 조연현과 가장 가까이 지냈던 정태용(鄭泰榕, 1919～1972) 등의 사신 기록물도 남아 있다.

조연현 사후, 24년이 지난 2005년 12월 9일(토)에 필자가 조연현의 문학 공간이었던 정릉 자택에서 〈작고 문인 사신철〉을 부인 최상남과 따님 조혜령으로부터 확인하여, 『조연현 평전』에서 존재 여부를 밝혔

---

10 〈첫 번째 이야기〉와 〈두 번째 이야기〉 참고,

11 김우영, 「신여성(문인)들의 일본 유학 체험 연구」, 《구보학회》(31집), 2022년 8월호와 김우영의 『김일엽 선집』, 현대문학사, 2012.
김우영은 수덕사 사찰에서 얻은 정보로 서울대 석사 학위 논문 작성에 활용했다(2022년 9월 24일, 오후 통화).

다. 그리고 사후 42년이 지난 2022년, 정릉에서부터 17년이나 되었다. 졸저 『조연현 평전』의 마지막 페이지(217쪽)에 〈작고 문인 사신철〉 표지와 함께 다음과 같은 글로 끝맺음하였다.

> 그는 말년에 작가들이 쓴 편지들을 모은 〈작고 문인 사신철〉을 직접 정리해 묶어(Scrap-book) 두고 1981년 11월 24일 현대문학사를 떠났다. 여기서 그가 묶어놓고 떠났던 작가들의 이름을 찍은 사진 한 장으로 현대문학사에서 그가 품고 있는 가치가 무엇인가를 다시 생각해 볼 수밖에 없다.

그리고 2022년 3월 초에 유족에게 연락해 3개월이 지난 6월 중순에야 열람 및 연구할 여건이 마련되어 무려 17여 년이 지난 지금, 8월 1일(월)에 본격적으로 연구를 시작한 것이다. 열람 후, 8월 2일(화) 울산으로 내려와 〈작고 문인 사신철〉과 작가별로 사신을 따로 보관해 두었던 〈작고 문인 사신철 뭉치〉 연구를 하던 중, 「14. 鄭泰榕」의 사신 기록물이 비교적 많았던 점 때문에 정태용 평론 선집을 출간한 서울대 김유중 교수에게 연락을 취했다. 발굴 자료에 대한 방향과 조언을 구했다. 졸저인 『송욱평전』을 읽고 필자에게 연락을 주었던 김유중 교수와의 과거 기억을 되살렸다. 많은 시간이 흘렀다. 하지만 김유중 교수가 필자를 기억할 것으로 생각하고 서울대학교 사무실을 통해 연락했다.

〈작고 문인 사신철〉의 사료적 가치를 밝히는 작업은 한국문학사와 문단이면사 정립뿐만 아니라 후학 연구자들에게도 공론화하여 더 깊이 연구가 이루어질 수 있는 기회가 될 것이라는 판단을 했다. 이 자료에 대한 가치를 공유한 김유중 교수는 자료 발굴과 분석 내용을 특정 문학잡지를 통해 게재할 수 있도록 관계자와 접촉했으나 성사되지 않았다. 그러던 중 김유중 교수가 〈국립한국문학관〉에 알리고, 당시 관장이었던 염무웅(廉武雄)과 의사소통하는 등 많은 도움을 주었다. 염무웅은 송욱을 연구하면서 연락을 드렸던 영남대 교수를 역임한 문학평론가이다.

또한 김유중 교수는 근·현대 작고 문인들의 연구와 관련하여 필자가 어떤 역할을 할 수 있을 것이라는 관계자 안내와 함께 의견을 알려주었다.[12] 유족들과 접촉은 필자가 주선했고, 접촉 날짜를 조정해 2022년 10월 1일(토) 오후 2시, 정릉 자택에서 유족 그리고 〈국립한국문학관〉 서영인 박사, 김유중 교수, 필자 등이 〈작고 문인 사신첩〉을 열람하고 자료 보관 및 기증에 관한 이야기를 나누었다.[13]

조연현 흉상 앞: 왼쪽부터 김유중 교수, 서영인 박사, 조혜령, 필자

12 김유중 교수는 겸손하고 순리에 맞게 일을 처리하는 성격이다. 또한 부족한 필자의 생각에 항상 긍정적인 에너지를 불어넣어 주었다. 그를 만난 것이 '문학적 운명'이라는 생각이 들었다. 1996년 발행한 그의 박사학위 논문 『한국 모더니즘 문학의 세계관과 역사 의식』을 읽었고 『송욱 문학 연구』에도 도움이 되었다. 어설픈 비평 논리 속에서 송욱 연구자인 필자에게 전화를 먼저 해준 교수이자 연구자로서 그에게서 학문적이며 문학적인 겸손의 인품을 느꼈다. 그리고 김학동 교수 편지는 필자의 몸과 생각을 낮추게 했다. 송욱으로부터 얻은 학문적 자존감을 되돌아보게 했다. 김학동과 김유중, 이승하 그리고 최학출은 문학 연구에 큰 힘이 되어 준 비평가였다.

13 2023년 11월 1일(수), 〈작고 문인 사신첩〉 및 기타 사신 자료를 '국립한국문학관'(은평구 수색로 282)으로 옮겼다.

그 후 필자는 서영인 박사로부터 김유중 교수와 함께 정릉의 한 카페에서 자료 기증과 연구 및 홍보 방향의 이야기를 들었고, 필자는 〈작고 문인 사신철〉에 대한 초고의 일부를 서영인 박사에게 건넸다.[14]

14 필자는 〈작고 문인 사신철〉의 45명 작가 중, 10명에 대한 1차 연구(《첫 번째 이야기》)를 진행했다. 나머지 35명 중 또 10명의 작가 사진도 분석 및 연구(《두 번째 이야기》)를 진행했으며, 이 연구에서 빠진 부분은 미루었다. 그리고 '사진 뭉치'로 보관되었던 작고 문인 50여 명의 사진도 연구를 진행할 예정이다(2024년 7월 28일).

2. 〈작고 문인 사신철〉의 분류

사신(私信)이 인간적 교감으로서 갖는 기능이 있으나, 특히 작가들의 사신은 시대와 사회의 변화에 응전하는 문학 활동, 작품 발표, 작가의 창작 활동 혹은 현실적 고민 등과 같은 문단 활동과 내면 풍경을 담기도 한다. 즉 작가들의 사신은 작가의 전기적 요소와 문학적 요소를 함의한다고 할 수 있다. 그래서 그 함의된 가치를 밝힐 필요가 있다. 작고 문인의 경우, 그들이 남긴 사신 기록물은 문학사와 문단사를 밝히는 근거가 될 수 있다. 2022년 지금, 〈작고 문인 사신철〉에 등장한 작가 이름만으로도 한국문단사와 한국문학사의 확장 가능성을 예고한다고 판단된다.

〈작고 문인 사신철〉을 구체적으로 파악하기 위해 분류 과정을 세 단계로 나누었다.

첫째, 형식적인 분류 양식을 정했다. 즉 사신에 등장하는 작가와 작가의 창작 활동 영역을 참고하여 구별하였다.

둘째, 내용적인 분류 양식을 정했다. 즉 사신 기록물의 내용적 특징을 한눈에 볼 수 있게 〈표〉로 정리했다.

셋째, 〈작고 문인 사신철〉과 『남기고 싶은 이야기들』(1981)에 등장하는 작가들의 사신 기록물의 실재 유무를 비교해 정리했다. '한국 문단 35년의 생생한 증언록'인 『남기고 싶은 이야기들』은 작고 직전인 9월에 출판한 책이다. 100여 명에 가까운 작고 문인들의 사신 이야기를 담았기 때문에 비교 자료로 삼았다. 특히 서양화가 수화 김환기(金煥基, 1913~1974)의 사신은 『남기고 싶은 이야기들』에는 존재하는데, 〈작고 문인

사신철〉에는 실재(實在)하지 않았다.[15]

다음은 『조연현 평전』(217쪽)에 실었던 〈작고 문인 사신철〉이다.

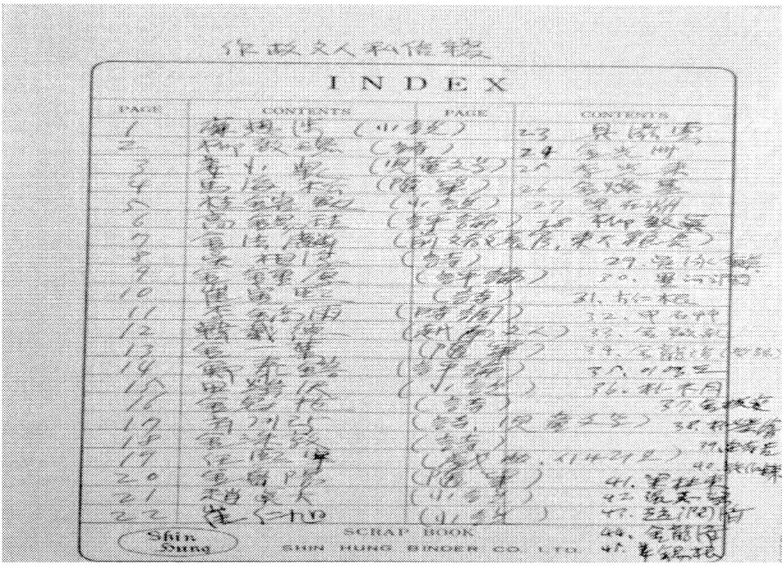

조연현이 정리한 〈작고 문인 사신철〉

〈작고 문인 사신철〉의 작가명을 순서대로 정리했다.[16]

1. 염상섭(소설) 2. 유치환(시) 3. 강소천(아동문학) 4. 마해송(수필) 5. 계용묵(소설) 6. 고석규(평론) 7. 김법린(전 문교장관, 동대총장) 8. 오상순(시) 9.

---

15 물론 〈환기 미술관〉 관계자는 이 사실을 모른다고 했다. 필자가 〈환기 미술관〉에 직접 가서 확인한 결과이다.

16 2022년 8월 1일 오후 2시경, 무더위와 간간이 내리는 빗줄기와 함께 서울 정릉동 조연현 자택에서 막내딸과 사위를 만났다. 2005년 이후 17년 만의 재회였다. 자택은 100여 평 규모이며, 자택의 입구에는 아담한 정원에 흉상과 비문의 글이 비를 맞고 무성한 잡초 사이에 놓여 있었다. 아름다운 화초가 가득한 현대문학의 정원처럼 느껴졌다. 작고 41년이 지난 지금, 조연현 명패는 그대로였고, 자택은 문학적 향취 또한 가득 품고 있었다.

김종후(평론) 10. 최인희(시) 11. 이호우(시조) 12. 한재덕(월남문인) 13. 김일엽(수필) 14. 정태용(평론) 15. 전영택(소설) 16. 김관식(시) 17. 최계락(시, 아동문학) 18. 김수돈(시) 19, 임희재(희곡, 시나리오) 20. 김도양(수필) 21. 조진대(소설) 22. 최인욱(소설) 23. 구자운 24. 김광주 25. 이광래 26. 김환기 27. 양재연 28. 유치진 29. 오영진 30. 이하윤 31. 방인근 32. 신석초 33. 김현승 34. 김용배(철학가) 35. 이영도 36. 박목월 37. 김광섭 38. 박영준 39. 안수길 40. 허백련 41. 양주동 42. 장만영 43. 조윤제 44. 김용제 45. 강석근

〈작고 문인 사신철〉은 총 45명의 작가명 앞에 순서를 나타내는 아라비아 숫자를 적고, 작가명 다음에 (　)를 붙여 (　) 안에는 창작 활동 영역을 구체적으로 표시해 분류하였으나, 작가명만 있고 (　)가 없는 경우도 있다. 즉 「1. 염상섭(소설)」부터 「22. 최인욱(소설)」까지는 순서를 나타내는 번호와 창작 활동 영역을 표시한 괄호가 있으며, 「23. 구자운」부터 「45. 강석근」까지는 괄호 표시가 없다.

〈작고 문인 사신철〉에 등장하는 작가들 대부분은 조연현이 관심을 가지고 연구하거나 비평했던 작가들이다. 다만 「7. 김법린(전 문교장관, 동대 총장)」만 공직 기관장을 표시해 두었고, 「34. 김용배(철학가)」도 문학 활동 영역이 아니라 학문 영역을 표시해 두었다. 아마도 〈작고 문인 사신철〉에 등장하는 작가들과 교유 관계가 있었기 때문에 조연현 자신을 기준으로 분류하여 정리한 것으로 보인다. 이들의 사신은 내용을 참고하여 연구하거나 집필 활동의 쓰임새를 고려했다는 판단이 든다. 또한 스스로가 '편지 꾸러미'에서 선별했다고 한 것으로 보아, 조연현이 1981년 작고하지 않았다면 분명 집필 형태의 쓰임으로 활용될 가능성이 높아 보인다.

〈작고 문인 사신철〉에 등장하는 작가들은 조연현과의 교유를 짐작할 수 있다.[17] 여러 작가와 주고받은 사신에서는 사교적인 친밀감을 드

러내거나 작가와 작품, 저서에 대한 답례 인사 등, 그리고《현대문학》과 관련된 작품 활동 및 작가의 고뇌와 일상사의 고민도 담겨 있다. 이러한 일상조차도 작가 정신과 작품과의 관련성을 밝힐 수 있다는 점에서 문학사의 사료적 가치가 높다.[18] 가령 한국소설사에서 자연주의적 기법의 독보적인 위치로 평가받은 「표본실의 청개구리」(《새벽》, 1921)의 작가 염상섭(廉想涉, 1897~1963)은 평소 생활고에 시달렸다. 이러한 현실적인 고민이 사신 기록물에 남아 있어 작가의 전기적 삶과 문학 창작 작품을 이해하는 데 중요한 증거가 된다. 이러한 경제적인 어려움 때문에 염상섭은 창작에 매달리게 된다. 조연현이 따로 보관했던 소설가 오영수(吳永壽, 1914~1979)는 평소 '난'을 기르는 생활을 했으며, 이 '난'에 대한 이야기를 담은 사신 기록물과 「난」이라는 작품을 창작했다.[19] 이처럼 작고 문인들의 사신 기록물은 작가의 전기적 요소와 함께 문학적 요소를 함의(含意)하기 때문에 작가의 일상생활과 작품 활동을 탐색할 필요가 있다.

조연현이 간직하고자 했던 의지와 달리 〈작고 문인 사신철〉의 보관 상태는 세월의 무게를 지탱하지 못해 원문조차도 파악하기 힘든 사신 기록물도 있었다. 백릉 채만식은 원고지를 쌓아놓고 마음껏 글을 쓰고 싶다고 했다. 그 시대의 종이란, 시대정신을 담을 고상한 그릇이기도 하지만 작가의 비참한 현실 생활이기도 하다는 의미로 읽힌다. 〈작고 문인 사신철〉의 사신을 보면 이를 실감할 수 있다. 작가들이 '종이 쪼가리'를

---

17 작가와 관련된 기본 정보는 『국어국문학자료사전』(한국사전연구사, 1994)과 이어령의 『한국작가전기연구(상/하)』(동화출판공사, 1975), 김용성의 『한국현대문학사탐방』(국민서관, 1973) 그리고 인터넷 자료 발췌 및 필자의 자료 조사를 통해 보충하였다.

18 필자의 노력에도 불구하고 모든 사실을 밝히지 못할 수도 있다는 생각이 앞선다(2022년 10월 1일).

19 〈작고 문인 사신철 뭉치〉에서 발굴한 자료이다. 이에 관한 연구 내용은《경상일보》(2023년 5월 1일) 1면에 소개되었다.

찢어 사연을 보낸 것도 있고, 당시의 상황으로 보면 그나마 원고지는 고급지에 속한다는 사실이 뼈아프게 느껴진다. 무심한 세월 때문에 원고지가 삭고 퇴색되어 곧 없어질지도 모른다는 생각마저 든다.[20]

다음은 목포 출생 소설가 서근배(徐槿培, 1928~2007)[21]의 사신 기록물이다. 세월과 함께 삭아지는 작가의 모습이 보인다.

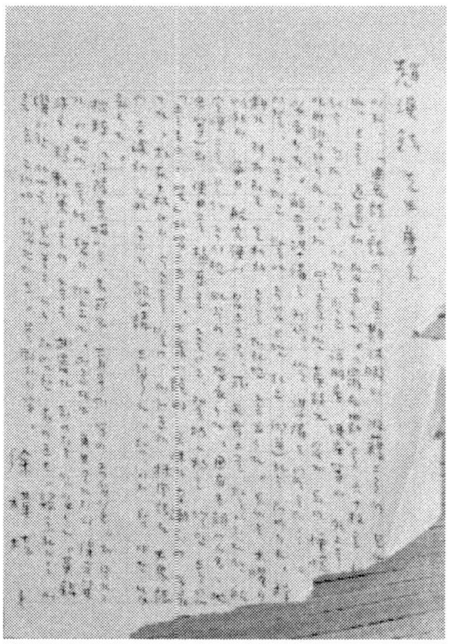

목포 출신의 소설가 서근배의 사신

서근배의 사신 기록물은 작가의 언어가 사라짐과 동시에 작가의 정신 세계가 해체되면서 한국문학사의 한 부분이 사라질 위기에 처했다는 생각이 든다. 그래서 근·현대 작가 사신 기록물로 규정하여 문학 연구의 사료적 가치를 구명(究明)할 필요성은 충분하다고 판단했다. 다만 앞

20 2023년 11월 1일, 〈국립한국문학관〉으로 이관되어 보관 및 처리를 한다(조혜령과 통화).

21 《문예》를 통해 등단하고 활동한 소설가이다. 《문예》는 발행 모윤숙(毛允淑, 1910~1990), 편집 김동리(金東里, 1913~1995), 주간 조연현으로 1949~1954년 3월 종간(통권 21호)되었는데, 그는 이를 통해 강신재(康信哉, 1924~2001, 서울 출생), 장용학, 최일남 등과 함께 작품을 발표했다.

뒤 맥락이 없어 보이는 사신들의 내용을 통해 작가의 거대한 예술 세계를 밝히는 데는 연구자의 어려움이 있다는 전제가 현실이다. 가령 발신 날짜가 불분명하고, 소위 개성적인 문체와 글씨체로 인해 파악하기 힘든 내용 또한 연구에 어려운 요인이다. 〈작고 문인 사신철〉에서 확인할 수 있는 것들은 작가명과 장르 영역, 남은 사신 기록물의 통계, 원본 확인과 동시에 훼손 정도 등이다.

그리고 이러한 외형적 확인이 과연 조연현과 문단 형성 관계, 작가들의 작품, 한국문학사와 한국문단사와의 연결성 확인이 가능한가에 대한 의문이 남게 된다. 특히 작고 문인들의 사신 기록물은 기존 연구에서 볼 수 없었던, 혹은 기존 연구에 뒷받침되는 자료의 기능과 함께 새로운 작가와 작품 세계를 탐색할 수 있는지에 대한 여지가 가치를 결정짓는다고 생각했다. 이를 확인하는 방법을 정리한 후, 개별 사신 연구를 시작함이 순서로 보인다.

졸저인 『작가 사신 연구 방법론』을 활용해 검토할 작가 사신의 연구 방향을 정리하면 다음 표와 같다.

1단계	〈작고 문인 사신철〉 전 단계의 기존 연구 단계	1. 작가의 기본 정보(작가의 생활 혹은 특징)
		2. 작가와 작품의 문학사적 특징
2단계	〈작고 문인 사신철〉 연구 단계	3. 〈사신〉 내용 정리
		4. 〈사신〉과 조연현의 관련성
		5. 〈사신〉과 작품 세계의 관련성
		6. 〈사신〉과 작가의 관련성
		7. 〈사신〉의 사료적 가치 등을 검토 정리
		8. 한국문학사와 한국문단사의 위치
3단계	〈작고 문인 사신철〉 연구 후 단계	9. 〈사신〉 관련 문단 정보 정리
		10. 평전 및 전기 등 집필, 문학관 건립 및 입체성 모색, 작가 전집 완성, 후학 연구자들의 자료 성격 등

1단계에서는 발신자 혹은 수신자에 대한 기존 학계의 연구 성과를 정리하고, 2단계에서는 1단계의 연장선에서 작가 사신 기록물 내용을 분석한 결과로 작가와 작품 세계의 변곡점을 찾는 작업으로 가치를 모색한다. 즉 작가 사신 기록물을 여러 방향으로 분석 및 연구하는 구체적인 단계이다. 3단계에서는 작가 전기와 평전, 작가 전집 출간 그리고 입체적인 문학관의 모습을 갖추는 객관적인 자료로도 활용되는 것이며, 나아가 후학들의 연구에도 귀중한 자료로 활용될 수 있도록 정리한다.

위와 같은 검토의 궁극적인 목적은 근·현대 작가 사신 기록물의 가치를 밝히는 데에 있다.[22] 이러한 목적에 도달하는 과정에서 조연현과의 사적인 교유 혹은 문단, 근·현대문학과 관련성, 그리고 근·현대 작가들의 의식을 파악할 수 있다. 사신 연구에서 드러난 작가 의식 혹은 작품 특징을 밝히는 것 또한 사신의 가치이다. 작가 사신에는 작가의 창작 과정이나 창작 심리 등이 드러난 경우가 있어 작품 해석과 문단 활동을 이해하는 데 결정적인 자료일 수 있다. 또한 근·현대 작가와 작품의 관련성을 짚는데 사신 기록물은 입체적인 보조 자료로 활용되기도 한다. 특히 근·현대 작가들의 사신 기록물은 작가 생애사 혹은 문단사를 구성하는 텍스트이기 때문에 보관 및 연구가 필요하다.

그리고 검토 목적의 다른 하나는 이러한 텍스트를 근거로 한 사신 연구 방법이 체계적인 문학 연구 방법론으로써 자리매김할 수 있는 역할을 하는지에 대해 확인하는 데 있다. 기존의 문학 이론으로 작가와 작품 세계를 밝히는데 머물지 않고, 작가 의식을 가장 직접적으로 드러내는 대상으로 작품과 작가 세계를 밝히는 '주체적이고 개방적인 방법론'[23]으로 접근할 때 활용할 수 있는 텍스트가 바로 작고 문인 사신 기록

---

22 사신 기록물에 등장한 작가들의 특징을 귀납적으로 정리함과 동시에 『작가 연구 방법론』을 참고하여, 『작가 사신 연구 방법론』 원고를 완성하였다(2023년 1월 5일, 목요일 새벽).

23 이재선은 국문학계의 과제(「한국 문학 연구의 회고와 전망」, 『한국문학의 해석』, 새문사.

물이다. 즉 사진 기록물 연구 방법론을 생성하는 데 이론적인 토대라는 것이다. 즉 작고 문인 사진 기록물은 '출전 분석, 문헌 고증 및 전기학의 분야에서 정확한 자료를 수집함으로써 문학 연구를 확대 심화할 수 있는 가장 확실한 기초를 마련하는 작업'[24]을 할 때 중요한 텍스트이다.

물론 사진 맥락을 어느 정도까지 밝혀지느냐가 관건(關鍵)이지만, 이 또한 검토 과정에서 자연스럽게 해결될 것이다.[25] 특히 한국 근·현대 작가 연구에서 문학 연구의 한 방법론으로 확장해 새로운 관점을 보여줄 수 있다고 판단된다.

다음은 〈작고 문인 사진첩〉에 등장한 작가들의 주요 특징 및 사진 내용을 간략히 정리했다.(『작가 사진 연구 방법론』의 〈부록〉 수정)

〈작고 문인 사진첩〉 작가 분류표(첫 번째)

갈래	번호 및 작가명 (기록물 통계)	특징	사진 내용		
			창작 관련	문학지 관련	안부, 기타
소설가 (10명)	1. **염상섭(3장)** 5. **계용묵(4장)** 15 **전영택(1장)** 21. 조진대 22. 최인욱 24. 김광주 31. 방인근 38. 박영준 39, 안수길 45. 강석근	1. 염상섭:《폐허》동인, 《만선일보》 편집장 역임, 《조선문단》 추천위원, 독립 선언 운동으로 투옥 5. 계용묵: 필화 사건, 천황 불경죄로 투옥, 《조선문단》 추천위원, 《해조》와《신문화》 창간 15. 전영택: 《창조》 동인, 평양 청소년 기관지 《청년》 주간, 김동인 편집, 한국문인협회 이사	1. 염상섭 (적빈과 소설 창작) 5. 계용묵 (영화평 청탁)	15. 전영택 (작품 연보 보냄)	17. 최계락 (오영수, 박재삼과 안부, 시 작 관련 사진)

1981, 258~262쪽)를 실증적인 연구 방법, 연구를 위한 정밀한 독서, 연구 방법론의 확장 등을 제시했다.

24 이재선, 위의 책, 259쪽.

25 다만 필자의 아둔한 식견과 연구자 욕심으로 사진 기록물에 대한 고증 오류와 연구의 부정확성이 있을 수 있기 때문에 지속적인 관심과 연구를 해야 한다.

		장, 방인근과 동서지간 21. 조진대: 조연현과 동향, 문청 활동 31. 방인근:《조선문단》발행 및 추천제 39. 안수길: 동맹 휴학 주동 및 광주 학생 사건 주동해 일경 체포 및 구금			
시인 (13명)	2. 유치환 8. **오상순(7장)** 10. 최인희 16. **김관식(2장)** 18. 김수돈 23. 구자운 30. 이하윤 32. **신석초(2장)** 33. 김현승 36. **박목월(3장)** 37. 김광섭 42. **장만영(5장)** 44. 김용제	8. 오상순:《폐허》동인, 최초의 시 전문 동인지《장미촌》참여, 33세 때 부산 범어사 스님 10. 최인희: 요절 시인 16. 김관식: 서정주와 동서지간 23. 구자운: 평생 소아마비 고통, 창작 30. 이하윤: 해외문학파,《시문학》동인,《문예월간》편집 담당 31. 김광섭: 사제지간,《해외문학연구회》 가입,《문학지》창간,《자유문학》창간 32. 신석초: 이육사와《자오선》동인 33. 김현승: 동인지 지역《신문학》창간 36. 박목월:《시문학》,《심상》창간 42. 장만영: 〈산호장〉출판사 경영, 〈산호장〉에서 김기림, 박인환 시집 출간. 신석정 동서지간 44. 김용제: 친일 논란	8. 오상순 (해공 선생 추도시 창작) 33. 김현승 (박봉우 추천 건 시비)	18. 김수돈 (원고 수록 부탁) 16. 김관식 (원고 게재, 잡지 요청) 36. 박목월 (추천) 42. 장만영 (원고 게재)	36. 박목월 (새해 인사) 42. 장만영 (도서 감사 인사 및 도서 장정 조언) 33. 김현승 (박봉우 추천 건)
시조 시인 (2명)	11. 이호우 35. 이영도	11. 이호우: 이영도와 오누이 관계		11. 이호우 (원고 게재 시 이영도의 수필 보냄) 35. 이영도 (시조 강연)	

수필가 (3명)	4. 마해송 13. 김일엽 20. 김도양	4. 마해송: 시인 마종기의 부친 13. 김일엽: 승려, 최초 여성 잡지 《신여자》 간행, 《폐허》 창간 동인		13. 김일엽 (원고 수정)	4. 마해송 (『여백의 사상』 감사) 20. 김도양 (안부)
희곡/ 시나리오(3명)	19. 임희재 28. 유치진 29. 오영진				19. 임희재 (『한국현대문학사』 출간 인사)
비평가 (3명)	6. **고석규(2장)** 9. **김종후(2장)** 14. 정태용	6. 고석규: 26세 요절 9. 김종후: 28세 요절 14. 정태용: 조연현과 바둑, 유고집 출간		6. 고석규 (「시적 상상력」 문학지 수록) 9. 김종후 (《문예》 발간 및 등단 인사)	
아동 문학 (3명)	3. 강소천 17. 최계락 25. 이광래	3. 강소천: 소천 문학상 제정, 백석이 추천한 작가 17. 최계락: 정비석과 《대조》 잡지 발행, 김억과 〈수선사〉출판사 25. 이광래: 「산토끼」의 동요 작가, 이일래의 동생			
기자 및 작가 (1명)	12. 한재덕	12. 한재덕: 1927년 동경 지부 카프 발행지 《제3전선》 임화, 안막, 한재덕, 김남천 등과 활동, 해방 후 김일성 직속 기자 활동, 월북 문인			
국문 학자 (2명)	41. 양주동 43. 조윤제				
화가 (1명)	26. 김환기	사진 여부 미확인			
서예 (1명)	40. 허백련	40. 허백련: 동양화 10대가			
기타 (3명)	7. 김법린 27. 양재연	7. 김법린: 승려, 독립운동가, 만당 사건		27. 양재연 (번역「호질(虎	27. 양재연 (『여백의 사상』

	34. 김용배	27. 양재연: 송석하 사위 43. 김용배: 철학		叱),《현대문학》 수록)	출간 인사, 1962)

총 45명 가운데 10명만을 우선 대상으로 삼았다. 연구 순서는 창작 영역별로 하되, 작가의 연관성이 있는 경우는 묶어서 검토하기로 한다. 가령 작고 문인 가운데 여러 장르를 걸쳐 창작 활동을 한 경우는 작가의 창작 활동과 사신 내용에서 관련 장르를 찾아 분류하거나 대표적인 작가의 장르를 중심으로 구분하였다. 그러나 작가 영역이 여러 갈래이거나 모호할 때는 사신 내용을 중심으로 하여 구분하였다. 가령 염상섭의 경우 비평 활동과 창작 활동을 주도적으로 했으나, 사신 기록 내용에는 주로 소설 창작 내용이기에 소설가로 분류하였다. 다만 개별 작가의 사신 기록물 연구 과정에서, 작가의 다양한 창작 활동 내용을 참고할 수 있도록 간략히 정리하였음을 밝혀 둔다.

조연현은 8.15 광복 후부터 30여 년의 세월 동안 한두 번 이상 만나고 한 통 이상의 편지를 주고받은 문인들을 구체적으로 밝혔다. 하지만 위에서 정리한 〈작고 문인 사신철〉에 등장하는 작가와 일치하지 않았다. 특히 '심정의 표현을 편지로 써 보낸 분으로 문인이 아닌 김환기 화백'의 사신을 〈작고 문인 사신철〉의 특정 위치에 풀로 붙인 자국이 남아 있으나, 실재(實在)하지 않아 그 행방이 궁금하다. 〈작고 문인 사신철〉의 「26. 김환기」로 존재했음에도 불구하고 조연현 자택에서 확인한 순간까지도 발견되지 않았고, 현재까지는 사라진 것으로 보인다. 김환기를 '문인이 아닌 김환기 화백'으로 명명했음에도 불구하고 〈작고 문인 사신철〉에 보관한 이유는 무엇일까? 처음에는 정리해 보관했다가 나중에 '문인'이 아니기 때문에 따로 보관했을 것이라는 생각도 든다. 그렇다면 독립운동가이며 동국대 총장인 김법린이나 철학자 김용배 같은 경우도

〈작고 문인 사진첩〉에 보관할 이유가 없다. 김환기는 평소에도 시나 수필 등을 창작했다는 점, 김광섭의 시적 언어를 그림으로 펼친 세계적인 화가인 점 그리고 『남기고 싶은 이야기들』과 같은 문단 여기(餘紀)의 자료, 무엇보다도《현대문학》의 표지화와 조연현의 초상화를 그렸다는 점에서 유추해 볼 수 있다. 즉 조연현이 나름의 가치를 판단한 것으로 보인다. 「7. 김법린(전 문교장관, 동대총장), 「34. 김용배(철학가)」와 같이 존경의 대상이기도 했기 때문이다.

다음은 「방인근 선생의 편지」(『남기고 싶은 이야기들』, 1981)에서 조연현이 언급한 작고 문인들을 분류해 정리한 것이다. 현재 실재하지 않는 사진을 확인할 수 있고, 어떤 작가의 사진을 발굴해야 하는지를 파악할 수 있다.

〈작고 문인 사진첩〉과 『남기고 싶은 이야기들』

갈래	〈작고 문인 사진첩〉	『남기고 싶은 이야기들』	특징
소설	**염상섭, 방인근, 최인욱, 전영택, 계용묵, 김광주, 박영준, 안수길, 조진대, 강석근(10명)**	윤백남, **염상섭**, 이종환, 김이석, 이무영, 주요섭, 김내성, 김말봉, **방인근, 최인욱**, 박계주, **전영택**, 김영수, **계용묵, 김광주, 박영준**, 함대훈, **안수길**, 최상덕, 임상순, **조진대(21명)**	함대훈(1906~1949, 러시아 문학 소개, 번역 활동, 《해외문학》 동인)
시인	**오상순, 박목월, 김현승, 김광섭, 신석초, 구자운, 김관식, 최인희, 유치환, 장만영, 최계락, 김수돈, 이하윤(13명)**	최남선, **오상순**, 노천명, 유엽, 전봉래, 공중인, **변영로**, 이상로, 김동명, 김수영, 박인환, 박지수, 조지훈, **양주동, 박목월, 김현승**, 김영랑, **김광섭**, 박종우, **신석초, 구자운, 김관식, 최인희, 유치환**, 이흡, 이한직, 김용호, **장만영, 최계락, 김수돈, 이하윤**, 이덕진(32명)	이한직, 김수돈(정지용 추천 시인)
시조 시인	**이호우, 이영도(2명)**	배병창, **이호우, 이영도**(3명)	배병창(1927~1976, 김천 출생, 《흑맥 동인회》 활동)

수필	**마해송, 김일엽, 김도양 (3명)**	**김환기(화가), 김일엽,** 전희복, 오종식, 윤오영, 박문하(6명)	
희곡	**유치진, 임희재, 오영진 (3명)**	**유치진, 이광래,** 한노단, 김진수, **오영진, 임희재**(6명)	
평론	**정태용, 고석규, 김종후 (3명)**	임긍재, 윤고종, 홍효민, **정태용, 고석규, 김종후,** 권도현(7명)	
아동 문학	**강소천, 최계락, 이광래 (3명)**	**마해송,** 한정동, **강소천**(3명)	한정동(1894~1976, 최초의 표절 작가)
번역	없음.	원응서(1명)	
기타	**한재덕, 김환기, 조윤제, 양주동, 김법린, 김용배, 양재열, 허백련(8명)**	없음.	
계	**45명(실재 44명)**	**80명(이상 추정)**	

『남기고 싶은 이야기들』을 참고하면, 행방불명된 문인을 제외하고 한두 번 이상 사신을 주고받았던 문인들만 정리하면 대략 80명 이상으로 추정된다. 조연현에 따르면 80명 외에 계명을 달리한 문인들이 20명이 더 된다고 밝혔다. 그렇다면 100여 명의 작고 문인 사신 기록물이 존재한다는 의미이다. 그러나 필자가 확인한 바는 현재 이 숫자에 못 미친다.

가까이 지냈던 작가나 주변 사람 혹은 유족들이 작고 문인들의 친필 사신이나 엽서를 보관하는 경우 혹은 문학관에 그냥 보관만 하는 경우도 종종 있다. 특히 문학관에서 특별 전시는 하지만 연구자들이 이를 문학사적 기록물로 연구하기보다는 전집 속의 〈부록〉 정도로 출판하는 경우가 허다했다. 경북 청도의 시조 시인 이호우(李鎬雨, 1912~1970)와 이영도(李永道, 1916~1976)의 사신 기록물을 보관 중인 민병도(시조 시인, 화가)는 이영도의 제자이다. 통영 시인 차영한 역시 박재삼(朴在森,

1933~1997)과 문인들의 사신 기록물을 보관하고 있다. 한국문학사에 거명되는 100여 명 작가들의 친필 사신 기록물을 조연현처럼 수집 및 보관한 경우는 매우 드물다.

위의 작가 45명 외에도 조연현은 계명을 달리한 작고 문인 중, '편지 꾸러미'에는 50여 명의 편지가 4, 5통씩 남아 있는 것을 따로 보관해 둔 것이 있다고 했다. 그래서 이 두 권(〈작고 문인 사신철〉과 〈작고 문인 사신철 뭉치〉)을 참고해 사신 기록물의 존재 여부와 그 가치를 점검할 필요가 있다.

첫째, 1910년대 춘원 이광수와 육당 최남선으로 대표되는 문학적 천재성에 근거한 시기를 지나 1920년대는 동인지 문단 시대라고 할 수 있다. 그러나 조연현에게 보낸 최남선의 사신 기록물은 남아 있지 않다. 소위 말해 《창조》, 《백조》, 《폐허》 그리고 신인 추천제로 한국 문단을 이끌었던 《조선문단》 등에서 활약한 근대문학 작가들이 〈작고 문인 사신철〉에 등장하기 때문이다. 즉 염상섭, 오상순, 김일엽, 방인근 등이다.

둘째, 소설가 조진대, 시인 최인희, 비평가 고석규와 김종후 등의 사신 기록물은 한국문학사의 확장 가능성을 알려준다. 이들 사이에 있었던 문단 일화는 곧 한국문단사이기 때문이다. 동시에 중앙 문단 즉 서울 문단과 달리 지역 문단의 활성화라는 점에서 균형감을 볼 수 있고, 이들의 활동은 한국 문단 형성의 변곡점을 확인할 수 있기 때문이다.

셋째, 김관식, 유치환, 김현승 등의 사신 기록물은 특히 한국문단이면사를 볼 수 있는 자료이다. 이외의 사신 기록물은 한국문단사와 한국문학사의 빈틈을 채우는 계기가 된다는 점에서 가치가 있다.

3. 사신 기록물의 연구 방법 검토

작가 사신 기록물을 따라가면 작가와 작품이 보인다.

작가의 창작 활동과 집필 태도, 성격, 작품 세계 그리고 문단 활동 등이 구체적으로 비친다. 이뿐만 아니라 작가의 모습과 당대 사회 현실 그리고 시대 상황까지 볼 수 있다. 기존의 문학 연구 방법론에서 벗어나 사신 기록물을 텍스트로 하여 연구하면 작가와 작품 세계를 입체적으로 볼 수 있으며, 오롯이 그 작가, 그 작품 세계가 빛을 발하게 된다. 작가의, 작품의 '빛'을 더욱 발하게 하는 것은 작가가 남긴 사신 기록물에서 비롯된다. 특히 친필 사신 기록굴의 필체에서 뿜어져 오는 '힘'은 작가의 치열한 삶과 문학적 고통의 산물이지 결코 작가의 명성이나 문장력만은 아니라는 사실을 깨닫게 된다.

문학 작품의 내면 혹은 작품 가치를 평가하는데 문인들의 사신과 각종 메모가 결정적인 기능도 한다는 것을 탐색해 필자는 『작가 연구 방법론』(2007, 수정 증보판)에서 이론으로 정리한 바가 있다. 작가의 정신 세계가 언어로 형상화된 문학 작품은 독자에게 다가가 그 빛을 발하게 되는 것은 당연하다. 마찬가지로 작가의 사신 혹은 엽서를 작가 의식 그리고 작가 활동과 관련지어 보면, 또 다른 빛을 볼 수 있어 작가 사신 연구의 필요성을 절감하게 된다.

작가와 작품 세계를 밝히는 새로운 연구 방법의 자료로서 작가 사신은 가치가 있다. 궁극에는 한국문학사라는 거대한 자리에 작가와 작품 세계를 밝히는 자료로서 굳건히 존재하게 된다.[26] 작가 사신 기록물은 문학사에서 하나의 존재가 되고 이후로는 존재론으로도 남게 된다. 그래서 존재론이라 할 만한 작가 사신의 온전한 이해를 위해 입체적인 연구가 필요하다. 그 가운데 작가의 생애와 관련된 활동 이력을 검토하고 연구하는 것이 중요하다. 〈작고 문인 사신철〉은 작가 생애와 문단 활동 이력이 담겨 있어 작가 생애를 구성하는 데에도 도움이 된다. 즉 작가 전기의 기초 자료로서 그 가치가 있다. 그래서 작가 사신 연구를 통해 과거의 문헌적인 고증 방법을 확장해 주체적이고 개방적인 문학 연구 방법론이 완성되는 계기가 된다.

조연현의 말처럼 '형해(形骸)'의 자료들에 생명을 불어넣는 작업이 바로 작가 사신 기록물 연구이다. 염상섭의 사신을 보면 염상섭이, 신석초의 사신에는 신석초가 보인다. 작품을 통해 작품 세계는 드러나지만, 동시에 작가의 사신 기록물은 곧 작가의 내면 심리이기 때문에 작품 이해의 관건(關鍵)이 되는 것은 당연하다. 이처럼 작가와 관련된 명징한 그림을 그리기 위해서라도 작가 사신 기록물은 연구되어야 한다.

기존 한국문학사는 작품을 평가하고 연구한 결과를 정리한 것이라 할 수 있다. 학계의 연구 풍토가 작품 분석에만 가치를 두었던 것으로 이해된다. 작가론도 한국문학사의 한 축임에도 불구하고 연구가 소홀했다는 점을 돌아볼 시점이 되었다. 물론 작품론은 작품 분석을 위한 적합한 이론 탐구와 선행 연구 자료를 검토하는 시간과 집중력을 요구하는 어려움도 있다. 다만 작가 연구는 이에 더해 작가 주변 인물의 인터뷰와 문학적 답사까지 해야 하는 시간적 노력이 필요하며, 인터뷰 대상자의 엇갈린 이야기에 대한 진위(眞僞)까지도 세세하게 검증하는 작업도 필요한 것이 사실이다. 그래서 책상에 앉아 비평 이론으로 텍스트를 분석

26 〈작고 문인 사신철〉과 〈작고 문인 사신철 뭉치〉는 2023년 11월 1일, 서울 은평구 소재 '국립한국문학관'으로 이관되어 정리하는 중이다.

만 하는 연구 분위기를 되짚어 볼 시기가 되었다.

한국문학사의 정립을 위해서는 작가의 작품성 탐구뿐만 아니라 작가 연구도 필요하다. 작가 연구 중, 작가의 내면세계를 직접적으로 표현한 사신은 작품 연구에도 귀중한 자료가 된다. 따라서 작가들의 사신 교유를 통해 작가의 창작과 문학 정신의 이면을 파악할 수 있다는 점에서 의미가 있다.

조연현이 가슴 깊이 간직했던 〈작고 문인 사신철〉이 작고 후 40년이 넘은 시기에 한국문학사에 공개된다는 지점에서 다시 문학사와 문단사를 읽어야 한다. 또한 조연현이 활동했던 동시대 문단이면사를 작가 연구의 보조적인 자료로 활용할 수 있기 때문에 문단의 길목을 지키고 있는 〈작고 문인 사신철〉 연구가 불가피하다. 특히 〈작고 문인 사신철〉은 근·현대 작가들의 역사적(歷史的) 기록물로서 가치를 담고 있다.

이 외에도 문인들 간 주고받았던 사신이 어떤 문학적 가치가 있는지를 연구 검토했을 때, 〈작고 문인 사신철〉 역시 연구 방향과 그 가치가 있음을 볼 수 있다.[27] 다음은 작고 문인들의 사신 연구 방향과 가치를 엿볼 수 있는 사례를 검토한 것이다.

첫째, 1930년대 천재 작가 이상(李箱, 1910~1937)의 사신 기록물에 관한 사신 연구의 방향을 짚어 볼 수 있다. 이상의 내면 심리와 그의 문학 연구를 위해 "김기림과 더불어 깊은 인간적, 내면적 유대 관계를 맺고 있었던 이상이 김기림(金起林, 1908~?)에게 보낸 일련의 편지[사신]들을 참고할 필요"[28]가 있다.

---

27 박종석, 『작가 연구 방법론』, 85~87쪽 참고. 〈작고 문인 사신철〉을 검토하면서 『작가 연구 방법론』의 원고를 수정 및 보완해 『작가 사신 연구 방법론』을 출판했다.

28 김유중, 「연구 시대와 저작이 편중되어 있다 - 김기림 문학 연구의 문제점」, 《문학사상》, 1996. 11, 94~95쪽.

1930년대 중반 당시 센다이의 동북제대에 유학 중인 김기림에게, 와병 중이던 이상은 무려 7통이나 되는 애절한 사연이 담긴 편지를 띄운다. 《九人會》 회원들 가운데 유독 김기림만이 이상의 참된 동료로 인식되었다는 것, 그리고 동경에 건너간 이상이 죽음 직전까지 애타게 김기림의 방문을 고대하고 있었다는 것 등을 우리는 이 편지를 통해 알게 되거니와, 이들 두 사람은 이제까지 알려진 것 이상으로 서로에 대해 깊은 신뢰와 존경심을 보이고 있었다는 사실을 알게 된다. 이들의 문학 활동이 표면상 각기 다른 방향성을 보이고 있으면서도 모더니즘이라는 공통 분모 속에서 어떤 상관성을 갖는지 추적하는 데 더없이 중요한 자료라고 생각된다.

— 김유중, 「연구 시대와 저작이 편중되어 있다
–김기림 문학 연구의 문제점」

위의 인용에서 보듯이 한국시사에서 1930년대 모더니즘 기수였던 이상이 김기림에게 보낸 사신[29]을 통해 이들의 문학적 교류나 문학 세계를 파악할 수 있다. 이처럼 사신 조사 및 연구는 귀중한 일의 하나임을 알 수 있다.[30]

일본의 교육 체계 속에서 일본어 시를 썼던 이상이 《九人會》의 정지용(鄭芝溶, 1903~1950), 이태준(李泰俊, 1904~1978) 등을 만나면서 국어 시를 쓰게 된다. 그래서 일문시(日文詩)보다 국문시(國文詩)에서 이상의 창작 기법과 창작 태도를 볼 수 있다. 이상 문학에서 한국 문학 추구 시험 파괴력은 1930년대 한국시문학사의 특이 사항이 아닐 수 없다. 그런 단서를 이상이 김기림에게 보낸 사신에서 확인할 수 있다.

---

29 사신의 구체적인 내용은 김윤식이 엮은 『이상 문학 전집③』(《문학사상》, 1993, 215~240쪽)과 『사랑을 쓰다 그리다 그리워하다』(루이엔휴잇, 2006, 95~113쪽) 참고.

30 필자가 김유중 교수에게 〈이상 유고〉가 조연현의 자택 정릉에 있다는 사실을 언급하자, 아마도 문단에서 떠돌던 원고일 것이라고 설명했다. 그래서 함께 〈이상 유고〉를 열람하고자 정릉에 방문했다. 이에 대한 이야기는 『작가 사신 연구 방법론』 참고.

> 요새 조선일보 학예란에 근작시 「위독」[31] 연재 중이오. 기능어, 조직어, 구성어, 사색어로 된 한글 문학 추구시험(追求試驗)이오. 다행히 고평(高評)을 비오. 요다음쯤 일맥의 혈로(血路)가 보일 듯하오.
>
> — 고은, 「이상 언어의 진수」, 『이상 평전』

이상 문학에서 '국어 파괴력'을 보여준 한글 문학의 추구 시험, 즉 '기능어, 조직어, 구성어, 사색어'의 특징을 그의 작품에서 보여주고 있다고 고은(高銀, 1933~)은 설명하고 있다. 이상 사신을 통해 그의 창작 태도를 확실하게 밝힌 것이다. 또 이상이 김기림에게 보낸 사신에는 이상이 문단 활동을 했던《九人會》의 상황이나 1930년대 경성(京城)의 사정을 잘 알려주고 있다.[32] 그리고 이상이 동경에서 죽음 직전에 한상직에게 보낸 사신은 이상의 암울한 세계를 보여주고 있다는 점에서 작가 심리를 읽을 수 있다. 그래서 작가 사신을 통한 작가 연구[33]에서는 특히 '편지의 내용을 정확하게 검증하는 일은 작가의 생애나 창작 당시의 작가 내면 심리를 엿볼 수 있다.'는 점을 주목해야 한다.

이상 부인은 변동림(卞東琳, 1916~2004)이다. 김향안(金鄕岸)으로 김환기(金煥基, 1913~1974) 화백을 만났다. 김환기를 만나기 전 이상과 결혼했다. 두 천재 예술가를 만났었다. 이상과의 만남과 이별은 알려진 사

---

31 연쇄시 「위독(危篤)」은 「금제(禁制)」, 「추구」, 「침몰」, 「절벽」, 「백주」, 「문벌」, 「위치」, 「매춘」, 「생애」, 「내부」, 「육친」, 「자상」 등의 12편으로서 그의 「오감도」 이후의 성숙한 묘사 기능을 보이고 있는 이상 시의 큰 수확이다. 그는 이 작품들을 퍽 중요하게 여긴 흔적이 있고 이상의 모더니티가 가장 세련되었으며 그에게 늘 붙어 있어야 했던 진술의 현학 취미가 거느린 지적 만행으로부터 떠날 수 있는 의식의 기교를 이상 문학의 정전(正典)으로서 시도하고 있다(고은, 「이상 언어의 진수」, 『이상 평전』, 1974, 241쪽).

32 고은, 「그의 탈출 그리고 종로 파산」, 『이상 평전』, 260쪽.

33 작가들의 사신 속에 담긴 문학 사상과 세계관을 담은 서한집이 최근에 출판되었다. 프랑스의 천재 시인 랭보(1854~1891), 나쓰메 소세키와 다자이 오사무의 서한집이 그 예이다(전채은 기자, 《동아일보》, 2021년 5월 10일).

실이다. 이상의 절친인 꼽추 화가 구본웅(具本雄, 1906~1952)의 계모 변동숙의 이복동생으로, 이화여전 영문과 출신의 문학 여성으로서 만 스무 살 때인 1936년 이상과 결혼했으나, 이상이 도쿄로 건너가 폐결핵으로 사망하는 바람에 이상과의 인연은 3개월로 끝났다. 그러나 이상의 임종을 지켰으며, "멜론이 먹고 싶소."라는 유언을 세상에 전했다. 1944년 본처와 아이 셋을 둔 유부남 김환기와 재혼을 위해 개명해 김향안이라는 이름으로 새 인생을 시작했다. 현재 김환기의 사신은 사라졌다.

최근에는 1930년대 천재 작가 이상이 최정희(崔貞熙, 1912~1990)에게 보낸 사신을 통해 이상 문학을 새롭게 탐구할 필요성이 제기되었다. 이상 사신이 명작 『종생기』와 관련성이 깊다는 권영민 교수의 주장이 나왔다. 《삼천리》 기자 출신이었던 최정희는 1950년 6.25전쟁 중 피란을 가면서 "밥보다 더 중요한 게 있다."며 사신과 사진, 신문 등 소소한 문건을 꼼꼼히 챙겼다. 최정희 유품 인수 작업에 참가한 서영은 작가는 "시인 이상이 짝사랑할 정도로 문단에서 인기가 많던 최정희의 유품에는 과거 문인들의 작품 세계, 고민이 모두 드러나서 연구 가치가 높다." (이철호 기자, 《동아일보》, 2015년 9월 1일)고 밝혔다.

한 일간지에서 공개한 자료를 보면, 천재 시인 이상이 25세에 쓴 절절한 러브레터를 최초로 공개한 권영민 교수가 1936년 《가톨릭 청년》, 《조선일보》에 발표된 연작시 「역단」 5수와 「위독」 12수 등 17수가 「오감도」의 미발표작이라는 결론을 얻었다고 밝혔다. 「오감도」는 우리나라 모더니즘 문학의 대표작 중 하나로, 이상이 스스로 '조선의 악의 꽃'이라고 부를 정도로 애착을 가졌다. 러브레터는 이상이 스물다섯 살이던 1935년 12월에 쓴 것으로 추정된다. 연서(戀書)의 상대는 최정희 작가로 1929년 《삼천리》를 간행, 직접 운영했던 납북 시인 김동환(金東煥, 1901~1958)[34]의 부인이다. 이상의 러브레터는 최 작가의 둘째 딸이자 소설가인 김채원 씨가 고인의 편지 300여 통을 정리하는 과정에서 우연히 발견했다. 총 세 장 사진 중 둘째 장으로 최정희를 잊지 못하는 이상의 절절한 마음이 담겨 있다. 최정희의 사진과 이상의 사진은 청춘의 애정을 담아 절절하게 표현했는지 아니면 그의 시처럼 그로테스크한 시적 기교를 담았는지 참으로 궁금하기도 하다. 이상 사진이 공개되면서 문학 세계에 새로운 변곡점이 생겼다고 볼 수 있다. 여기서 작가 사진 발굴과 사진 연구의 중요성이 다시 한번 더 분명해진다.[35]

이상 사진을 통한 작가 연구 방향은 다음과 같이 정리할 수 있다.

① 1930년대 모더니즘의 기수라 불리는 이상의 사진을 통해 모더니즘 문학의 지향점으로 향했던 김기림과의 창작 방법론의 차이와 모더니즘 문학사의 변곡점을 파악할 수 있다.

② 일제 강점기 시대 작가들의 창작 당시의 표기법에 반영된 작가 의식이 드러난다. 일제 강점기 시대의 한국어 말살 정책에서 일본어를 상용할 수밖에 없었던 작가의 창작 의식이 드러난다. 이인직(李人稙, 1862~1916)[36]이 일본 유학 시절에 발표한 『과부의 꿈』(1902. 1.28~29, 《미야코신문》, 동경)을 시작으로 1945년 해방 직전까지 창작한 작품이 있었다는 사실이 우리 문학의 범주를 규정짓는 특징이다.[37] 그래서 창작에서 한글

---

34 《삼천리(三千里)》는 1929년 6월 일제 강점기 조선 경성부에서 발행된 취미·시사 중심의 월간 종합 잡지였다. 김동환, 김동인, 이광수, 염상섭, 정지용, 나혜석, 김일엽, 장면 등이 필진으로 참여하였다. 개벽사 발행인 《별건곤(別乾坤)》과 함께 대중잡지로 유행하였다. 정치, 사회, 취미, 역사, 시사 등 각 분야에 대한 다양한 글을 수록, 소개하였고 시중의 은어와 비속어, 여성 운동, 조선의 독립 운동에 대해서도 폭넓게 소개하는 등 호의적이었다. 1941년 폐간되었다가 이후 두 차례 복간되었다(《위키백과》에서, 2024년 7월 29일).

35 김유중, 김주현 엮음, 『그리운 그 이름, 이상』(지식산업사, 2004)은 이상 사진 연구와 관련된 방계 자료로 참고할 수 있다.

36 최초의 신소설 작가, 한국 소설이 근대소설로 전개되는 데 교량적 역할을 한 작가로 평가됨.

37 호테이 토시히로, 「일제 말기 일본어 소설의 서지학적 연구」, 《문학사상》, 1996. 4월호, 44~78쪽.

문학의 추구 시험이 갖는 의미를 찾을 수 있다.

③ 사신 속에 있는 작품을 밝힐 수 있다. 즉 사신 속의 작품 발굴을 통해 작가의 문학 세계가 새롭게 정리될 수 있는 계기가 된다.

④ 작가가 직접 밝힌 창작 동기를 파악할 수 있다. 작가 의도가 직접 드러나 작품 혹은 작품의 창작 배경을 밝힐 수 있다.

⑤ 사신 속에는 당대 시대 의식과 작가의 의식 작용으로 형성된 작품과 상관성을 밝힐 수 있다.

둘째, 1930년대 순수시인 박용철(朴龍喆, 1904~1938)[38] 사신이다. "1930년대 전후 한국시사를 구명(究明)하기 위해서는 박용철의 저변을 알지 못하고는 거의 불가능할 것으로 판단된다. 다시 말해서 박용철에 대한 구명(究明)은 당시 한국시사를 해명하는 일과 거의 일치"[39]한다고 본 김윤식은 일본에서 사귄 김영랑(金永郞, 1903~1950)에게 보낸 사신 속에는 박용철의 대표작 「떠나가는 배」(《시문학》 창간호 발표)가 있었음을 적고 있다. 그리고 이 사신에서 박용철 시론의 의미를 해석할 수 있다는 점에서, 작가 사신은 작가의 문학 세계를 파악하는 한 축이 된다는 사실을 작가 연구자는 중요하게 인식해야 한다.

박용철 사신을 통한 작가 사신 연구의 방향은 다음과 같이 정리할 수 있다.

---

38 《시문학》에 이어 《문예월간(文藝月刊)》, 《문학》 등을 발간하고 시와 함께 많은 번역시, 그리고 『인형의 집』을 비롯하여 『빈의 비극』, 『베니스의 상인』 등의 희곡을 번역. 1931년 이후로는 비평가로서도 활약하여 「효과주의 비평논강(效果主義批評論綱)」, 「조선문학의 과소 평가」, 「시적 변용(詩的變容)에 대하여」 등을 발표, 계급주의와 민족주의를 동시에 배격하여 임화(林和)와 논전을 벌이기도 했음. 사후 1년 만에 《박용철 전집』(전2권)이 간행, 2001년 〈은관문화훈장〉(〈네이버 지식백과〉).

39 김윤식, 「10. 純粹詩論 – 박용철론」, 『한국근대작가론고』, 일지사, 1974. 124쪽.

① 미발표 사신은 작가와 작품 세계나 문학사 기술의 자료가 된다. 특히 1930년대 한국시사의 흐름을 사신으로 확인할 수 있다는 점에서도 사신 연구의 중요성을 알 수 있다.

② 「떠나가는 배」의 유통 경로와 관련된 한국문단사의 의미를 검토할 필요성이 있다.

③ 《시문학》 창간호에 발표된 작품과 문학잡지 《시문학》이 문단 지형에 끼친 영향 연구로 1930년대 시문학사를 검토할 수 있다.

셋째, 1940년대 민족시인 윤동주(尹東柱, 1917~1945)의 사신이다.

윤동주가 일본 동경 유학 시절에 강처중에게 보낸 사신 속에는 그의 시 다섯 편이 있었는데, 그 시들은 윤동주 문학을 이해하는 데 중요한 대표작이다.[40] 그 시제는 「쉽게 씌어진 詩」, 「흰 그림자」, 「사랑스런 追憶」, 「흐르는 거리」, 「봄」 등이다.[41] 이처럼 작가 사신을 조사하면 대표작을 파악할 수 있다는 점에서 사신을 찾는 노력이 필요하다.

윤동주 사신을 통한 작가 연구의 방향은 다음과 같이 정리할 수 있다.

① 박용철 사신에서 작가 연구와 관련성을 짚었듯이 윤동주 사신에서도 궤를 같이한다. 특히 일제 강점기 시대의 지식인이자 시인인 윤동주의 사신을 통해 그의 대표작을 발굴한 점도 사신 연구의 중요한 기능이다.

② 다섯 편의 시작에 대한 상호 텍스트성을 검토하는 것도 윤동주의 시 창작 태도와 내면 의식을 들여다볼 수 있는 계기가 된다는 점에서 사신 연구에서 유의미한 것이다.

---

40 윤동주 시문학에 대한 참고 자료는 권영민이 엮은 『윤동주 연구』(문학사상사, 1995).

41 송우혜, 「시인 윤동주지묘」, 『윤동주 연구』, 세계사, 1998, 378쪽.

넷째, 1960~80년대 비평가 김현(金炫, 1942~1990)의 사신이다. 송욱의 시 세계를 간파했던 서울대 불문학과 교수 출신의 문학비평가 김현. 그는《현대문학》에 이어 한국문학사와 문단사의 판도를 변화시키는데 일조한《문학과 지성》의 주역 중 한 명이다. 지금도 한국비평문학계와 지성사에 끼친 영향을 그의 후학들이 따르고 평가하고 있다. 소위 문지파 4K라고 일컫는 김현이 동학인 김치수(金治洙, 1940~2014)와 주고받은 사신(1974년 2월~1976년 2월)이 공개됨으로써 새롭게 조명되는 계기가 되었다.

김현 사신을 통해 "문학에 대한 생각, 무엇을 공부해야 하는지에 대한 지적 편력, 당시 현실에 대한 암울한 심정까지 두루 살펴볼 수 있다."(김지영 기자.《동아일보》, 2015년 9월 16일)는 점에서 사신 연구의 가치를 다시 한번 확인할 수 있다. 또한 김현의 폭넓은 독서량을 기반으로 적확한 작품 분석과 섬세한 문체로 한국비평문학 시대를 연 것으로 평가받는 면모를 확인할 수 있는 귀한 자료라 할 수 있다. 서구 문학을 연구해 한국 문학에 적용하고자 노력하는 김현을 확인할 수 있다. '연구비를 받으면 염상섭에 대한 논문을 쓸 것'이라는 김현의 사신에서 한국문학에 대한 비평적 욕구를 볼 수 있다. 외국 문학 전공자인 김현이 한국 비평 문학의 지평을 넓히는 노력했다는 점을 평가해야 한다.

김현 사신을 통한 작가 사신 연구의 방향은 다음과 같이 정리할 수 있다.

① 작품 창작에 영향을 미치는 작가의 지적 편력, 독서력과 작품 비평의 태도를 엿볼 수 있다. 작품의 외적 자료를 활용해 작품 세계를 탐색하는데 의미가 있다.

② 한국 문학 연구에 서구 문학론의 수용이 미친 영향은 김현의 사신 연구를 계기로 파악할 수 있다.

③ 나아가 서구 문학론의 한국 문학 연구의 적용과 확산의 공과가 사신 연구까지 적용할 수 있는가에 대한 문제의식이 생길 수 있다. 즉 서구 문학론으로 작가 사신 연구까지 가능한가에 대한 논의이다. 이는 문학 연구 방법론의 개방성과 정립에 대한 논쟁이기도 하다.

다섯 번째, 근·현대 작가 사신 기록물로서 이육사(李陸史, 1904~1944)의 사신을 검토할 필요가 있다. 특히 이육사 사신은 문학사적 가치를 공개적이며, 현실적으로 가치를 평가했다는 점에서 눈길을 끈다. 이는 여타 작가 사신 기록물에도 큰 파장을 주기 때문에 주목하는 것이다.

2022년 8월, 문화재청에서 민족시인 〈이육사의 친필 편지와 엽서〉가 국가기록물 문화재로 등재된다고 알렸다. 이육사의 일상적인 안부, 생활고에 대한 걱정, 건강을 기원하는 내용 등 1930년대 당시 근황을 담아 친척과 친구에게 보낸 친필 사신과 엽서이다. 한문으로 작성한 친필 사신을 통해서 《중외일보》 대구지국 시절 당시 그가 겪었던 생활 형편을 짐작할 수 있으며, 2점의 친필 엽서는 시인 신석초(申石艸, 1909~1975)와의 우정을 담았고, 고향을 그리워하는 내용도 담겨 있어 인간적인 면모를 볼 수 있다. 그리고 신석초 유족이 보관한 「옥룡암에서」라는 사신 기록물이 「신석초에게 1」, 「신석초에게 2」와 함께 공개되었다.[42] 이 역시 작가 사신 연구 방법으로 검토할 필요성이 있다.

자신의 작품 세계를 기록한 사신도 있어 작가의 문학적 특징을 밝히는 데 매우 중요한 연구라 할 수 있다. 가령 김춘수(金春洙, 1922~2004)는 자신의 대학 시절 불령선인(不逞鮮人)으로 6개월 영어 생활로 퇴학을 당했다는 사실과 그의 '무의미시론'에 대해 밝힌 사신을 제자인 김두한(金斗漢)이 보관하고 있었다.[43] 황금찬(黃錦燦, 1918~2017)이 박목월(朴木

42 김용직·손병희 편저, 「옥룡암에서」, 『이육사 전집』, 깊은샘, 2004, 268~369쪽.

月, 1916~1978)과 주고받은 사진 그리고 신석정(辛夕汀, 1907~1974)과 장만영(張萬榮, 1914~1975)이 주고받은 사진 또한 연구 대상이다. 정지용(鄭芝溶, 1903~1950)이 추천한 시인 김수돈(金洙敦, 1917~1966)과 비평가 고석규(高錫圭, 1932~1958) 사진 그리고 김송(金松, 1909~1988)과 이주홍(李周洪, 1906~1987)이 주고받은 사진도 마찬가지이다.

이외에도 작가의 메모나 일기도 참고해 작가 사진 연구를 할 수 있는 연구 방법론 탐색도 필요하다. 필자는 비평가 김종후(金鍾厚, 1928~1958)의 일기와 그의 사진과의 관련성을 짚었다. 작가 사진 연구는 나아가 근·현대 작가들의 사진 기록물이 보존되어야 할 자료임을 입증하는 일이기도 하다. 이런 점에서 근·현대 작가 사진 기록물인 〈작고 문인 사진첩〉을 면밀하게 검토할 필요성이 있다. 그리고 한국 문학 연구 방법론에서 또 하나의 연구 방법론으로서의 틀을 마련할 수 있다는 의미이기도 하다.[44]

---

43 김두한, 「김두한이 받은 문인들의 손편지」, 『한국문인 서간집』(1), 한국 PEN 경북위원회, 1019, 163~170쪽.
_____, 『김춘수의 시세계』, 시문학사. 1999.

44 〈작고 문인 사진첩〉과 기타 자료 등을 검토하는 과정에서 『작가 사진 연구 방법론』(월인, 2023)을 출간했다. 본고에서 다루는 논의는 이 졸저를 참고했다.

Ⅱ

작가별 사신 기록물의 특징

『한국현대작가론』(1964)을 비롯한 조연현의 저작은 〈작고 문인 사신철〉에 등장하는 작가들과 깊은 관련성이 있다. 〈작고 문인 사신철〉을 통해 기존 작가 연구의 관점과 달리 알려지지 않았던 작가의 모습과 문학 세계를 탐색할 가능성도 있다. 작가 연구는 유족과 문단 활동 관계자들의 증언을 참고할 때는 가치 판단과 객관성을 고려해야 하는 어려움이 있는 것도 사실이다. 그러나 〈작고 문인 사신철〉은 작가의 진솔한 모습과 문학 활동을 볼 수 있는 자료라는 점에서 작가 연구의 객관적인 자료라고 볼 수 있다. 또한 인터뷰에서 얻을 수 없는 작가 관련 자료나 사실들을 파악할 수 있다.

조연현은 70년 평생 작가로 살아온 일본인 대작가의 사신을 통해 느낀 점을 밝힌 적이 있다. 작가 사신은 "아무리 무가치한 사사로운 것이었다 해도 자신의 인생을 구축한 하루하루"[1]라고 언급했다. 그렇다면 〈작고 문인 사신철〉은 작가의 인생을 구축한 자료이다. 여기서 '인생'이란 부분에 주목할 필요가 있다. 그는 전집(1) 서언(序言)에서 '문학이란 그것이 어떤 행태로 나타나든 결국은 인생의 표현(表現)이다.'라고 정의했다. 즉 작가의 인생을 구축한 사신은 작가의 인생 표현이기에 문학적 표현이라는 의미로 읽힌다. 사신은 작가의 인생이 담긴 문학적 표현의 다름이 아니라는 해석이다. 그래서 작가 사신 연구는 곧 작가의 삶인 창작 활동과 문단 활동을 탐구하는 것이다.

그렇다면 조연현이 사신을 보관한 이유 중 하나는 작가의 인생을 구축한 자료를 수집 및 정리하려는 목적 때문이었을 것이다. 따라서 〈작고 문인 사신철〉 연구는 작가의 일상적인 삶의 여정, 창작에 대한 고통, 작가들 간의 유대 관계 그리고 창작과 현실적 문제에 대한 갈등, 작가로서의 경제적인 어려움 등을 이해할 수 있으며, 이런 이해의 바탕 위에 작가

---

1 조연현, 「세월의 앙금」, 『내가 살아온 한국문단』, 어문각, 1977, 192쪽.

와 작품 세계를 찾을 수 있다. 작가가 살았던 당대의 문단 활동, 시대상을 유추할 수도 있다. 작품 활동은 작가가 어떻게 인생을 살았느냐에 대한 문제로 귀결된다. 이처럼 작가의 전기적 요소와 문학적 요소는 밀접한 관련성이 있다. 즉 〈작고 문인 사신철〉에 등장하는 작가들이 어떻게 살았느냐를 검토할 필요가 있다. 그래서 문학은 인생이라고 하는 평범한 진리를 〈작고 문인 사신철〉 연구를 통해 깨닫게 될 것이다.

본고에서는 〈작고 문인 사신철〉의 사신 원본을 확정하고 이 원본을 갈래별로 분류하고 연구해 작가와 작품과의 관련성을 짚는다. 작가 사신 연구는 원본 확정부터 시작이다. 사신 원본 확정의 방법에는 1) 발신자와 수신자 관계, 2) 발신 연도, 발신 공간 확인, 3) 서체 및 서명 등이 있다. 이에 대한 구체적인 방법은 『작가 사신 연구 방법론』을 참고할 것이다.

45명의 작고 문인 가운데 한국문학사와 한국문단사의 흐름을 근거로 10명을 정리했다. 1920년대 문예 동인지의 중심이었던 작가 중 염상섭, 계용묵, 전영택을 연구했고, 해방 전후 독창적인 시 세계를 펼쳤던 오상순, 김관식, 신석초 등의 모습을 확인하고자 했다. 1930년대 모더니즘의 시적 위치를 보여주었던 장만영과 1940년대 민족어를 시로 형상화했던 청록파 중 박목월, 그리고 1950년대를 전후해 서울 중심의 한국문단과 지역 문학의 균형추를 볼 수 있는 비평가 고석규와 강원도의 김종후를 읽고자 했다. 이들을 〈첫 번째 이야기〉의 대상으로 삼은 이유는 다음과 같다.

첫째, 1919년 국권 상실의 시기인 1920년대는 작가들이 결집해야만 하는 시대적 요구에 '응축'된 집단 형성으로 동인지 시대가 나타났으며, 이 시기를 벗어난 1930, 40년대에는 '개성화'되는 작가들이 등장하면서 창작 활동의 기류 변화가 나타났다. 즉 친일 작품 활동을 하거나 저항하는 협력과 저항의 시대가 형성되었던 시기였다.

둘째, 시인 오상순, 김관식만으로도 한국문단사의 한쪽을 채우고도 남는다. 이들을 따라가면 해방 전후 작가와 예술가들의 관계를 볼 수 있다. 이에 비해 신석초의 문단 활동은 이육사에 의해 조망될 만큼 고요했다는 측면도 있으나 신석초 나름의 문학성을 개성적으로 드러내고 있다는 점에서도 탐구할 필요가 있다.

셋째, 1919년 동경에서 《창조》가 발간되면서 서울로 확산된 문예 활동이 《폐허》, 《백조》 등으로 대표되는 순문예지 활동으로 이어진다. 그리고 6.25를 전후해 대구와 부산 남포동을 중심으로 옮겨 문단 활동을 이어갔다.[2] 이는 서울 문단 활동이 전쟁으로 인해 지방 문단 활동으로 이동하면서 부산의 고석규와 강원도의 김종후로 상징되는 비평 영역의 역할을 재조명할 필요가 있다. 특히 이 두 비평가는 동서양의 시각에서 문학을 분석하고 있다는 점에서 비교 대상이 된다. 1950~60년대는 서구 문학 전공자들이 한국 문학을 분석하고 연구하는 시대였다. 이런 점에서 고석규와 김종후는 국문학 전공자이면서 서구 문학론을, 과학도이지만 동양 문학론에 천착했다는 점이 눈이 간다.

〈작고 문인 사신철〉의 작가별 사신의 분석과 연구 체제는 다음과 같다. 사신 기록물의 통계와 이 통계를 바탕으로 분류하고 사신 내용을 분석하는데 세 부분(Ⅰ, Ⅱ, Ⅲ)으로 정리하였다. 물론 이는 작가 사신 기록물에 대한 가치 규명의 한 방법으로 판단했기 때문이다. 또한 『작가 사신 연구 방법론』에 기댄 바가 있음을 밝힌다.[3]

---

2 한국문인협회 편, 최정희의 「피난대구문단」과 이봉구의 「피난부산문단」, 『한국문학 20년』, 정음사. 1966.

3 이러한 방법론은 작고 문인들의 사신 기록물뿐만 아니라 발굴되는 문인들의 사신을 체계적으로 연구할 수 있는 방향성 정립이라는 면에서 의미가 있다고 판단된다.

Ⅰ: 작가의 생애 및 주요 작품과 문단 활동

Ⅱ: 사신 기록물 내용 분석 및 특징

Ⅲ: 작가와 관련된 주변 활동

이렇게 세 부분으로 나눈 이유는 다음과 같다.

〈Ⅰ〉에서는 사신 기록물에 등장하는 작가(사신 기록물의 발신자)의 대표 작품 및 문단 활동을 이해할 필요성이 있기 때문이다. 〈Ⅱ〉에서는 작고 문인 사신 기록물의 원문 확정 및 내용 분석으로 작가의 일상, 작품과 작가 활동에 대한 가치를 규명하고자 했다. 작가의 일상을 통해 삶의 방향과 신념 등 가치를 읽는 일이고, 사신과 직간접적으로 관련성이 있는 작품을 통해서 한국문학사의 특징을 밝힐 것이고, 작가와의 관련성을 통해 한국문단사를 새롭게 발굴하는 계기가 될 것이다.

특히 발신자(작가) – 수신자(조연현) 관계가 전제된 사신 기록물이기 때문에 두 작가에 대한 논의를 필수적이라 할 수 있다. 발신자 경우는 작가의 일상, 작품 및 작가 활동 등을 분석, 정리하였고, 수신자의 경우는 《문예》와 《현대문학》 그리고 〈문협〉 활동에서 발신자와 맺어진 관계이기 때문에 발신자의 사신 내용에 대한 반응을 유추할 수 있다.

그리고 〈Ⅲ〉에서는 작가 주변 활동으로 작가의 이면과 문단 활동을 정리하고자 하였다. 즉 〈Ⅰ〉과 〈Ⅲ〉에서 다루는 내용이 〈Ⅱ〉와 직간접적인 관련성을 중심에 놓았다. 그러나 사신의 사소한 부분도 작가와 작품과는 일정한 관계가 있기 때문에 작가의 일상, 건강, 서가의 책 등에 대한 내용조차도 작가 사신 연구에 필요한 자료이다.[4] 민족시인 이육사의 현존하는 유일한 서명이 적힌 일본어판 장서 『예지와 인생』이 밝혀지면서,[5] 이 장서가 그의 시 세계에 끼친 영향 관계를 연구하고 검토할 필요

4 졸저, 『작가 연구 방법론』(수정증보판), 역락, 2007.

성이 제기되었다.[6]

기술 복제 시대에 원전 가치는 원전 그 자체에 있다. 현대 복제 기술 가속화의 중심에는 컴퓨터가 있다. 현대는 복제 시대이며 복제 기술은 컴퓨터라는 명제는 오늘날 유효하다. 그래서 현대는 컴퓨터이다. 컴퓨터 시대에 작가들이 자판으로, 펜 대신 그려내는 원전은 정형화된 기술로 만들어진다. 그러나 작가 사신은 작가들의 친필이고 육필이기 때문에 복사본은 존재의 가치가 없다. 다만 복사본과 원본의 동일성은 사신의 내용뿐이다. 그런데 사신 내용에 따라 사신의 원전 가치는 극명하게 달라질 수 있다. 작가 사신은 원본 가치뿐만 아니라 작가 사신에 담긴 내용이 작품과 작가와의 관련성 여부에 따라 큰 의미를 부여할 수 있다. 그래서 작가 사신 내용을 밝히는 연구가 우선이다. 다음 장에서 검토한 원고 체제는 앞에서 언급한 것처럼 10명 작가의 사신을 3단계로 분석했다.[7]

---

5 『작가 사신 연구 방법론』(87쪽)에서는 이육사 문학관 발표와 언론 보도(2022년 1월 18일)가 있었다고 했으나, 검토한 결과 김용성의 「이활」(『한국현대문학사 탐방』, 국민서관, 1973, 296쪽)에서 '낙관이 보이며 사인은 이활이라고 쓴 것이다.'라고 먼저 밝혔다.

6 졸저, 「3) 서체와 서명」, 『작가 사신 연구 방법론』, 월인, 2023, 87쪽.
____, 「6. 서가의 탐방」, 『작가 연구 방법론』, 91~96쪽.

7 「Ⅱ. 사신 연구의 기초 작업」(1. 언어 표현 / 2. 작가 자료 수집 / 3. 방계 자료 이해 / 4. 작가 주변 인터뷰)과 Ⅲ. 사신 연구 방법의 단계(1. 사신 원본 확정 단계 / 1) 발신자와 수신자 관계 / 2) 발신 연도, 발신 공간 확인 / 3) 서체 및 서명, 2. 사신 내용 분석과 분류 단계(1) 상호 작용성의 접근 방향 / 2) 사신을 통한 작가 일상과 문학성 / 3) 사신을 통한 작품과 작가 접근 방법), 3. 사신 내용 심화 단계(1) 사신을 통한 작가와 작품 세계의 입체적 접근 방법 / 2) 사신을 통한 문학사와 문단사의 조명 방법), 『작가 사신 연구 방법론』 참고.

1. 1920년대 동인지 문예 시대의 소설가

이 장에서는 1920년대부터 본격적으로 작품 활동을 한 소설가 염상섭, 계용묵, 전영택 등의 사신 기록물을 분석하고 연구한 바를 정리하였다. 이 시기는 근대문학이 본격적으로 전개되면서 동인지가 속출했으며, 또한 동인지를 통해 활동한 소설가들의 작품과 문단 활동 등에서 이 시대의 문예사조의 흐름을 볼 수 있다는 점[8]에서 여기에 묶었다.

사신 기록물의 분석과 연구의 대상은 「1. 염상섭」, 「5. 계용묵」, 「15. 전영택」이다. 전영택은 최초의 동인지 《창조》, 염상섭은 《폐허》에 참여했으나, 동인 활동에 참여하지 못한 계용묵은 동시대의 작품 활동 때문에 여기서 검토한 것이다. 계용묵의 문학 활동이 늦은 이유를 그의 집안 환경에서 찾을 수 있다. 첫째는 신학문을 반대하는 조부의 영향으로 보인다. 1921년 4월 조부 몰래 상경해 김억(金億, 1896~ ?)[9] 등을 통해 염상섭, 남궁벽(南宮璧, 1894~1921), 김동인(金東仁, 1900~1951) 등과 친교를 맺었으나, 곧바로 낙향하게 된다. 1922년에도 입학한 휘문고에서 낙향해 4년 동안 고향인 평북 선천에 머물게 되었다. 이후 그는 1925년 《조선문단》에 소설 「상환」을 발표하면서 창작 활동을 시작했다.

---

8 조연현, 「제4장 근대 문학의 전개 – 나. 동인지의 속출과 그 경향」, 『한국현대문학사』(제1권), 현대문학사, 1956, 279-321쪽.

9 한국 전쟁 때인 1950년 9월 10일 납북되었고, 모교인 오산학교에 교사로 부임하였다. 「진달래꽃」의 시인 김소월은 오산학교에서의 제자로, 김억의 지도를 받았다. 1922년 김소월을 처음 문단에 소개한 사람도 스승 김억이다. 낭만주의 성향의 《폐허》와 《창조》 동인으로 활동했다.

계용묵은 6.25 전란으로 제주도로 피난했을 때, 그 지역에서 《해조》와 《신문화》 등을 창간해 문학 활동을 이어간다.[10] 한국 문단의 초창기를 장식했던 두 작가의 역할 못지않은 문학 활동을 했다고 평가할 수 있다.

세 작가 모두 문예지를 중심으로 한국 문단과 창작 활동을 이어갔다는 점에서 공통점을 찾을 수 있다. 특히 염상섭, 전영택과 달리 계용묵은 제주문학사의 기틀 역할을 했다는 점에서 그 의미가 있다. 염상섭은 다작(多作)의 작가요, 계용묵은 과작(寡作)의 소설가라는 점에 어떤 차이가 있는가라는 의문이 남는다. 그리고 계용묵의 「백치 아다다」는 순문예 영화로 여러 차례 영화화되면서 대중의 인기를 얻었다.

염상섭은 소위 '술꾼'이었다. 계용묵은 술을 한 잔도 하지 않는다. 오상순은 골초였으나, 계용묵은 담배를 한 대도 피지 않는다. 소위 문인들의 2차는 술집이었으나 계용묵은 언제나 명동의 다방 '상젤리제'였다. 주로 극작가 주태익(朱泰益.1918~1976),[11] 소설가 이범선(李範宣, 1920~1982), 소설가 이종환(李鍾桓. 1920~1976)이 동행했다. 세 작가의 사신 기록물에 숨겨진 이야기를 찾아볼 차례이다.

---

10 「작가 연보」, 『계용묵 전집』(2), 민음사. 2004, 402~403쪽.

11 주태익이 시인 박이도에게 보낸 사신은 『내가 받은 특별한 선물』, 스타북스, 2022, 260쪽 참고. 주태익은 경주 출신으로 박목월과 가까운 사이였다. 이것을 단서로 두 작가의 문단 활동을 살펴볼 수 있다.

❶ 「1. 염상섭(廉想涉, 1897~1963)」

《폐허》 동인, 창작 절정기에 단편소설 세 작품을 '등자(謄字)'한 다작(多作)의 소설가

Ⅰ. 염상섭 문학의 접근 방향

1. 사신 접근 방향

2. 조연현의 염상섭 평가

Ⅱ. 〈염상섭의 사신 기록물〉 내용 분석

1. 창작 태도

1) '등자(謄字)'의 방식

2) 「쌀」 다시 읽기

2. 적빈(赤貧)과 창작업(業)

3. 남은 문제

Ⅲ. 염상섭의 주변과 위치

* 참고문헌

Ⅰ. 염상섭 문학의 접근 방향

1. 사신 접근 방향

본고는 조연현(趙演鉉, 1920~1981)이 남긴 45명의 〈작고 문인 사신철(作故 文人 私信綴)〉의 첫 장을 소설가 염상섭(廉想涉, 1897~1963)으로 정리한 이유와 그가 남긴 사신 기록물의 내용을 분석하고 분류하는 연구 과정을 정리한 내용이다. 이 연구를 통해 수신자인 조연현의 비평 의식과 문학사가로서의 안목을 읽음과 동시에 발신자인 염상섭의 생각과 내면 심리가 반영된 사신 기록물이 작가의 삶과 문학 창작에 어떤 영향 관계가 있는지를 검토하는 데 있다.

염상섭이 《현대문학》 주간인 조연현에게 보낸 사신에는 개인사도 있지만 문학 작품에 관한 내용이 담겨 있다. 그리고 수많은 작가 중에서도 선별해서 〈작고 문인 사신철〉로 분류해 보관한 수신자 조연현의 비평 의식과 문학사가로서의 안목을 볼 수 있다. 마찬가지로 발신자인 염상섭 사신 연구는 창작 작품, 문단 활동 그리고 문학사와 문단사의 이면을 볼 수 있다는 점에서 의미가 있다. 즉 문학사가 조연현과 소설가 염상섭의 무게를 다시 한번 확인하는 근거가 된다.

조연현은 해방(25세)과 함께 30여 년의 세월이 흐르는 동안 작고한 문인 100여 명으로부터 받은 '편지 꾸러미'를 서울 연건동, 휘경동에서 정릉으로 이사(1973년쯤)하면서 다시 한번 정리했다.[1] 조연현이 정리한 작고 문인 100명 가운데 50여 명의 사신이 4, 5통씩 남아 있는 것을 보관해 둔 것이다. 이것이 바로 〈작고 문인 사신철〉이며, 정확하게는 예술가 45명의 사신 기록물을 정리해 보관한 것이다. 여기에는 1919년 최초의

---

1 조연현의 막내딸 조혜령과 전화 통화에서 확인(2022년 10월 12일, 수요일).

순문예지 《창조》의 동인인 전영택(田榮澤, 1894~1968), 일제 강점기의 시대 상황을 《폐허》로 상징했던 오상순(吳相淳, 1894~1963), 염상섭의 사신 기록물부터 자칭 '대한민국' 김관식(金冠植, 1934~1970) 시인, 또 자칭 '국보' 무애 양주동(梁柱東, 1903~1977) 그리고 이육사(李陸史, 1904~1944)와 일제 강점기에 시대정신을 담았던 신석초(申石艸, 1909~1975) 등 월북 작가까지 총 45명의 작고 문인이 등장한다. 조연현 사후, 40년이 훨씬 지난 시간에 찾은 문학사적 보고(寶庫)인 셈이다.[2]

2. 조연현의 염상섭 평가

조연현은 왜 〈작고 문인 사신철〉을 정리했을까? 염상섭을 첫 번째에 둔 이유는 또 무엇일까?

필자가 〈작고 문인 사신철〉을 열람한 결과, 문인들의 사신 기록물에 대한 연구가 미진하고 어렵다는 사실을 알았다. 이유는 작가의 전기적 요소와 문학적 요소를 함의한 사신 기록물의 연구 가치를 인식하지 못한 점과 연구 방법론의 토대가 없었다는 점에 기인한 것으로 판단했다. 그래서 〈작고 문인 사신철〉에 대한 고민을 정리해 보았다.

첫째, 문인들의 '작고(作故)'에 방점을 둔다면 작가들의 사망일을 기준으로 정리한 것인가 아니면 사신 도착일 그리고 작가의 문학사적 중요도를 기준으로 정리한 것인가에 대한 여러 가지 고민이 앞섰다. 문학사가 조연현이 작가의 문학사적 평가에 따른 고민의 결과를 순서대로 정리한 것으로 보인다. 작고 문인의 사신 기록물에는 사신을 마무리하

---

2 2005년 12월 9일 토요일에 조연현 정릉 자택에서 부인 최상남과 조혜령의 인터뷰 과정에서 처음으로 열람했지만, 유족의 양해를 받지 못해 『조연현 평전』을 통해 소개한 바가 있었다. 이후 17년이 지난 2022년 3월에 연락해 6월 중순에야 〈작고 문인 사신철〉을 열람 및 연구하는 동의를 구했다.

는 끝맺음 인사 밑에 찍힌 발신 연도와 구체적인 날짜가 적힌 사신 겉봉투가 남아 있지 않았다.[3] 사신의 발신 연도가 밝혀지면 작가와 관련된 문단 활동, 그리고 작가 주변 환경 등을 파악하여 사신 기록물의 내용과 가치를 밝히는 데 상당한 시간을 줄일 수 있다. 그런데 그 발신 연도를 알 수 없다.

둘째, 사신 기록물의 작가들이 대부분 일제 강점기를 거치는 동안 강제적으로 학습하게 된 일본어와 한자를 동시에 섞어 표현했기 때문에 이중어 사용에 따른 해독의 어려움이 있었다. 또 한편으로는 일제 강점기 시대의 고통 속에서 이중 언어로 자신의 생각과 사상을 표현해야만 하는 그들의 고통이 필자에게는 난독의 어려움으로 이어졌다.[4] 그 고통의 서사를 읽어야 하는 어려움이 또한 컸다.

왜 「1. 廉想涉」인가에 대한 답은 조연현의 비평적 안목에서 시작된다. 조연현은 염상섭의 선구적인 공적을 ① 3.1 운동 후 《폐허(廢墟)》를 통한 근대문학 운동의 선진에서 활동 ② 1920년대 비평 활동의 선구자 ③ 자연주의와 사실주의 문학을 건립한 최초의 작가로 평가했다. 이것만으로도 염상섭이 〈작고 문인 사신첩〉의 첫 번째인 이유는 설명이 될 수 있다. 이에 더해 염상섭 문학의 특성을 ① 경향상 단일성 ② 순객관적인 표현 방식 그리고 ③ 비대중성(非大衆性) 등을 주목했다.[5] 여기에 "1920년대 중반 이후 계급 문학론에 대응하는 본격적인 민족문학론을 발표함으로써 그 비평사적 의미"[6]가 있음을 주목한 조연현의 시각도 보

---

3 2022년 8월 1일 오후 2시, 서울 정릉 조연현 자택에서 따님 조혜령과 인터뷰에서.

4 사신 연구 방법론에 대한 일정한 연구서를 정리하고자 했으며, 본고는 연구서 이후의 원고이며 초고는 2022년 9월 1일 서울대 김유중 교수에게 메일로 보내 모 문학잡지에 기고 형식을 취했으나, 어떤 결과도 없었다. 본 글은 2023년 1월 7일 토요일에 수정한 원고이다. 원고 내용은 상당히 달라져 있음을 밝힌다. 이유는 사신 연구 이론서 집필 이전과 이후에 있다.

5 조연현, 「염상섭」, 『조연현 전집 - 한국현대작가론』(6), 대한교과서 주식회사, 1974, 133~152쪽.

관의 이유가 되리라고 본다. 여기에 순수문학론을 주장했던 조연현의 시각이 무엇보다도 크게 작용한 것이다. 특히 해방 이후《예술부락》(1946) 창간과 평론집『문학과 사상』(1949) 출간으로 뚜렷하게 나타난다.

해방 직후 '비평가 기근에 시달리고 있었던 우익 문예 진영의 대표적인 평론가로 떠오른 조연현'[7]을 김철은 자신의 내면으로부터 치열한 모색의 결과가 아니라 시류에 편승하는 기회주의적 속성의 결과에 지나지 않는다고 평가했다. 그럼에도 불구하고 해방 전후 혼란기에 문단과 문학의 정체성을 찾으려는 그의 공과를 소홀히 할 수는 없을 것이다. 그 공과는 바로 염상섭에 대한 문학사적인 평가와 그가 보관한 염상섭의 사신 기록물이 증거로 보인다.

이러한 논의를 세분화하여 그의 문단 활동과 문학 세계를 정리할 수 있다. ㄱ. 문단 활동 ㄴ. 염상섭의 문학적 위상 즉 소설가와 비평가로서 접근 ㄷ. 문단사의 가치 ㄹ. 문학사적 위치 평가 ㅁ. 시대정신과 작가 의식 등을 고려했을 것으로 추정하여 정리하면 다음과 같다. 이러한 정리는 작가 사신 연구의 기초 작업에 해당한다.[8]

ㄱ. 문단 활동

염상섭은 '1920년대《폐허》동인에 가담한 것이 그의 문단적인 출발점'이다. 염상섭은 1920년 창간된 문예 전문지《폐허》(1920년 7월 창간, 1921년 1월 2호로 폐간)의 동인으로「표본실의 청개구리」(《개벽》, 1921)를 발표하면서 한국 근대문학의 기수로, 그리고「만세전」,「삼대」를 통해 인간의 본질을 파악함과 동시에 리얼리즘 문학의 수용에 앞장섰다는

---

6 권영민,「염상섭의 비평 활동 – 리얼리스트의 신념과 민족의식」,『염상섭 전집』(12), 민음사. 1987, 241쪽.

7 김철,「순수의 정체 – 붓과 칼의 일치: 조연현론」,『국문학을 넘어서』, 국학자료원, 2000, 186쪽.

8 졸저,『작가 사신 연구 방법론』 참고.

평가를 받는다.

조연현이 『한국현대문학사』(1969)에서도 그의 작품과 《폐허》를 주목했고, 특히 《폐허》 동인이라는 점 또한 조연현의 이목을 집중시켰다. 《폐허(廢墟)》의 문학적 성격을 다양성에 두고, 오상순의 허무주의적 경향, 황석우(黃錫禹, 1895~1960)[9]의 퇴폐적 경향, 김억의 상징주의적 경향과 함께 염상섭의 사실주의적 경향으로 규정(「제4장, 1. 후반기 신문학운동의 개관」)한 것에서도 주목했다. 그리고 그의 선구적 공적과 문학사적 위치를 분석(「제5장. 1920년대 중요 작가들」)한 데에서도 문학사가와 비평가로서의 시각이 드러난다.

근대문학 초창기의 문학사를 본다면, 김동인과 함께 《창조》의 주축이었던 전영택이 《폐허》 동인 염상섭보다 앞서야 하지만 〈작고 문인 사신철〉에는 한참이나 뒤쪽에 「41. 전영택」으로 정리해 놓았다. 그래서 또 다른 기준과 이유가 있을 것이라는 추론이 가능하다.[10] 여기에서도 조연현의 비평 의식과 문학사가의 인식이 반영되었다고 볼 수 있다. 전영택 역시 〈작고 문인 사신철〉에 수록된 이유는 염상섭의 위치와 궤를 같이 한다고 보아야 할 것이다. 두 작가 모두 《현대문학》에 작품을 발표했고, 또한 1920년대 동인지 시대 작가라는 중요성 또한 공통점이다. 그리고 「8. 오상순」도 근대문학 초창기의 한국문학사의 시인으로 정리한 것으로 보인다.

《예술부락》, 《문예》를 거쳐 《현대문학》을 주도했던 경험을 통해서 문학잡지의 역할과 기능이 문단과 문학사에 끼치는 영향력을 누구보다도 잘 알고 있었던 조연현의 비평관과 문학사가로서의 안목이 〈작고 문

9 호는 상아탑(象牙塔). 평론가로 등단 후 우리나라 최초 시(詩) 전문지 《폐허》를 창간, 상징주의 시를 쓰며 시단의 선구자로 활약했다. 《장미촌》·《조선시단》도 창간 발행하였다. 광복 후 국민대학 교수를 지냈다. 시집 『자연송』이 있다.

10 모든 작가와 작품에 관한 문학사적 평가에 대한 차이라는 생각이 든다. 즉 조연현의 안목과 시각이 투영된 것이라는 판단이다.

인 사신철〉에 반영된 것이다.

ㄴ. 문학적 위상(소설가와 비평가)

조연현 스스로 자랑으로 삼았던 『한국현대작가론』(1964)과 『한국현대문학사』(1969)에서 근대 소설의 대표 작가로 염상섭의 면모를 평가했다. 특히 염상섭이 근대 소설과 현대 소설의 분수령 역할을 했다는 점을 우선시했다. 1955년(35세) 「사실주의의 확립 – 염상섭론」(《신태양》, 4월호)과 1957년(37세) 「한국현대작가론4 – 염상섭」(《새벽》, 6월호)에서 이미 염상섭을 문학적으로 평가했다. '자연주의와 사실주의 문학을 건립한 최초의 작가' 염상섭의 위치를 정하고 구체적인 작품 분석을 했으나, '1920년대 비평 활동의 선구자'라는 수식어에 대해 비평가로서의 그를 의도적으로 집중하지 않았다. 염상섭의 장·단편 작품 목록을 제시할 만큼 소설에 집중하고 있다.

이는 비평가로서 조연현의 위치를 스스로 공고히 하려는 의식이 작동한 것임과 동시에 염상섭 소설을 분석하고 평가하는 비평 의식을 드러낸 것으로 보인다. 사실 비평이란 무엇인가를 규명하기 위해 온몸을 던졌던 최초의 비평가라는 잠재의식이 염상섭의 평가를 통해 다시 한번 드러난 것이다.[11] "우리나라의 비평문 가운데서는 처음으로 독립된 작품론의 성격을 지닌 「백악 씨의 '자연(自然)의 자각'을 보고서」(《현대(2)》, 1920년 3월호)"를 발표[12]하여, 제월(霽月) 염상섭이 평론에도 두각을 나타냈음에도 불구하고 조연현은 소설가 위치에 먼저 놓았다.

염상섭은 1920년을 전후해 평론가로도 활동했던 작가이다. 염상섭

11 졸저, 「V. 비평 문학과 실제 비평」, 『조연현 평전』, 역락, 2006, 125쪽.

12 김영민, 「제1장 비평의 공정성과 범주·역할 논쟁」, 『한국비평문학논쟁사』, 한길사, 1992, 15쪽.
권영민, 「3. 한국현대문학비평목록(1920~1923)」, 『한국현대문학사 연표(2)』, 1987, 서울대학교출판부, 7쪽.

과 박영희(朴英熙, 1901～1950) 사이의 문학 논쟁을 이어받은 경향파의 기수였던 팔봉 김기진(金基鎭, 1903～1985)과 벌인 문학 논쟁은 유명하다. 염상섭 부인과 장남의 인터뷰와 염상섭 연구자들의 논의를 정리한 김용성에 따르면,[13] 그는 장편 28편과 단편 148편, 평론 100여 편 그리고 수필 및 기타 잡문 246편을 발표했다. 100여 편에 달하는 그의 평론을 볼 때 비평가 염상섭의 위상을 점검할 수 있는 근거는 충분하다. 그럼에도 불구하고 조연현은 염상섭의 평론 활동보다는 치열한 산문정신을 추구한 소설가로서의 위상을 한국문학사에 놓았다.

염상섭에 대한 조연현의 문학적 평가는 한국 문단에서 비평가로서 자신의 위치를 공고화하려는 의도가 있음을 분명히 하고 있다. 즉 김윤식(金允植, 1936～2018)은 해방 공간에서 붕조새처럼 군림한 억쇠 김동리(金東里, 1913～1995)가 최고의 작가이자 최고 수준의 비평가라는 사실과 더불어 김동리 비평의 허점을 발견한 문단 최초의 '자각적 비평가'로 자리매김하겠다는 조연현의 의도[14]가 반영된 것과 같은 맥락이다. 김동리 소설은 인정하나 비평가는 조연현 자신의 위치임을 다시 한번 보여준 것이다. 김동리와 염상섭은 소설가요, 조연현은 비평가라는 인식을 확실하게 보여준다. 해방 전후를 기점으로 비평가의 행보를 더욱 확실하게 보여준다.

물론 작품을 평가하고 나아가 문학사의 공과를 논하는 것이 비평가이자 문학사가 조연현의 원천적인 비평 의식이 여기에만 머문 것이 아니라 이를 뛰어넘는 비평가의 절대적인 위치를 의식했다는 점이다. 이 논리는 염상섭에게도 자연스럽게 접목된 것이다. 그래서 염상섭의 문학적 위상과 함께 그의 소설 창작 태도와 창작 심리를 〈작고 문인 사신첩〉

13 김용성, 「횡보 염상섭」, 『한국현대문학사 탐방』, 국민서관, 1973년 / 1979년(중판), 64～72쪽.
14 김윤식, 『해방 공간 문단의 내면 풍경』, 민음사. 1996, 236～237쪽.

에 보관했던 것으로 보인다.

ㄷ. 문단사의 기록 가치

문단이면사를 다룬 『내가 살아온 한국문단』(1968)과 『내가 남기고 싶은 이야기들』(1981)을 보면, 염상섭의 사신 기록물은 작가 중심의 문단 활동을 집필할 자료로 보인다. 물론 조연현이 두 권 외에 문단 일화를 쓴다는 전제가 있어야 가능하다. 염상섭의 사신 기록물에는 창작과 일상생활에 대한 일화가 적혀 있어, 문단사의 중요한 화제를 남기기에도 적절한 소재일 수 있다.

조연현만이 알 수 있는 문단 일화에 해석을 덧붙여 남길 수 있다는 점에서 〈작고 문인 사신첩〉을 정리했다고 볼 수 있다. 조연현이 겪었던 문단 생활과 그 주변, 그리고 가깝게 지낸 예술가들의 이야기들을 기록한 『내가 살아온 한국문단』에서 '세월이 좀더 지나면 이 책의 보충편과 속편을 쓰게 될지' 모른다는 언급이 뒷받침된다는 것과 「예술인들과 교유」(『남기고 싶은 이야기들』)도 관련성이 있어 보인다.

한편으로는 문단(文壇) 회상기(回想記)를 집필하려는 의도일까? 이 역시 가능하다고 볼 수 있다. 가끔 할 일이 없으면 또는 이미 먼저 가버린 선배나 친구가 그리울 때가 있으면 '편지 몇 구절을 읽어 보곤' 한다는 조연현의 회고를 근거로 들 수 있다. 평소 인연을 소중하게 생각한 만큼 그와의 문학적 인연을 사신 기록물로서 보관한 것이다.

〈작고 문인 사신첩〉을 보관한 이유 중에서 필자가 흥미롭게 생각하는 것은 『한국현대문학사』(제1부)의 「제4장 근대문학의 전개 - 나. 동인지의 속출과 그 경향」을 전재하기 전 《현대문학》에 발표된 《창조》와의 관련성이다. 즉 1920년대 문학사 기술에서 동인지인 《창조》를 검토하면서 작품 속에 삽입된 편지의 서사적인 가치를 발견한 것이 아닌가 한다. 즉 소설 속의 서사 기능으로서의 편지와 일상생활에서의 편지 기능의

중요성을 조연현이 인지했을 것이기 때문이다.[15]

ㄹ. 문학사적 위치 평가

염상섭은 한국 근대문학에서 이기영(李基榮, 1895~1984), 강경애(姜敬愛, 1906~1943), 한설야(韓雪野, 1901~?), 채만식(蔡萬植, 1902~1950)과 함께 활동한 대표적인 소설가이다.[16] 특히 「표본실의 청개구리」(《개벽》, 1921년 8월호)가 발표되자,[17] 김동인(金東仁, 1900~1951)은 '상섭과 나는 두 번 큰 싸움'을 했지만 '친구를 꼽으라 하면 나는 서슴지 않고 상섭 그 밖 두서너 사람밖에 없다.'고 말하곤 했다. 1923년 김동인이 동명사(東明社)에 염상섭과 함께 있으면서 소설 하나 써 보라고 권유해서 그는 3.1 옥중기의 한 토막인 「태형(台衡)」을 써 보냈다고 한다. 그러나 염상섭과는 문학 논쟁 사이였던 김동인은 '이 사람이 소설을 썼다.'고 하면서, 이인직(李人稙, 1862~1916)의 독무대를 지나서 춘원(春園) 이광수(李光洙, 1892~1950)의 독무대, 그리고 2, 3년 동안 자신(김동인)의 독무대였는데, 햄릿과 같은 염상섭의 출현에 통쾌함을 금할 수 없다고 1929년 《조선일보》 지면(「한국 근대 소설고」)에서 밝혔다.[18] 조선문단에서 순문학의 정상이라고 자부한 김동인에게는 '맞수는 이광수 한 사람, 옆으로는 염상섭 한 사람뿐'이었다.[19]

---

15 〈작고 문인 사신철〉을 통해 한국문단사와 문학사의 연구 주제를 양산한다는 점에서도 주목할 가치가 있다(2024년 7월 31일, 수요일).

16 인천 소재 〈한국근대문학관〉 참고

17 조연현 편저, 『한국현대소설의 이해』(일지사, 1966)의 「염상섭 편」(73쪽)에는 「표본실의 청개구리」(1920: 개벽)로, 『한국현대문학사』(성문각, 1969)의 「염상섭」(396쪽)에는 1921년 《개벽》에 「표본실의 청개구리」를 발표했다고 소개되어 있다.

18 김동인, 「염상섭」, 『김동인 평론 전집』(김치수 편저), 삼영사, 1984, 451~452쪽 참고, 이를 정리한 김병익, 「횡보 염상섭」(『한국문단사』, 문학과 지성사, 2001, 60쪽 참고)과 이상진, 「자기 고백에서 시대의 해부로 - 염상섭(『한국 근대 작가 12인의 초상』, 옛오늘, 2004, 160쪽) 참고.

19 김윤식, 「5. 창조파와 폐허파」, 『김동인 연구』, 민음사. 2000, 194쪽.

'능란하고 풍부한 어휘는 문단의 경이였고, 그의 출현에 나는 불안과 공포를 느꼈다.'고 할 만큼 염상섭을 높이 평가했다. 흥미로운 사실은 김동인이 「발가락이 닮았다」(《동광》, 1932년 1월호)에서 염상섭의 문란한 성생활을 조롱한 사건이 있었으나, 염상섭 작품에 대한 경외심만은 어쩔 수가 없는 모양이었다. 「발가락이 닮았다」가 발표되기 3년 전인 1929년(33세)에 결혼한 염상섭은 5명의 자녀를 두었다는 사실을 통해 소설과 현실의 간극(間隙)임을 알 수 있다. 정한숙(鄭漢淑, 1922~1997)은 한국 단편소설은 김동인으로부터 근대성을 탈피했고, 특히 장편 소설은 염상섭, 채만식 등에 의해 근대성에서 탈피했다고 평가한다.

《문예》 창간 당시 좋은 작가를 필요로 했던 시기에 염상섭의 존재를 인정했던 조연현의 안목도 〈작고 문인 사신철〉의 첫 장을 장식한 이유를 찾는데 충분한 근거가 되었다.

ㅁ. 시대정신과 작가 의식

염상섭의 독립운동 행적과도 관련이 있다. 사실 염상섭은 일본에서 3.1 독립 만세 운동으로 10일 동안 체포, 구금된 이후에는 일경으로부터 지속적인 감시와 괴롭힘을 당하면서도 식민지 치하의 좌절을 감내해야 했던 청년이었다. 조연현은 고향 함안에서 '내 책임하에 내가 나의 인생을 살아온 세월'이 아닌 청년 시절 모습[20]과 달랐던 염상섭을 심리적으로 동경하면서도, 심리적 고통을 어쩔 수 없는 시대 상황으로 희석하고 투영한 것은 아닐까 한다.

친일 작가의 작품보다는 정신세계로서 '협력'이냐 '저항'이냐의 고민이 〈작고 문인 사신철〉에서도 볼 수 있다. 〈작고 문인 사신철〉에는 독립

---

20 『조연현 평전』 참고, 「내가 고향에 살 무렵」에서 매우 솔직하게 자신의 생활을 기록하고 있다(『남기고 싶은 이야기들』, 부름, 1981, 269쪽.).

투사인 김법린(金法麟, 1899~1964), 나혜석(羅蕙錫, 1896~1948)과 함께 신여성 운동에 앞장선 김일엽(金一葉, 1896~1971) 등의 사신 기록물도 남아 있어, 작가 이상의 의미를 찾아야 한다. 여기에 일제 강점기 친일 문학잡지인《동광지광》에서 중심 활동을 한 김용제(金龍濟, 1909~1994)[21] 그리고 친일 문단 활동을 했던 방인근(方仁根, 1899~1975) 또한 함께 보관했다는 점에서 조연현이 작가와 일제시대를 어떻게 인식했는지도 하나의 숙제를 남겼다.[22]

Ⅱ. 〈염상섭의 사신 기록물〉 내용 분석

〈작고 문인 사신철〉의 첫 장에 보관된 염상섭의 사신은 3통 3장이다. 염상섭 사신은 돈에 대한 내용이 대부분이라고 조연현은 밝혔다. 그러나 2022년 9월에 확인한 사신 기록물에는 1장 1통의 사신만 경제적인 어려움을 언급하고 있음을 파악했다. 조연현이 1967년 연합 기자에게 공개한 사신을, 55년이 지난 지금의 사신이 그때 그 내용인지에 대한 궁금증이 생겼다. 아마도 경제적인 어려움을 호소하는 염상섭의 사신 몇 장은 더 보관되었을 것이라는 추론이 가능하다.

1967년 연합 기자에게 사신 기록물을 건넨 뒤, 공표(公表)하기 어려운 것이 있었지만 언젠가 필요하다면 발표해도 좋을 것이라는 점을 참고하면 분명 또 다른 사신이 존재할 가능성이 매우 높다. 여기에는 '공표(公表)하기 어려운 것'이라는 이유는 '염 선생의 편지에는 거의 돈에 관계되는 내용'이기 때문이다. 그리고 사신 몇 장을 따로 모아 둔 이유

21 호테이 토시히호, 「일제 말기 일본어 소설의 서지학적 연구」, 《문학사상》, 1994, 4월호, 64쪽.

22 이 역시 다른 장에서 김용제, 방인근 등을 다루어 출간할 예정이다(2023년 1월 13일 금요일).

는 1967년 12월에 공표하기 힘든 것이 있다고 했기 때문이다.

염상섭 사신 발굴을 통해 생활고가 창작에 어떻게 반영되었는가를 검토하는 것 역시 사신 연구의 의미이다. 염상섭이 경제적인 이유로 문학 '업(業)'을 한다고 했기 때문이다. 생활고와 다작의 작가로 기록되는 이유를 찾을 수 있을 것이다.

조연현은 원고 청탁 혹은 신간 평, 제자 추천 그리고 경제적인 어려움 등을 담은 사신을 100여 명의 문인들로부터 받았다. 수신자 조연현과 깊이 관련된 '귀한 책'을 빌려달라는 부탁의 사신 내용도 있었다. 계용묵(桂鎔默, 1904~1961), 강소천(姜小泉, 1915~1963) 등은 신간 평이나 원고 부탁의 내용 그리고 유치진(柳致眞, 1905~1974), 박목월(朴木月, 1916~1978) 등은 사무적인 내용, 김현승(金顯承, 1918~1975), 유치환(柳致環, 1908~1967) 등은 제자들의 원고를 소개하는 내용이 많았다. 그중 방인근(方仁根, 1899~1975), 한국 무협소설의 대부격인 소설가 김광주(金光洲, 1910~1973), 양주동(梁柱東, 1903~1977) 등의 사신은 돈의 내용이었다.[23] 그런데 〈작고 문인 사신철〉에는 경제적인 어려움을 호소하는 사신은 몇 장이 되지 않았다. 그래서 돈에 관련된 사신은 따로 보관되었을 개연성이 충분하다. 물론 정릉 자택에서 현재까지는 확인하지 못했다.

해방과 6.25 전쟁으로 겪은 극도의 궁핍한 삶이 작가의 삶과 문학에도 그대로 반영되었다. 소위 문학에서 지칭되는 '가난의 현상학'이다.[24] 이런 현상이 사신 기록물에서도 묻어나 있어 작고 문인들의 삶을 생생하게 연상해 볼 수 있다.

---

23 조연현, 「방인근 선생의 편지」, 『남기고 싶은 이야기들』, 부름, 1981, 197쪽.

24 이재선, 「궁핍한 시대와 가난의 현상학」, 『한국현대소설사』, 홍성사, 1980, 274~284쪽.

1. 창작 태도

염상섭은 1940년대 발표했던 대표작 세 작품에 대해 언급하고 있으며, 특히 그동안 잘 알려지지 않은 단편 소설 「쌀」[25]에 관한 내용이 담겨 있다. 이처럼 작품에 대해 언급한 사신은 어떤 형태로든 창작 의식과 작가의 애정이 묻어난다고 할 수 있다.[26]

작가는 작품으로 인정받는다. 그래서 작품에 대한 긍정적인 평가가 축적된다면 문학의 지속성과 역사성으로 이어져 결국은 문학사에 편입된다. 작가의 작품성을 이루는 요소는 창작 태도뿐만 아니라 시대성과 창작의 치열성, 작가 환경 또한 중요한 요소이다. 그래서 작가의 창작 배경, 사회 문화적 환경, 창작 태도 등이 직접적으로 드러난 사신 연구는 중요하다.

현재 〈작고 문인 사신철〉에는 작품 관련 사신 2통 2장이, 생활고와 창작 태도와 관련된 사신 1통 1장이 남아 있다, 이의 연구는 곧 작가의 창작 태도와 작품 내용 등이 반영된 작품 생산의 과정을 짚어 볼 수 있어 작가와 작품 연구에 활기를 불어넣을 수 있다. 그래서 작가와 작품 연구를 위한 사신 기록물 연구는 필요하다.

여기서는 1940년대 염상섭의 대표작인 세 작품의 이해와 그동안 잘 알려지지 않았던 「쌀」에 대한 의미 분석과 생활고에 시달리면서 문학을 생계의 '업(業)'으로 삼았던 작가의 삶과 창작 태도 등을 엿볼 수 있다.

1) '등자(謄字)'의 방식

〈염상섭의 사신 1〉에는 다음과 같은 내용이 있다.

---

25 권영민 외, 『염상섭 전집』(민음사. 1987)에는 (9)-전기단편, (10)-중기단편, (11)-후기단편으로 나누었다. 후기단편 18편 중에 「쌀」이 실려 있다.

26 졸저, 「Ⅲ. 3. (1) 사신과 작품의 관련성」, 『작가 사신 연구 방법론』, 월인, 118~130쪽.

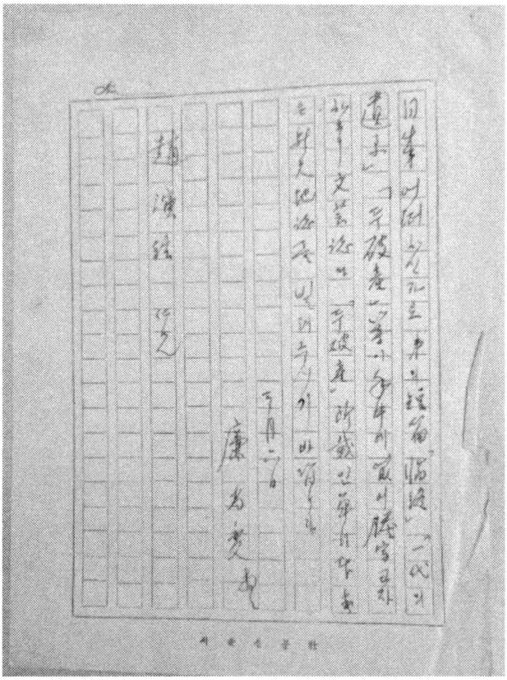

염상섭의 사신 1

日本 어떠하신가요

弟[27]의 短篇 「臨終」 「一代의 遺業」 「두 破産」 等이

弟 手에 없어 謄字코자 하오니

文藝誌와 「두 破産」 所載인 單行本 或은 新天地誌를

빌려주시기 바랍니다.

二月 六日

廉尙燮

趙演鉉 兄

—「전문」

27 제(弟) : 아우, 나이 어린 사람, 자기의 겸칭, '아우'의 뜻으로, 평교간(平交間 : 나이가 비슷한 벗 사이) 편지에서 자기를 낮추어 쓰는 말.

작가 사신 연구는 원본 확정과 더불어 발신 연도 확인으로부터 시작해 작가 사신의 내용 분석과 분류 과정을 거친다. 그리고 발신자 서명이 본명인지 혹은 필명인지에 따라 원본을 확정하고, 사신 내용에서 발신 연대를 추정할 수도 있으며, 가령 신문사에서 사용하는 원고지를 사용하여 사신으로 보낼 때 썼다면, 보통 신문 연재 소설 발표 여부와 발표 작품을 조사할 수 있어, 〈작품 연보〉와 신문 연재 작품을 연구할 수 있다. 즉 발신자의 관점에서 염상섭의 사신에 등장하는 작품을 분석하고 작품 발표 활동 등을 파악할 수 있다.[28]

〈염상섭의 사신 1〉에서 보듯이 「1. 廉尙燮」 본명으로 원본 확인이 가능하지만, 발신 연도가 불분명하다. 작가들 가운데는 본명과 필명을 동일음으로 사용하기도 하지만, 필명의 한자음이 다른 경우가 있다. 가령 소설가 염상섭(廉想涉)은 필명이며, 본명은 염상섭(廉尙燮)이다. 〈염상섭의 사신 1〉은 본명인 염상섭(廉尙燮)으로 적혀 있다.[29] 《폐허》(2호)에서는 수필 작품을 발표할 때는 '想涉'을, 월평(月評)을 게재할 때는 '廉尙燮'으로 사용했다. 오상순은 평론과 시를 '吳相淳'으로 발표한다. 이는 필명이자 본명이다. 본명만으로는 발신 연도를 추정할 수도 있으나, 이를 근거로 발신 연도를 추정하기는 어렵다. 당연히 발신 연도 확인은 작가의 생몰 연대와의 관련성, 문단 활동과 창작 활동 등 작가 주변 환경 등을 확인할 수 있는 단서이기 때문에 발신 연도 추정은 불가피하다. 그리고 작품

28 발신자의 관점: 사신을 발신자인 작가와 관련된 문단 활동과 작품 등을 분석하고 연구하는 관점(졸저, 「2. 사신 내용 분석과 분류 단계」, 『작가 사신 연구 방법론』, 월인, 2003, 96~98쪽.).

29 염상섭이 처음부터 필명을 썼다고 볼 수 없다. 특정 시점부터 필명을 사용했다면 그 시점으로부터 사신 기록물의 발신 연대를 추정할 방법도 고려해 볼 수 있다. 물론 발신 연대가 확정된다면 이를 바탕으로 오히려 필명을 사용한 시점도 역산할 수 있다(2023년 1월 15일, 일요일). 졸저, 『작가 사신 연구 방법론』 참고.
필명은 1921년 「남궁벽(南宮璧, 1894~1921) 군(君)의 사(死)를 압헤 노코」(《개벽》(18호), 12월호)에 처음 사용했다(이어령 외, 「염상섭」, 『한국작가전기연구(상), 동화출판공사. 1975, 203쪽.).

으로만 작품 세계를 밝힐 수 있으나, 사신 기록물과 연관성을 가진다면 창작 배경 및 창작 당시의 작가 심리까지를 들여다볼 수 있어 작품 세계를 입체적으로 파악할 수 있다.

〈염상섭의 사신 1〉에는 발신 연도를 첫 인사말과 끝 인사말에서 찾아야 한다. 〈염상섭의 사신 1〉에는 '일본 어떠하신가요'라는 인사말이 있는데, 이는 수신자 조연현의 일본 여행과 관계가 있음을 짐작할 수 있다. 『조연현 평전』의 〈작가 연보〉에 따르면, 조연현은 일본을 몇 차례 다녀온 것으로 조사되어 있다. 1차로 1962년(42세)에는 일본 〈조선학회〉의 초청이었고, 2차는 1964년(44세), 3차 1970년(50세)에는 일본 〈잡지협회〉의 초청이 있었고, 이후 몇 차례의 일본 방문이 있었다.[30] 여기에다 염상섭의 사망 시기까지 역산해 보면, 발신 연대는 1962년쯤이다. 염상섭은 직장암으로 1963년 3월 14일 오전 9시 성북동 자택에서 66세로 사망했다.[31] 따라서 조연현의 일본 방문 시기인 1962년 3월 이전쯤으로 추정된다. 여기서 발신자 염상섭의 문단 활동을 파악할 수 있으며, 또한 〈작가 연보〉 작성에도 직접적인 근거가 된다. 물론 수신자 조연현의 문단 활동을 파악할 수 있다.

이 사신 기록물은 1949년(52세) 염상섭이 발표한 대표작 단편소설 「임종(臨終)」(《문예》, 1949년 8월), 「두 파산(破産)」(《신천지》, 1949년 9월), 「일대(一代)의 유업(遺業)」 (《문예》, 1949년 10월) 등 세 작품 이야기가 나온다. 1949년까지 세 작품이 발표되었기 때문에 발신 연도는 이 해가 지나야 할 것이며, 또한 6.25 동란이 지난 시점으로 보인다. 전란 중에 사신 교환이 어렵다고 판단하는 이유는 수신자 조연현의 부산 피

---

30 4차는 1972년(52세), 5차는 1973년(53세), 그리고 1975년, 1976년, 1981년이었다. 1981년 일본에서 급사했다.

31 염상섭 부인과 장남을 인터뷰하고 염상섭 관련 자료를 정리한 김용만의 「염상섭」(『한국현대문학사 탐방』, 국민서관, 1973.) 참고.

난과 겹치기 때문이다. 이 사신을 통해 발신 연도의 확인뿐만 아니라 1940년대 염상섭 소설의 특징과 소설사적 의미를 규명할 수 있다. 즉 1940년대 말과 1950년대의 소설 작품의 주제적인 측면의 연속성과 변화의 특성을 밝힐 수 있다. 이를 통해 작가의 창작 의식과 염상섭의 문학성을 조명함과 동시에 한국문학사에서 확장 가능성을 모색할 수 있다. 나아가 1940년대 《문예》와 《신천지》의 문학잡지가 한국문단과 문학사에 끼친 영향 등도 연구 대상으로 삼을 수 있다. 이것은 바로 〈염상섭의 사신 1〉에서 시작된 작가 사신 연구의 방향과 가치이다.

여기서 주목할 한 가지는 1949년 전후의 문단 격변기에 《문예》와 《신천지》에 작품을 발표했다는 사실을 통해 염상섭이 우익 계열에 선 작가임을 알 수 있다. 당시 좌익 계열 문예지인 《문학》, 《신문예》 등이 있었으나, 권위 있는 우익 계열 문예지인 《문예》의 조연현과 《신천지》의 김동리가 실질적인 책임자였기 때문이다. 즉 염상섭은 해방 혼란기에 〈청년문학가협회〉의 핵심 세력으로 문단 중심에 서 있었던 우익 쪽의 작가들이 주도한 잡지에 작품을 발표했다.

사신에는 위의 세 작품에 대해 '謄字(등자: 옮겨 적다, 베끼어 적다)' 하고자 하니, 《문예》와 《삼천리》를 빌려달라는 내용이 담겨 있다. 이유는 「임종」, 「두 파산」, 「일대의 유업」[32]이 《문예》와 《신천지》에 각각 수록되어 있고, 이 발표지를 가지고 있지 않은 이유라고 밝히고 있다. 그리고 수많은 단편 중에 이 세 작품을 굳이 '등자'하려는 의도가 궁금한 것은 사실이다. 아마도 작품집을 출판하기 위한 재수록 혹은 수정해서 재수록하는 등의 목적으로 보인다. 물론 작가가 생각하는 대표작이라는

32 1960년 9월에 단행본 『일대의 유업』(을유문화사)을 출간함에 따라 〈염상섭의 사신 1〉은 적어도 1960년 9월 이전일 수도 있으나, 사신에 '단행본'도 빌려 달라고 했기 때문에 『일대의 유업』이 포함될 수 있다고 볼 수 있다. 그래서 조연현이 일본 여행 관련 인사말에 주목하여 발신 연도를 특정할 수 있다. 그래서 1962년도이다.

생각도 든다.

「임종」은 「두 파산」과 더불어 그의 단편 문학의 대표작으로 꼽는다. 조연현은 「임종」, 「두 파산」은 사실주의가 한층 심화된 경지를 보여준 작품이며, 가장 성실한 그의 대표작으로 꼽았다.[33] 물론 작가의 성실함은 현실을 묘파하는 사실주의 작가의 노력이기도 하지만, 염상섭의 사신을 보면, 생계 수단으로서 다작의 성실한 노력으로 볼 수 있다.

「임종」은 "60살의 노인이 뇌일혈로 인사불성이 되어 병원으로 옮겨졌다가 깨어나서는, 가족들에게 한의사를 불러오라고 요구하는 장면에서 이야기는 시작된다. 이 작품은 노인과 그의 아우 명호, 그 처가 주인공"(김윤식, 『염상섭 연구』, 887쪽)인데, 이들의 관계를 통해 한국의 전통적인 체면 의식을 날카롭게 짚었다는 점이 특징이다. 또한 주인공의 죽음과 염상섭의 죽음을 연결하는 대목도 흥미롭다.[34]

「두 파산(破産)」의 '정례 모친'과 '김옥임'은 일본 유학에서 돌아온 신여성으로 인텔리이다. 하지만 일상적 삶의 하루를 살아가야만 하는 '정례 모친'의 물질적인 파산과 '정례 모친'을 대하는 '김옥임'을 통하여 정신적 파산을 대비한 소설이다. 1949년에 발표된 시기로 본다면, 해방 공간의 한국 사회의 모순된 신지식인 군상을 냉철하게 그린 소설이라는 분석이 가능하다. 일종의 '가난의 현상학'을 들여다본 것이다.[35]

그리고 30대 과부의 외로운 삶을 다룬 「일대의 유업」에 나타난 가치 문제를 김윤식은 초점화했으며, 즉 문학에서의 가치중립성에 주목했다. 서울 중산층 삶의 법도와 근대적인 요소에서 근대적인 개념에 대해 천착(穿鑿)했다. 민족 전체의 현실적인 삶을 상징적으로 표현하였다. 특히

33 조연현 편저, 「염상섭 편」, 『한국 현대소설의 이해』, 일지사, 1966, 74쪽.

34 장남 염재용은 '횡보의 임종은 작품 「임종」의 주인공과는 달랐다.'고 회고했다(『염상섭 연구』, 113쪽.). 김윤식의 평가와 달리 실제적인 죽음의 차이를 지적한 것이다.

35 김치수는 그 사회에서 어느 정도 교육을 받았으나, 끊임없이 가난에 시달리는 계층이라고 정리한다(「횡보 문학과 삶의 무게」, 『염상섭』, 벽호, 1993, 235쪽.).

"「일대(一代)의 유업(遺業)」은 가부장적 사상이 모계의 수평적 핏줄보다 우선시한다는 작가의 뿌리 깊은 유교적 전통 의식"[36]을 보여준다. 그런데 염상섭 문학이 유교적 전통 모럴에만 머문 것이 아니라 인간 정신의 근원적인 욕망을 천착했다는 점을 읽을 필요가 있다. 즉 인간의 죽음 문제 그리고 인간의 욕망인 물질 문제에 얽혀 있는 인간 정신의 파멸을 그렸다는 점에서 해방 공간의 이념적 혼란상을 벗어난 작품을 창작했다는 점 역시 염상섭의 문학적 성과인 셈이다. '현해탄 콤플렉스'(김윤식)에서 벗어나 서울 상류층 의식이 반영된 유교적 전통 모럴을 해방 공간인 1949년도의 염상섭 소설이 보여준다. 그리고 『일대(一代)의 유업(遺業)』(1960)은 작가 생존 시 마지막 창작집이라는데 의미가 있다. 문학적 애정을 짐작할 수 있다. 그 애정의 정도를 그의 사신 기록물로 다시 한 번 볼 수 있다.

물론 앞에서 염상섭의 문학사적 공과를 통해 첫 번째에 놓인 이유는 설명이 충분하다. 그런데 발신자 염상섭에 대한 수신자 조연현의 생각이 궁금하다. 아마도 해방 공간을 함께 살았던 조연현은 자신의 삶과 문학의 궤적(軌跡)을 염상섭의 모든 행적(行蹟)에 비추어 보지 않았을까 하는 생각이 든다.[37] 즉 해방 공간에서 《문예》 창간을 주도하면서 문학적 삶을 추구했던 조연현에게서 서울은 중심이며, 목표였던 삶이었으며, 그리고 일제 강점기의 친일 작품을 썼다는 부끄러움을 문학과 삶의 궤적을 《문예》에 발표했던 염상섭을 필진 부족의 이유로만 수용하지 않고 전부를 비교했을 것이다. 물론 《문예》의 선택은 염상섭의 의지도 있었을 것이다. 그리고 일제에 저항적이었던 염상섭의 삶 그리고 현실의 '적빈(赤貧)' 속에서도 치열한 창작 정신을 보여준 그를 조연현은 사신으

36 김윤식, 「제12장 "임종(臨終)"과 임종」, 『염상섭 연구』, 서울대학교 출판부, 1987, 887쪽.

37 염상섭과 달리 친일 문학 논란이 있었던 김용제 역시 조연현은 반추하지 않았을까 하는 생각이 든다.

로도 남기고 싶었을 것이다.

〈염상섭의 사신 1〉을 통해 두 가지를 생각해 볼 수 있다.

첫째, 세 작품에 대해 남다른 애정을 가진 염상섭을 볼 수 있다. 당시 여러 장·단편을 발표했음에도 유독 이 세 작품에 대해 등자까지 하는 것으로 보아 짐작이 된다. 그리고 염상섭은 세 작품을 1949년도에 몇 달 간격으로 발표하면서 삶과 윤리 그리고 생존의 문제를 치열하게 다룬 것이다.

둘째, 1940년대 대표적인 문예지《문예》와《삼천리》의 작품 발표는 염상섭의 문학적 성과를 확인할 수 있으며, 혼란한 이념의 시대를 정리해 대외적으로 알렸다는 점이다. 즉 조연현의 문학적 이념에 동조했기 때문으로 보인다. 이념의 성향과 함께 수록 작가와 작품의 가치를 평가할 수 있는 문학잡지 주간으로서 조연현의 안목을 볼 수 있다. 그리고 염상섭을 첫 장에 놓을 만큼 비평적 시각과 문학사가의 인식 또한 남달랐다고 할 수 있다.《예술부락》으로부터 이어진《문예》활동으로 조연현은〈청년문학가협회〉의 위상을 세우는 역할을 했으며, 이때 염상섭 작품이 도움이 되었을 것이다.

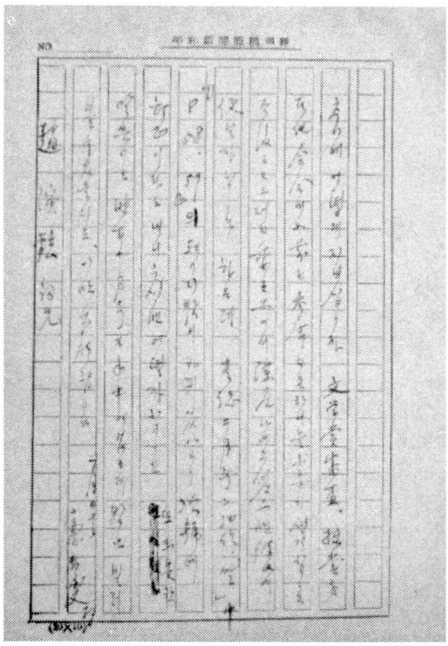

염상섭의 사신 2

2)「쌀」다시 읽기

〈염상섭의 사신 2〉의 내용 중 일부를 확인하면 다음과 같다.

추위에 어떻게 지내십니까

文學賞 審査. 拙劣○○ 他會 今에도 수히 參席치 못함을 未安히 생각합니다.

○○도 너그러이 ○○○여서 ○○하여 주셨으면

便紙에서 傳할까 합니다 하는데

貴誌 二月號의 拙作 「쌀」 中 『P. 58, 59』의 페이지가 많이 바뀌었읍니다.

次第에 訂定이라도 내어주시면 어떨까 합니다.

또 未安한 말씀이요

○○○ 月號에 弟手에 없는데 왕왕 빌려 볼 수 있을지요

이만 ○○합니다.

二月 二十日

廉尙燮 ○

趙演鉉 詞兄[38]

—「전문」

〈염상섭의 사신 2〉의 첫머리는 겨울 추위에 어떻게 지내십니까라는 인사말로 시작한다. 그리고 졸작(拙作) 「쌀」이 나오는데, 이 작품은 《현대문학》 1958년 3월호에 실린 것이다.[39] 발표된 작품 「쌀」의 58쪽과 59쪽의 페이지가 바뀌었으니, '次第에 訂定'해 주십사하는 내용이다. 이러한 사실로 보아 〈염상섭의 사신 2〉는 1958년 3월 이후의 사신으로 보인다. 발표작을 3월호 《현대문학》에서 확인했기 때문이다.

아마도 문예지에 발표된 작품을 다시 읽고 챙기는 일은 작가로서 당연하다 할 수 있으나, 아마도 다른 목적이 있을 것이라는 추정도 가능하

38 詞兄(사형): 친구로 사귀는 문인이나 학자끼리 서로 높여 부르는 말.

39 〈염상섭의 사신 2〉에는 二月號로 표기된 것으로 보임. 아마도 잡지에 발표되기 전 송고했기에 염상섭이 착각했거나 잡지 발행 월일을 잘못 읽었을 가능성도 있어 보임.

다. 가령 월간문학 잡지인 점으로 보아, 작품 수정이 쉽지 않다는 것을 누구보다도 잘 아는 염상섭의 입장을 고려한다면 그 의도가 궁금한 것은 사실이다. 여기서 그의 창작 태도가 매우 치밀하고 완벽하다는 점을 읽을 수 있다. 만약 그의 대표작이라면, 작품의 문학성을 검토할 수 있는 연구도 의미가 있는 것이다.

조연현의 정릉 자택에는 문학 연구에 필요한 수많은 문학 서적과 자료들이 집안을 가득 채웠다. 실제 『한국현대문학사』를 집필하기 위한 자료 수집에 피나는 노력을 기울였다. 그래서 그에게는 고전이라 할 만한 교양서적이 많았다. 작고 문인들의 사신에는 그에게 서적을 부탁하는 일이 종종 기록으로 남아 있어 이를 짐작하게 한다. 염상섭 역시 다독가이며, 작가이기에 당시 귀한 서적을 구한 것으로 보인다.

장남 염재용(廉在瑢)은 서울 중류의 풍부한 어휘를 구사하면서도 글자 하나, 표현 하나의 선택에도 마음을 졸이고 망설이며 머리를 쥐어짜서 퇴고[40]하는 아버지의 '文學(문학) 業(업)'인 소설 창작 태도를 보았다고 한다. 이러한 염상섭이 인쇄된 작품의 페이지가 바뀌었다고 한다면, 그의 꼼꼼한 성격으로나 창작 태도로 보아 그냥 지나칠 수 없다는 사실을 설명하는 것은 불필요한 것 같다.[41] 물론 사신 기록물에 등장하는 작품 「쌀」의 탐독과 연구는 작가의 창작 심리와 창작 태도를 엿볼 수 있는 작품이라는 점에서 중요한 의미를 지닌다.

백철(白鐵, 1908~1985)이 『조선신문학사조사 - 현대편』(1949)에서 삶의 조건인 가난의 상태와 밀접한 생활 양식을 작품에서 다루는 '빈궁(貧窮) 문학' 이후 '가난의 현상학' 또는 '가난의 생태학'은 한국 문학의 한

40 염재용, 「가친(家親)과 횡보(橫步)와」, 『염상섭 연구』, 민음사. 1987, 106쪽

41 이호철의 회고(「'오돌할멈'과 횡보」, 『문단골 사람들』, 프리미엄북스, 1997, 81~89쪽)에 따르면, 자신의 작품을 읽은 염상섭은 밑줄을 그어 돌려주었다고 한다. 그만큼 작품을 평가하는 데 신중하고 과묵하다는 것이다.

특징을 정의한 개념이다. 여기에 이재선 교수는 염상섭의 「표본실의 청개구리」(1921)을 비롯해 「만세전」(1922), 「전화」(1925), 「밥」(1927) 등의 작품을 '빈궁(貧窮) 문학'으로 주목했다. 1920년대의 작품에서뿐만 아니라 생사와 함께 전쟁의 위협으로부터 생존의 욕망을 채워주는 「쌀」에 대한 '가난의 생태학'을 탐구할 여지는 충분한 것이다. 특히 「밥」(1927)과의 연관성을 짚어 보는 것도 의미가 있을 것이다. 이 또한 염상섭의 사신으로부터 작품 연구와 '적빈(赤貧)'한 작가의 삶과 연결할 수 있는 계기가 된다.

〈염상섭의 사신 2〉에서 그를 떠올리는 이유는 기자이며, 사실주의 작가로 한국 사회 현실의 밑바탕을 꼼꼼하게 그려내는 작가의 눈을 볼 수 있기 때문이다.[42] 그리고 독자에게 널리 알려진 「표본실의 청개구리」의 자연주의적 경향과 서울 중류층의 삶을 그린 「삼대」, 「만세전」 등과 「쌀」이 보여주는 세계가 염상섭 문학과 어떻게 접목되는가에 대한 의미를 찾는 과제를 해결해야 할 것 같다.

2. 적빈(赤貧)과 창작업(業)

일상적인 경제생활의 고통으로 생계형 '문학업'에 매진한 염상섭의 창작 태도를 엿볼 수 있는 사신 기록물이 남아 있다. 작가의 일상적인 삶의 모습이 작품 속에 어떻게 투영되었는지를 파악할 수 있다. 즉 작가의 현실 인식과 창작 태도를 읽을 수 있는 부분이다. 문학이 바로 생활의 기록이요, 흔적이라는 염상섭의 근대적 문학 정신을 투영한 것으로도 확인할 수 있다. 물론 이러한 문학 정신과 창작 태도는 생활의 기록

42 박정희, 「제1부 1920-30년대 한국근대소설과 '기자-작가'」, 『한국근대소설 미학과 '기자-작가'』, 역락, 2022, 173~252쪽. 박정희는 한국근대소설의 미적 특성과 그 성과들이 저널리즘과의 상호작용 속에서 획득된 것임을 밝히고 있다.

과 흔적을 찾는 그의 기자 생활과도 무관하지 않다.

〈염상섭의 사신 3〉에는 안부 인사와 아들 병역 관련 사신 내용이 있다.

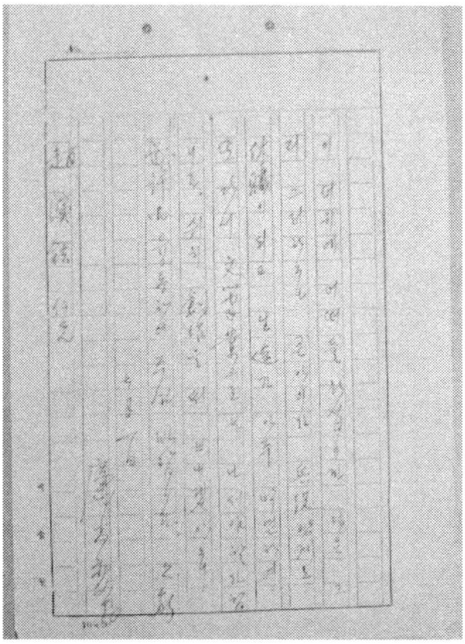

염상섭의 사신 3

이 더위에 어떠들 하십니까

나는 그저 그러하오나 큰 아이가 兵役 관계로 休職이 되고

生途가 아주 漠然하여 또 다시 文學 業으로나 나서야 할까 합니다.

쉬히 創作을 써 보내겠으니

萬許쯤[43] 융통하여 주심 바랍니다.

七月 一日

廉尙燮

趙演鉉 詞兄

—「전문」

43 '萬許쯤'으로 대략 '만 환쯤'으로 해석된다.

〈염상섭의 사신 3〉은 더위(여름)에 보낸 것으로 보인다. 안부와 함께 '큰 아이가 兵役(병역) 관계로 休職(휴직)이 되어 生途(생도: 살아가는 방도)가 아주 막연(漠然)하여 또 다시 文學(문학) 業(업)으로나 나서야' 하는 경제적인 어려움을 토로하고 있다. 창작을 해 보낼 터이니, 경제적인 도움을 달라는 내용이다. 생활난에 고민이 많은 작가의 모습이 생생하게 그려져 있다.[44] '천부(天賦)와 실생활이 아울러 빈곤한 속에 작가로서 붓을 들었다는 것이 일생의 실수(失手)'라는 자조 섞인 목소리가 크게 들린다.

사신에 등장하는 '큰 아이'는 장남 염재용이다. 이어령의 『한국 작가 전기 연구』에 따르면, 염상섭은 6남 2녀 중 삼남으로 태어나, 슬하에 2남 3녀를 두었다. 장남과 차남 사이에 3명의 딸이 있는 것으로 보아 '큰 아이'는 장남이다. 김윤식에 따르면, 염상섭은 1929년(33세) 5월 23일 김영옥(金英玉)과 결혼했고, 1931년 장남이 출생한 것으로 조사되어 있다. 그렇다면 대략 20대 전후에 군 병역을 한다고 보면, 1931년 출생에 20년 정도를 더하면 대략 20살의 나이로 계산된다. 그렇다면 1950년대 초반이 된다. 여기서 한 가지 더 고려할 사항은 염상섭의 군 복무 시간이다. 즉 염상섭은 6.25 동란 직후부터 이무영(李無影, 1908~1960)과 함께 해군을 입대했다. 해군 소령으로 임관되어 1953년 휴전까지 근무했다는 점을 고려해야 한다. 염상섭과 장남이 같이 복무했다고 볼 수 없기 때문이다. 이 기간을 제하고 계산하면, 장남의 군 복무 시기는 적어도 1953년 7월 27일이 지나야만 가능하고 볼 수 있다. 대략 22살 정도이다. 그래서 〈염상섭의 사신 3〉의 발신 연도는 대략 1953년 8월 정도로 판단된다.

1967년 12월 7일, 조연현의 일기에는 염상섭의 사신 대부분이 돈에

---

44 염상섭 작품을 분석하면, 생활과 관련된 일화가 많을 것이다. 이를 염상섭 연구의 본격적인 주제로 삼을 수 있다(2023년 1월 9일, 월요일).

관한 것이었다고 하나, 2022년 필자가 열람한 3장의 사신에는 1통 1장만이 경제적인 어려움을 호소하고 있을 뿐이다. 돈에 관한 사신은 조연현이 따로 보관했을 가능성이 높다고 보는 이유이다.

사실 원고료만으로 생활하는 작가들의 삶은 해방 전후와 1950년대는 비슷한 상황이다. 해방 후 20년 동안 작가들은 원고가 턱없이 부족하다고 지적하고 있다. 20년 동안 200자 원고지에 장단 100원 정도였다.[45] 작가 노력에 비해 경제적으로 열악한 원고료는 심각한 수준이었다. 염상섭은 생계를 위해 원고를 얼마나 채웠을까? 여기에다 염상섭이 감당해야 하는 작가의 정신적 고통이 어느 정도인지를 간접적으로 볼 수 있다.

염상섭의 원고료는 얼마일까? 신문사에 원고를 넘겨 고료를 받았던 춘원과 육당은 원고를 정하여 쓰는 문인이며, 낭만주의 대중소설을 쓴 춘해(春海) 방인근(方仁根, 1899~1975)은 신문사 원고지 한 줄 15자, 다섯 줄 한 장 75자에 24장이 소설 1회분인데 실제로는 22장 정도 쓰고 2원을 받았다. 그래서 한 달에 60원으로 당시 월급쟁이의 한 달치 정도였다. 염상섭은 원고 사이사이에 잔글씨로 새치기하는 일이 많고, 어떤 때는 다른 종이에다 써서 풀로 붙여 사이에 끼워 넣을 때도 있으므로 2단이 넘을 때가 많아 삽화를 자르기도 했는데, 삽화로 원고지를 채웠던 방인근과는 달랐다. 작품 완성도를 높이기 위한 치밀한 창작 태도와 함께 원고료라는 현실적 고민을 볼 수 있다. 동경 삼재라 불리는 벽초 홍명희(洪命熹, 1888~?)도 원고지를 지우고 또 쓰고, 깨알만 한 글씨로 군더더기를 붙여 썼지만 후회할 때가 많았다고 했다.[46]

1927년 1월 최남선, 이광수, 김동인, 염상섭, 김억 등을 발기인으로

---

45 조연현, 「해방 20년의 한국 문단」, 『문학과 현장』, 관동 출판사, 1976, 317~318쪽.
46 김용만, 「방인근과 《조선문단》」, 『30년대의 문화예술인들』, 범양사, 1988, 184~185쪽.

하는 〈조선문예가협회〉에서는 원고료제를 확립하고 단합하려 했으나, 당시 사회주의 문학과 민족주의 문학과의 논쟁 등으로 뚜렷한 결론을 내지 못했다. 이후 1920년대 문예지의 기둥 역할을 했던 《개벽》과 《조선문단》은 동인지의 폐쇄성을 탈피하면서 원고료를 지불하기 시작했었다.[47]

〈염상섭의 사신 2〉에서는 작가의 성격과 함께 사실주의 창작 기법의 관련성을 짚어 볼 수 있다. 나아가 발생론적 관점에서 연구의 여지가 있어 보인다.[48] 물론 고료와 관련된 신문 연재 소설의 경우, 기자 염상섭과 사실주의 작가 염상섭의 상호작용성도 검토할 수 있다.

경제적인 어려움에서 벗어나기 위해 염상섭은 〈염상섭의 사신 1〉에는 등장한 작품 외에도 「혼란」(《민성》, 1949. 1), 「화투」(《신천지》, 1949. 6)와 함께 장편소설(「해방의 아들」, 금릉도서, 1949), 「채석장의 소년」(《소학생》, 1949)을 발표하는 등 왕성한 활동을 한다. 그리고 염상섭은 64세인 1960년, 단편소설집 『일대(一代)의 유업(遺業)』을 출판한다. 이러한 수많은 작품 창작으로 문학적 성숙과 함께 문학사적 명성은 한층 높아졌으나, 그의 생활은 변함없이 적빈(赤貧) 속에 생을 마감했다.[49]

〈염상섭의 사신 3〉을 통해 두 가지를 생각해 볼 수 있다.

첫째, 조연현이 발행한 《문예》(1949년) 창간호에 발표한 「임종(臨終)」에서는 한국 가족 사회의 체면 의식을 간파한 염상섭이었지만 현실 생활에서 굶어도 체면과 자존심을 지키지 못하고 자신의 생계난을 조연현에게 알렸다는 사실에서 작가가 감내해야만 했던 삶의 고통을 짐작할 수 있고, 또한 인간적인 슬픔을 볼 수 있다. 돈이라는 인간의 욕망 앞에

---

47 김병익, 「동인시대의 극복」, 『한국문단사』, 문학과 지성사. 2001, 93~94쪽.

48 〈작고 문인 사신철〉에 등장하는 김현승의 사신 기록물에 작품 수정과 관련된 내용이 있다. 단순한 퇴고 수준보다는 창작 기법과 관련된 것이기 때문에 비평의 한 방법론으로 탐구할 필요성이 있다.

49 「염상섭」, 『조연현 전집6 – 한국현대문학작가론』, 134쪽.

친구와 윤리의식마저 의미가 없다는 현실적인 삶의 인식이 「두 파산(破産)」에 드러나는 것은 어쩌면 자연스러운 일일지도 모른다.

둘째, 1960년대 배고픈 작가 일상을 이해할 수 있는 사진 자료라 할 수 있다. 문학을 업으로 삼아 생계난을 벗어나려고 했던 염상섭이 현실을 치열하게 살아야만 하는 이유를 소설 창작에서 떠올려 볼 수 있다. 〈염상섭의 사진 1〉의 세 작품 외에 다작(多作)의 이유도 설명할 수 있을 것이다.[50]

장남에 따르면, 염상섭은 이 당시에는 '최다 양산 대가(最多量産大家)'로 불렸다고 한다. 그는 1963년 서울 성북동 자택에서 직장암으로 한국 근·현대문학사를 떠났다. 180여 편의 장, 단편소설(전체 467편)을 창작했고, 15만 원짜리 전셋집을 남기고 '문학의 짐'을 내려놓고 떠났다.

3. 남은 문제

정지용(鄭芝溶, 1903~1950)은 신인 작가들에게 '좋은 원고지에다 예술성을 드러내는 바른 글씨를 강조'했고, 채만식(蔡萬植, 1902~1950)은 평생 마음껏 쓸 수 있는 원고지를 쌓아두고 싶다고 했다. 해방 전후 원고지는 매우 귀중한 것이었다. 행방 전후 문학잡지를 발행할 때는 미군정의 도움을 받지 않을 수 없을 만큼 국내 인쇄 산업이 어려웠다. 그래서 작가가 원고지를 사용해 창작했다기보다는 원고 청탁의 출판사 혹은 잡지사, 신문사에서 제공하는 원고지를 사용한 것으로 보인다. 그래서 원고 청탁 기관에서 보낸 원고지는 곧 그 기관에 작품을 의뢰했다는 논리가 가능한 것이다. 그렇다면 이에 대한 조사와 연구 검토는 필요하다.

---

50 장편 소설은 1955년 「지평선」(《현대문학》 창간호) 외 1편(총 2편), 1956년 「사선」 1편, 1958년 「대를 물려서」 1편, 단편소설은 1954년 5편, 1955년 3편, 1956년 9편, 1957년 11편, 1958년 19편, 1959년 10편 등.

염상섭은 《서울신문》, 《평화신문》, 《예술원》이 새겨진 원고지에다 작품을 썼다.[51] 두 신문사의 연재 소설을 조사하면, 신문 연재 소설 연구의 근거가 가능하다. 발표 당시의 창작 활동의 특징과 문단 그리고 상황 등을 그려 볼 수 있다. 이를 통해 〈작품 연보〉를 구성할 수 있다.

다음은 염상섭이 신문에 발표한 작품 목록으로, 『한국작가전기연구』(상/하)와 김윤식의 『염상섭 연구』의 〈염상섭 연보〉를 중심으로 참고하여 정리했다.

[신문 작품 발표 목록]

발표 연대	신문사	작품
1927	《동아일보》	장편 「사랑과 죄」(연재)
1928. 10	《매일신보》	「二心」(연재)
1929	《조선일보》	「狂奔」
1931. 1	《조선일보》	「三代」(연재)
1931. 1	《매일신보》	「無花果」
～ 생략 ～		
1948. 9～10	《서울신문》	「가엾은 미끼」(단편)
1953. 3. 1	《서울신문》	「3. 1 운동과 신문학」(평론)
1954. 5. 23	《서울신문》	「나의 창작 생활」
1955. 9. 30	《서울신문》	「나와 자연주의」
1954. 5. 24	《평화신문》	「나의 초기 작품 시대」
1958. 3. 1	《평화신문》	「기미 운동과 문학 정신」
1958 7. 14	《서울신문》	「소설과 인생」
1958. 9.18	《서울신문》	「비타협과 대중성」
1958.12.10	《서울신문》	「성벽(性癖)인지? 집념(執念)인지?」
1958. 2. 2	《서울신문》	「사실주의와 더불어 40년」

51 《서울신문》과 《평화신문》 원고지를 통한 작품 원고 작성과 신문 연재 작품 발표 시기를 추정해, 염상섭의 사신의 발신 연도를 특정할 때, 참고할 수 있다. 《평화신문》에는 1954년과 1958년, 《서울신문》에는 1948～1958년 작품을 발표한 것을 참고하여 발신 연도를 추정할 수 있다.

위 자료를 보면, 1920~30년대부터 각종 신문을 통해 창작 활동이 활발했음을 알 수 있다. 또한 해방 이후에도 염상섭은 작품 발표를 신문사에 기대고 있음을 알 수 있다.[52] 작품 발표 지면 부족으로 신문 연재소설을 택할 수도 있지만, 신문 소설이 가지는 대중성과 함께 원고료를 고려했을 것이다. 신문 연재 소설뿐만 아니라 평론과 수필 등도 신문사에 기고했다는 점에서 염상섭 문학 연구의 한 자리를 점하는 창작 활동이라고 할 수 있다.

Ⅲ. 염상섭의 주변과 위치

염상섭의 평론이 100여 편, 수필 및 잡문 246편이라면 결코 외면할 수 없는 자료이다. 비평문학사의 위치와 함께 염상섭 문학의 총체성을 파악할 수 있는 자료이므로 이에 대한 검토도 있어야 한다. 결국 사신 기록물과 평론, 잡문 등도 함께 논의의 대상으로 접근해야 유효하다. 나아가 작가 주변의 자료는 작가의 모습을 입체적으로 볼 수 있는 계기가 되기 때문에 정리할 필요성이 있다.

〈작고 문인 사신철〉에는 공초 오상순(吳相淳, 1894~1963)과 안수길(安壽吉, 1911~1977)의 사신 기록물도 고스란히 보관되어 있다. 염상섭은 10대에 일본 유학에서 공초 오상순을 만나게 된다. 염상섭은 서울 출생으로 일본 도시샤 대학 종교 철학을 전공한 시인 오상순에 대해 "군(君)과는 경도(京都)에서 만난 적이 있으나, 처음에는 기계화된 종교가로 보고, 혐오했으나, 의견을 교환하여 보고는 비로소 그의 사상이 자유로운 것임을

52 조연현도 각종 신문에 기고 활동을 했다. 1950년(31세) 1월 1일, 《서울신문》, 「비평의 분격화」 / 1950년 11월 12~13일, 《서울신문》, 「부역 문인에 대하여」 / 1952년(33세), 《서울신문》, 「책과 함께」 /1953년(34세) 11월 20일, 《서울신문》, 「아동에의 선물 -「꽃신」에 대하여」(김명인, 『조연현』, 〈생애 및 비평 연보〉 참고).

알았다."고 술회했다.[53] 이처럼 대화를 통해 사람의 성격을 파악하며, 자유로운 사상을 추구하는 시인의 눈빛을 파악하는 염상섭의 모습을 볼 수 있다. 이러한 태도가 작품 창작과 어떤 관련성이 있을지는 모르나, 인물에 대한 파악만큼은 예리하다고 판단된다. 작가의 위대성이 인물의 창조에 있다면, 이는 분명 염상섭이 인물은 파악하는 소설가 자질을 타고 났음을 증명하는 것이다.

〈작고 문인 사신철〉의 「39. 안수길」이 창작집 『북원(北原)』을 출간할 때, 염상섭은 책의 〈서문〉을 썼다. 염상섭은 자신의 창작집에도 머리말을 잘 쓰지 않는다. 그래서 눈길이 간다. 〈서문〉에는 문인들의 교유 관계와 별개로 작품을 바라보는 작가의 세계관이 투영된다는 점이다.[54] 또 소설에 등장하는 인물의 작명을 위해 평소 서울 곳곳의 명패를 주의 깊게 살펴본다는 소설가로서의 치밀함, 동료 작가에게는 인간미를, 가족에게는 밥을 챙기는 소설가임을 그가 남긴 사신 기록물에서 읽게 된다. 그의 대표작 「삼대」(1931)가 《조선일보》에 연재될 당시에, 노인이 찾아와서 소설 속 등장인물의 이름과 몰락해 가는 한 가문의 과정이 바로 자신의 이야기[55]라고 했을 정도로 1930년대 현실 사회를 묘파(描破)했다는 일화는 유명하다.

불문학자이면서 현대 비평가로 손꼽히는 《산문시대》의 주역 김현(金炫, 1942~1990)[56]이 김치수(金治洙, 1940~2014)에게 보낸 사신에서, 염상섭에 대한 연구 논문을 써 보겠다는 비평적 욕구를 표시했다. 1930

---

53 이어령 외, 『한국 작가 전기 연구』(하), 21쪽.
《폐허》(2호)에는 동인끼리 주고받은 인상기를 실었다. 즉 개개의 성격, 성정(性情), 취미 등의 편린(片鱗)을 솔직하게 실었다. 「정의 오군」(염상섭), 「내가 본 오군」(변영로), 「내외 양면의 인상」(남궁벽) 등을 실었는데, 이는 작가 연구의 자료이다.

54 작품 〈서문〉만을 연구하는 것이 문학적 의미가 있는지를 고민해 볼 수 있다.

55 이상진, 「자기 고백에서 시대의 해부로 - 염상섭」, 앞의 책, 153~173쪽.

56 졸저, 「그가 남긴 사람과 시비」, 『송욱평전』, 좋은날, 2000, 238~241쪽.

년대 사실주의 소설의 대가이며, 백 가지 술을 한 잔씩 마시는 백주회(百酒會)까지 만들 만큼 주벽(酒癖)으로도 소문난 횡보(橫步) 염상섭은 수많은 일화를 남긴 소설가이다. 염상섭의 술친구로는 향가(鄕歌) 해독의 대가인 영문학자 양주동(梁柱東, 1903~1977)이 있었다. 자칭 보물로 칭할 만큼 학식과 자존심이 높은 '무애 선생'이다. 그러나 양주동 역시 빈곤에서는 자유롭지 못했으나 학문적 자존심으로 지식인을 존중했었다.

〈작고 문인 사신철〉로 보관되어 있는 발신자 염상섭과 수신자 조연현의 관계가 여전히 수수께끼로 남는다.[57] 염상섭의 사신 기록물에 담긴 의미를 모두 파악할 수는 없으나, 오롯이 '염상섭의 사신 기록물에서 염상섭을 본다.'는 것이 사신 기록물의 가치이다. 사신 기록물의 연구를 통해 염상섭의 문학 세계를 볼 수 있는 사료적 가치를 입증한다면, 자료에 생기를 불어넣어야 한다는 문학사가 조연현의 비평 철학에 부합하는 연구 작업이 될 것이다.

염상섭의 사신 기록물을 검토한 결과와 조연현의 비평 의식을 다음과 같이 정리했다.

첫째, 염상섭의 사신 기록물에는 창작 태도의 단면이 구체적으로 드러나 있다는 점, 생활고에 시달리는 작가들의 삶이 창작에 어떤 영향을 끼치는지에 대한 이해를 보여준다. 이는 염상섭 문학의 총체성을 이해하는 데 구체적인 자료라는 점에서 의미가 있다. 나아가 한국문학사와 문단사의 이면을 사실적으로 보여준다는 점에서도 의미가 있다.

둘째, 조연현이 한국문단사의 자료로서도 가치가 높다고 판단했을

57 2022년 8월 1일 오후, 서울 정릉 조연현 자택에서 막내딸 조혜령과 인터뷰를 통해 작가 사신 기록물에 대한 관리의 효율성을 고민하고 있다는 입장이다. 유족의 대화를 통해 조만간 근·현대 작가의 사신 기록물이 공개되어, 한국 근·현대문학사의 새로운 전기가 마련되기를 희망한다. 그리고 각 지방의 작가 문학관이 더욱 풍부하게 관리될 수 있도록 근·현대 작가들의 사신 기록물 전시에도 노력을 기울였으면 하는 바람이다. 물론 작가 전기와 작가 평전에도 객관적이고 고증의 자료로 활용되기를 희망한다.

것이다. 즉 염상섭에 관한 문단 일화를 문학사와 연결지어 남기는 데 있어 중심 소재가 될 것이라는 의미다. 그리고 문학 외적으로는 염상섭의 항일 일생과 비견되는 조연현의 젊은 날의 삶을 투영하려는 심리도 추정할 수 있다.

셋째, 염상섭의 문학적 공과를 분석한 조연현의 비평 의식과 문학사가로서의 의식이 어떻게 반영되고 활용되는지 그 방향을 추정할 수 있었다. 여기에는 조연현의 삶과 비평, 그리고 문학사가로서의 관점이 투영되었다는 점에서 의미가 있다. 가령 염상섭은《폐허》동인이라는 점, 「표본실의 청개구리」를 통한 근·현대문학의 기수라는 평가를 인정한 경우이다. 이러한 실천적인 비평 활동이 물론 조연현이 순수 문학론을 대변하는 비평가라는 점 등이 그의 공과라고 할 수 있다.

*** 참고문헌**

곽 근, 『일제하의 한국문학 연구』, 집문당, 1986.

권영민 외, 『염상섭 전집』, 민음사. 1987.

김병익, 「동인시대의 극복」, 『한국문단사』, 문학과 지성사. 2001.

김영민, 「제1장 비평의 공정성과 범주·역할 논쟁」, 『한국비평문학논쟁사』, 한길사, 1992.

김용만, 「염상섭」, 『한국현대문학사 탐방』, 국민서관, 1973.

김윤식, 「제12장 "임종(臨終)"과 임종」, 『염상섭 연구』, 서울대학교 출판부, 1987.

______, 『해방 공간 문단의 내면 풍경』, 민음사. 1996,

김종균, 「1930년대 민족 현실, 그 아이러니의 세계 – 염상섭의 '무화과론'」, 『작가 연구』(2호), 1996.

김 철, 『국문학을 넘어서』, 국학자료원, 2000.

박정희, 「제1부 1920~30년대 한국근대소설과 '기자-작가'」, 『한국근대소설 미학과 '기자-작가'』, 역락, 2022.

박종석, 「그가 남긴 사람과 시비」, 『송욱평전』, 좋은날, 2000.

이어령 외, 『한국 작가 전기 연구』(하), 동화출판사, 1975.

이재선, 「궁핍한 시대와 가난의 현상학」, 『한국현대소설사』, 홍성사, 1980.

이호철, 「'오돌할멈'과 횡보」, 『문단골 사람들』, 프리미엄북스, 1997.

염재용, 「가친(家親)과 횡보(橫步)와」, 『염상섭 연구』, 민음사. 1987.

윤범모, 『시인과 화가』, 다홀미디어, 2021.

장사선, 『한국 리얼리즘 무학론』, 새문사, 1988.

조연현 편저, 『한국현대소설의 이해』, 일지사, 1966.

조연현, 「해방 20년의 한국 문단」, 『문학과 현장』, 관동 출판사, 1976.

❷ 「5. 계용묵(桂鎔默, 1904~1961)」

문장 하나하나를 완성하는 완벽주의 성격과 과작(寡作)의 작가

Ⅰ. 계용묵 문학의 접근 방향

계용묵(桂鎔默, 1904~1961)은 평북 선천 출생으로 대지주 집안의 1남 3녀의 장남으로 출생했다. 잘 알려지지 않은 본명은 하태용(河泰鏞)이다. 그는 인간의 욕망과 물욕을 그린 단편소설「백치 아다다」로 유명하다.《조선문단》1935년 5월호에 발표된 이 작품은 인간의 순수한 본질이 물질 속에서 왜곡(歪曲)되면서 서서히 소멸되어 가는 인간을 그렸다. 특히「최서방」(《조선문단》, 1927. 4),「인두지주」(《조선지광》, 1929. 2)로 대표되는 '경향파적' 인 작품 세계에서 벗어나 '인생파적' 소설 세계를 추구한 시기의 수작으로「백치 아다다」를 한국소설문학사에서는 꼽는다.[1]

그는 일찍 17세에 소년 잡지《새소리》에「글방이 깨어져」(1920)라는 습작 소설을 발표, 5년 뒤인《생장》잡지에「부처님, 검님 봄이 왔네」(1925)라는 시를 발표하면서 창작 활동을 시작했다. 그리고 1927년《조선문단》에 단편「상환(相換)」을 발표하면서 소설가로도 활동을 시작했다. 또한『상아탑』(우생 출판사, 1955)을 출판하여 수필가로도 왕성한 활동을 한다. 계용묵도 협력과 저항에서 혼란스러웠던 일제 강점기 말기인 1943년, 일본 천황에 대한 불경죄로 2개월간 수감됨에 따라 저항 의지를 보였다.

을지로 근처의 '문예 살롱'과 명동의 '갈채' 다방에서 여러 차례 계용묵을 만났던 김우종(金宇鍾, 1929~)은 그의 문학 세계를 정리한 바 있다. 첫 번째,「상환(相換)」,「최서방」,「인두지주」등을 발표한 시기로 일본에서 귀국한 1931년부터 1945년 8.15 해방 시기의 문단 활동, 그리고 1945년 9월부터 1961년 사망까지의 문단 활동이다.[2]「최 서방」에서는

1 이정석,「과작의 작가 계용묵의 적잖은 미덕」,『계용묵 전집(1)』, 민음사. 2004, 519쪽.
2 김우종,「계용묵-별을 헨다」,『이 땅을 사랑한 작가』, 지학사. 1990, 358~361쪽.

소작인 최 서방의 노력으로, 풍작이면서도 송 지주에게 부채를 갚지 못해 고통받는 모습을 그렸고, 「인두지주」에서는 경수와 창오라는 두 인물을 통해 사회주의적 계급투쟁을 주제화했다는 평가를 받았다.

두 번째 창작 시기에는 대중적인 인지도를 높인 작품으로 영화화된 「백치 아다다」가 있다. 이 작품은 작가 고향에 있었던 이야기를 예술적으로 형상화해 창작했다고 한다. 이를 통해 인도주의적 경향에 방점을 찍었다. 「별을 헨다」(《동아일보》 연재 소설, 1946)로 대표되는 그의 창작 단계는 해방 후 중국에서 꿈을 안고 귀국했지만, 암담한 현실에 부딪힌 사람들의 모습을 표현한 작품이었다.

세 번째 시기인 1945년부터 1961년 사망 시기를 세분화해, 1945년부터 6.25전까지 계용묵의 창작 활동을 재론할 여지가 있다. 사실 그는 6.25 전란 때 제주도로 피난을 갔다. 즉 1.4 후퇴 때부터 1954년까지 제주도에서 창작 활동과 문예지 창간 활동으로 제주문학사의 주춧돌 역할을 한다. 그리고 1954년 서울로 환도해 사망까지 그의 문학 활동은 계속된다. 서울로 환도하면서 《현대문학》과 관련을 맺게 된다. 계용묵의 사신 기록물은 환도 후의 문학 활동을 평가하고 추적하는 데 의미 있는 자료이다.

그의 문학 활동이 여기에 머문 것이 아니라, 일제 말기인 1944년에 출간한 단편집 『병풍에 그린 닭이』를 주목할 이유가 있다. 1941년 《동아일보》와 《조선일보》가 동시에 폐간되고, 《문장》도 사라짐과 동시에 창씨개명 그리고 일어로 창작 활동을 해야만 하는 신체제에 순응할 수밖에 없었던 시절에 국어로 된 단편집을 출간했다는 점 때문이다.[3] 또한 1943년 9월 정비석(鄭飛石, 1911~1991), 석인해(石仁海, 1911~1990), 허윤석(許允碩, 1914~1995)과 함께 동인지 《대조》 잡지를 발간하고, 김억

3 계용묵, 「암흑기의 우리 문단」, 『전집(2)』, 289쪽(《현대문학》(26호), 1957년 2월호).

(金億, 1896~?)과 함께 〈수선사〉라는 출판사를 1948년에 차린다.

그리고 1950년 1.4 후퇴 때는 제주도로 피난을 간다. 여기서 그는 1952년 종합 교양지《신문화》를 창간하여 3월호까지 발행하고, 1954년 6월에 환도한다.[4] 제주도에서는 합동통신 제주지사 주최로 열린 〈하기 대학 문학 강좌〉[5]와 같은 강연 활동과 창작 활동을, 그곳에서 추천한 작가들과 함께 제주문학사의 위치를 정리하는 활동을 했다. 제주도에서는 관덕정의 우생당(友生堂) 서점을 단골로 출입했다.[6] 일신상 이유로 잠깐 제주도에 머물렀던 박목월(朴木月, 1916~1978)도 이곳이 단골이었다. 우생당 서점은 제주도 최초의 전문 출판사로 설립해 계용묵의 수필집 『상아탑』과 시동인지《시작업》등의 출판을 지원했다. 1.4 후퇴 때 제주도로 건너간 대표적인 예술가는 서귀포의 이중섭(李仲燮, 1916~1956)도 있었다.

6.25 전란으로 한국 문단은 대구와 부산 남포동을 중심으로 분산되어, 이에 대한 연구가 집중되었으나. 계용묵을 통해 제주 문단에 대한 새로운 조명이 필요하다.[7] 계용묵은 1961년(58세),《현대문학》에 「설수집」을 연재하는 도중 위암으로 사망한다. 사망 전까지《현대문학》에 발표한 작품을 보면 1955년 1월 「무제록」, 1955~1956년 1월 「한국문단측면사」, 1957년 2월 「암흑기의 우리 문단」, 1958년 10월 「소설 회귀록(回歸錄)에 대하여」 그리고 사후 1962년 4월에 「무제」 등을 발표했으며, 특

4 민충환, 〈작가 연보〉, 『계용묵 전집(2)』, 민음사. 2004, 402~403쪽.
이응백 외 감수,《국어국문학 자료사전》, 한국사전연구사, 1994, 201~202쪽.

5 《현대문학》(통권 10호, 12호, 13호, 1955년 10월~1956년 1월)과 「한국문단측면사」(전집(2), 265~288쪽) 참고.

6 현재 우생당 서점은 서귀포시와 제주시 두 곳이다. 우생당은 손자인 3대 고지훈 사장으로, 각종 교육 서적 및 일반 서적을 판매하고 있다. 박목월과 계용묵이 출입했던 우생당은 제주시 관덕정에 위치해 있다. 그러나 예술 공간이었던 그 흔적은 사라진 상태이다(2024년 3월 3일, 일요일).

7 김동윤, 「계용묵의 제주 체험과 문학」,《영주어문》(제10집), 2006, 143~161쪽.

히 그의 문단 활동에서 추천작에 대한 필화사건이 세간의 화제가 되기도 했다.[8]

조연현이 추천한 비평가 김우종에 따르면,[9] 1957년 봄에 을지로 입구의 '문예 싸롱'에서 만난 계용묵은 소위 '문단 사교'가 없는 작가로 기억한다고 했다. 《현대문학》 소설 추천 심사위원이었지만 문학 지망생 몇 명 정도가 주변에 모일 정도였다.[10] 평일은 물론이거니와 기껏해야 토요일에나 문인들을 만난다. 토요일 오후에는 추천된 작가 4명이 대부분이었다. 여기에서 그의 성격과 문학을 대하는 태도를 볼 수 있다. 사실 김동리, 서정주와 조연현 주변에는 문학 지망생들이 모여들었다. 이 때문에 '문단 제조기'니 '문인 공장'이니 하는 비난이 쏟아졌다. 너무나 대비되는 문단 활동을 했다. 이처럼 작가들의 활동이 한국 문단의 형성과 어떤 관계가 있는지도 검토할 수 있다.

필자는 계용묵 관련 자료를 검토하면서 몇 가지를 생각해 보았다.

첫째, 추천 작가들에 대한 작품성과 송기동(宋基東, 1932～1993)의 필화사건(반기독교 소설 「회귀선」, 《현대문학》, 1958년 5월)이 그의 삶과 창작 태도, 문단 활동에 미친 영향 검토도 필요하다.

둘째, 계용묵은 소설 구상에서 첫 마디가 흡족하지 못하면 심지어 해를 넘겨 가면서까지 창작 시간을 보낼 만큼 치밀한 집필 태도(「나의 집필 태도」, 《동아일보》, 1959.)를 보인다.[11] 이에 부합(符合)하는 작품으로 「유앵기(流鶯記)」와 「캉가루의 조상이」 등 단 두 편을 꼽았다. 두 편에

---

8 이에 더해 전쟁 후의 제주도 계용묵과 전쟁의 폐허 속의 실존적 의미를 형상화한 부산의 비평가 고석규(高錫圭, 1932～1958)와 강원도의 김종후(金鐘厚, 1928～1958) 등을 비교 검토하면 50년대 문학사에 대한 새로운 정립의 계기가 될 것이다.

9 1957년 《현대문학》에서 「은유법논고」와 「이상론(李箱論)」으로 조연현(趙演鉉)의 추천을 받고 평론가로 등단. 1973년 겨울 유신독재 하에서 이호철(李浩哲), 장백일(張伯逸), 정을병(鄭乙炳), 임헌영(任軒永)과 함께 날조된 문인 간첩단 사건으로 투옥됨.

10 김우종, 「계용묵 - 별을 헤다」, 앞의 책, 346쪽.

11 민충환 엮음, 『계용묵 전집(1) - 소설』, 민음사, 2004, 187～188쪽.

대한 분석과 연구는 그의 창작 태도와 문학 세계를 해석할 수 있을 것이다.

Ⅱ. 〈계용묵의 사신 기록물〉 내용 분석

1967년에는 공표(公表)하기 어려운 것이 있었지만 언젠가는 필요하다면 발표해도 좋을 것이라는 조연현의 생각을 대변해 필자가 55년이 지난 지금(2022년 9월 28일)이 공개할 시점이라고 생각한다. 계(桂) 선생의 것은 신간 평과 원고 독촉에 관한 것이 대부분이라고 조연현은 밝혔다. 3통 4장의 사신 기록물에는 사무적인 일과 원고 독촉 내용이 남아 있다.[12] 특히 백철(白鐵, 1908~1985)과 조연현이 관련된 모종의 사건이 오영수(吳永壽, 1914~1979)의 사신으로 남아 있다. 한 장의 사진 속에 계용묵과 정비석(鄭飛石, 1911~1991) 그리고 백철이 함께 찍은 모습이 이들의 관계를 어느 정도 설명할 수 있을지 궁금한 것도 사실이다.

이들은 종합지 발행과 책 출판을 함께했다. 1945년 9월에 종합지 《대조》를 계용묵이 정비석과 함께 발행했으나, 3호로 폐간되었다. 이때 분단의 비극을 적나라하게 고발한 계용묵의 대표작 「별을 헨다」를 발표한다. 그리고 1948년 계용묵은 김억과 함께 출판사 〈수선사〉를 차렸는데, 여기에 정비석과 자주 드나들었던 백철에게 계용묵은 한국문학사의 정리를 권유했고, 이 의견에 따라 백철은 『신문학사조사』(1권)를 출간하게 된다.[13] 한국 근대문학사로는 최초의 저서로 평가받는다.

---

12 현재 3통 4장만 발견되었으나, '대부분'이라는 표현에서 유추하더라도 사신 몇 장이 더 있을 것이라는 생각이 든다. 다만 1통 2장(〈계용묵의 사신 3〉과 〈계용묵의 사신 4〉)에 대한 분석과 연구는 다음으로 미룬다(2023년 5월 6일, 토요일).

13 2권은 1949년에는 백양당(白楊堂)에서 간행된 뒤, 1969년에 『백철문학전집(白鐵文學全集)』을 신구문화사(新丘文化社)에서 출판할 때 광복 후의 개관을 약간 추가하여 전집 제4권으로 다시 간행함.

1. '고집 센' 완벽주의 소설가

이제 계용묵의 사신 기록물 3통 중 1장을 먼저 들여다볼 차례이다.

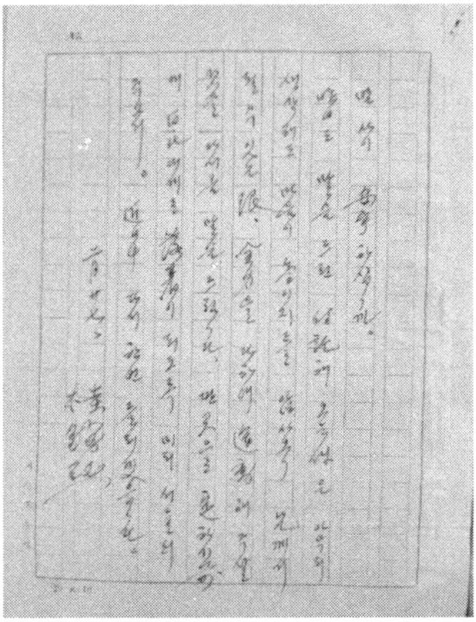

계용묵의 사신 1

계용묵이 조연현에게 보낸 사신 기록물의 내용은 다음과 같다.

밤사이 安寧하십니까.

昨日도 말씀드린 付託해 온 件은 아무리

생각해도 마음이 놓이지를 않사오니 兄께서

될 수 있는 限, 全力을 다하여 激勵해 주실 것을

다시금 말씀드립니다. 딴곳으로 定하시어

白氏에게는 落着(낙착: 일의 결말이 남)이 되도록

미리 서둘러 주소서.

近日中 다시 한번 들리겠읍니다.

二月 二十七日

桂鎔默

—「전문」

위 사신에는 '부탁해 온 건'이 무엇이며, '마음이 놓이지 않는' 일이 무엇일까? 어떤 일에 '격려'를 해야 하는지, 백 씨에게 결말이 나도록 서둘러야 하는 일이 무엇인지 등이 궁금하다. 그리고 두 작가가 만나서 무슨 대화와 어떤 활동을 했는지도 궁금한 것이 사실이다. 이러한 궁금증을 해결하기 위한 전제를 검토해 보아야 다음 단계로 건너갈 것 같다.

첫째 발신 연도를 특정해야만 사신 내용뿐만 아니라 작가의 문단 활동과 그 주변을 파악할 수 있다. 그리고 작가가 쓴 사신의 원고지 양식에 주목해야 하고, 다음으로 내용 분석이 필요하다. 발신 연도 추정은 수신자 조연현, 백철 그리고 사무적인 일, 계용묵의 생몰 연대를 참고하면 가능하다. 그래서 발신 연도는 ① 1956년 전후 ② 1958년 전후 ③ 1961년 전후로 나누어 검토할 수 있다. 물론 1961년 8월 9일이 계용묵의 사망일이기 때문에 그 이후로는 판단할 필요가 없다.

그리고 어떤 원고지 양식에다 작품을 썼는가에 따라 작가의 창작 활동과 일상적인 삶의 모습을 읽을 수 있다. 가령 백릉 채만식이 평생 원고지를 쌓아두고 창작했으면 하는 마음을 가지고 있다는 점에서 그의 가난한 문인 생활을 검토할 수 있다거나 서울신문사 원고지를 사용한 박화성(朴花城, 1903~1988)은《서울신문》연재 소설로 경제적인 도움을 얻을 수 있었다는 점을 참고할 수 있다.

위 사신에는 그가 대지주의 아들이라는 점과 평소 자녀들에게 남에게 신세를 지지 말라고 한 말 속에 '계용묵 용전'(用箋: 편지 따위의 글을 쓰는, 일정한 규격의 종이)이라는 의미를 읽을 수 있다. 1946년 북아현동에 집을 사두고 전세를 놓았던 사실을 보면, 가세가 비교적 넉넉했다고 볼 수 있다. 김우종이 인터뷰를 할 당시에도 그는 여유가 있는 주택에서 거주했었다고 한다. 그러나 김우종의 말과 달리 계용묵은 이미 1931년쯤 소유 토지의 가치 하락과 친지들의 채무 보증으로 서울 생활은 몰락했다고 한다. 그래서 일본 유학 시절 평생 공부할 만큼 많은 책을 꾸려 가지고 귀국했으나, 서울에서 책을 팔 정도로 궁핍했다고 한다.[14] 어쨌든 그는 작품에서 빈곤층과 소작농의 아픔을 형상화했던 것과는 대비되는 삶을 살았다고 볼 수 있다. 경제적인 풍요 시기인 1930년 전후와 총독부의 경제적 침탈로 빚어진 1920~30년대 빈곤과 궁핍의 시기를 경험한 계용묵은 물질로부터 빚어진 인간의 비극을 줄곧 다루었다고 보아야 한다.

1920년대 일제 강점기 시대의 빈곤층을 주제로 다룬 늘봄 전영택(田榮澤, 1894~1968)의 「화수분」 역시 경제적 빈곤을 다루었다는 점에서 이를 알 수 있다. 《조선문단》(1925년 1월호)에 발표한 단편소설로 화수분 내외의 죽음을 1인칭 관점으로 묘사한 작품으로, 화수분 일가의 궁핍으로 아홉 살 계집애를 떠나보냈다는 비극적인 내용을 다루고 있다. 계용묵의 대표작 「백치 아다다」(《조선문단》, 1935년 5월호)에서는 토지를 매개로 백치 아다다를 시집보내야만 하는 경제적 빈곤의 문제를 다루었다. 이로 보아 계용묵 역시 '가난의 생태학'과 '빈궁 문학'을 주제로 삼았던 작가이다. 나아가 두 작품의 비교와 함께 1920년대와 1930년대의 '빈궁 문학', 그리고 1920년대와 1930년대의 《조선문단》의 특성을 검토하는 것도 한국문학사의 점검을 위해서 필요하다.

〈계용묵의 사신 1〉에는 어떤 단서도 파악하기 어렵다. 왜냐하면 어떤 문단 사건인지를 종잡을 수 없기 때문이다. 다만 계용묵이 매우 치밀하고 완벽에 가까운 성격만이 파악이 되는 정도이다. 사실 어떤 일 처리

---

14 김용성, 「계용묵」, 『한국현대문학사 탐방』, 국민서관, 1979, 198~199쪽.

에 있어 일사천리로 조리가 분명하며 그의 결론대로 진행되도록 조연현은 아주 쉽게 일을 해치우며, 두뇌가 비상하고 판단력이 신속 정확하다.[15] 이러한 판단의 사례는 모종의 문단 사건에 얽혔던 김관식이 '태산같이 믿는 조연현'에게 문제 해결을 부탁하는 일화에서도 확인된다.

계용묵이 조연현에게 일 처리를 당부할 정도이니, 계용묵 역시 치밀하고 완벽에 가까운 성격이라 할 수 있고, 이러한 성격이 작품 창작과 영향 관계가 있다는 점에서 계용묵 문학을 분석하고 연구할 여지가 있다. 김용성(金容誠, 1940~2011)은 '단 한 편의 장편소설을 발표하지 못했던 것도 괴팍할 정도로 문장에 신경을 썼던 그(계용묵)의 기질 때문'이라고 했으며, 또한 '한 편의 작품에 뼈를 깎는 아픔을 참아 내야 하는 진지한 작가 정신' 가졌기에 「백치 아다다」를 남길 수 있다고 했다.[16]

여기서는 〈계용묵의 사신 1〉에서 언급한 사건 내용을 통해 작가의 성격과 작품 창작과의 관련성을 짚어 볼 수 있다는 의미에서 관련 사건을 정리할 필요가 있다.[17]

〈계용묵의 사신 1〉에는 모종 사건에 대해 동분서주(東奔西走)하는 계용묵의 행동과 생각이 뚜렷하게 드러나 있다. 이 사신에서는 '어떤 건'에 대한 '백씨'와 조연현 그리고 계용묵과의 관계 속에서 그 의미를 해석할 수가 있다. '딴 곳으로 定하시어'라는 의미도 파악해야 한다. '사건'을 재구성해야만 발신 연도와 사신 기록물의 내용 파악이 가능할 것 같다. 그 가능성을 다음과 같이 정리했다.

---

15 이동주, 「조연현」, 『실명소설로 읽는 현대문학사』, 현대문학, 1993, 322쪽.

16 김용성, 「계용묵」, 『한국현대문학사 탐방』, 국민서관, 1979, 196쪽.

17 물론 이의 추정과 판단은 필자의 안목과 문학적 이해에 따른 접근이다. 후학의 연구로 수정되거나 재론이 이루어지는 순간까지 추정과 판단으로만 남겨둘 작정이다(2023년 4월 18일, 수요일).

① 1956년 전후

1956년으로 추정하는 근거는 첫째, 〈자유문학상〉 사건에 대한 조연현의 입장 표명 때문이다. 1956년(「문총의 독선 - 자유문학상 시비를 중심으로」, 《서울신문》, 1956년 3월 4일), 「자유문학상 심사의 공정성 - 문총 서명에 대한 구체적인 답변」(《새벽》, 1956년 5월호) 등으로 보아, 〈자유문학상〉에 관련된 사건일 수도 있다. 논란이 많았던 제1회 〈자유문학상〉(1953년) 수상작은 박영준(朴榮濬, 1911~1976)의 「그늘진 꽃」이었고, 이로부터 1959년(제7회) 오영수의 「메아리」와 김춘수의 「꽃의 소묘」 수상작을 끝으로 폐지되었다.[18] 〈작고 문인 사신철〉의 「38. 朴榮濬」이며, 홍효민(洪曉民, 1904~1976)의 출판 기념회에서 정지용(鄭芝溶, 1903~1950)과 싸움이 있었던 소설가이다. 홍효민은 원고를 갈겨쓰기로 유명했다.[19] 조연현의 글을 참고하면 1956년도 수상작까지 논란이 있었기 때문에 발신 연도를 1956년 전후로 볼 수 있다.

둘째, 계용묵의 생몰 연대(1904~1961)를 참고하면, 〈계용묵의 사신 1〉은 최소한 1961년 이전에 발신한 것으로 추정된다. 즉 1961년 8월 9일 이전의 조연현, 백철, 계용묵과의 관계를 파악해야만 발신 연도 및 사신의 구체적인 내용을 파악할 수 있다. 〈자유문학상〉 수상 관련 논란과 연결해 보면, 대략 1956~1959년 사이의 사신 기록물로 파악된다.

셋째, 계용묵이 1951년 1.4 후퇴 때 제주도로 피난을 갔고, 1953년(50세)에 환도했기 때문에 이듬해인 1954년 이후를 기점으로 발신 연도를 검토해야 한다.

---

18 제1회(1953) 박영준 「그늘진 꽃」, 제2회(1954) 황순원 「카인의 후예」, 제3회(1955) 염상섭 「짖지 않은 개」, 김동인 「흥남 철수」, 박목월 「산도화」, 제4회(1956) 임옥인 「월남 전후」, 조지훈 「역사 앞에서」, 박두진 「고독의 강」, 제5회(1957) 김성한 「귀환」, 한무숙 「감정이 있는 심연」 제6회(1958) 마해송 「모래알 고금」, 제7회(1959) 오영수 「메아리」, 김춘수 「꽃의 소묘」 등을 끝으로 폐지됨.

19 손소희, 「평론가의 교정지와 한 잔의 차」, 『한국문단 인간사』, 행림출판사. 1980, 31~38쪽.

위에서 언급한 첫째와 둘째를 근거로 하면, 최소한 1953년 이후라고 볼 수 있다. 즉 1956년 전후부터 1959년 사이에 발신 것으로 판단된다. 그리고 1956년보다 앞당길 수 있는 이유는, 1954년 초봄부터 학술원과 예술원 총선거에 따른 문제가 불거졌는데, 이때 〈문총〉 총회에서 〈문협〉을 산하 단체에서 제적하고, 예술원 당선자를 모두 간부직에서 몰아내는 사태까지 비화한 사건과 연결할 수 있기 때문이다. 이로 볼 때, 발신 연도 추정은 〈문총〉 파동과의 연관으로도 짚을 이유는 된다. 그래서 발신 연도를 1954년으로 볼 수 있다. 문단의 각종 사건에 조정 역할을 했던 조연현과 백철의 마찰을 예상하면 가능한 결론이기도 하다. 물론 여기에 백철과 조연현 그리고 계용묵과의 관련성이 전제되어야 〈계용묵의 사신 1〉의 내용 파악과 함께 발신 연도를 추정할 수 있다.

② 1959년 전후

계용묵은 원고를 정교하게 다듬고 빈틈을 보이지 않는다. 조금도 빈틈이 없고 흐트러짐이 없는 작가이다.[20] 그는 자신의 〈창작 일기〉에서 '썼다는 찢고 썼다는 찢고 하기를 아마 7, 8차는 거듭했으리라.'(《조선문단》, 1939년 7월호)[21]고 할 만큼 치열하고 빈틈없고 정교하게 퇴고(推敲)한다고 밝혔다. 이러한 창작 태도와 성격은 과작(寡作)의 작가로 그리고 작품 평가에 대한 엄격성으로 신인을 추천하는 활동에서도 드러난다. 1950년대 서정주 사단과 김동리 사단만 해도 100여 명이나 추천하는 것에 비해 계용묵은 달랑 4명만, 즉 송기동(宋基東, 1932~1993), 정인영(鄭麟永: 1933~), 김학(金鶴, 1932~), 이영우(李英雨. 1934~) 등을 추천했다. 물론 1회까지만 추천받은 이들도 있을 만큼 그는 추천 위원 활동도

---

20 김우종, 앞의 책, 388쪽.

21 『계용묵 전집』(2), 민음사. 2004, 122쪽.

매우 신중했었다. 이처럼 계용묵은 추천에 대해서는 치밀하면서도 엄격하고 또한 '고집이 센' 소설가이다. 그의 사신 기록물에 그 흔적이 남아 있다.[22]

〈계용묵의 사신 1〉에서는 구체적인 '사건' 전후의 맥락을 파악하기 어렵다. 그래서 〈계용묵의 사신 1〉에 등장한 계용묵과 조연현 그리고 백철과의 관계로만 문단사의 이면을 밝히는 데는 한계가 있다. 발신자와 수신자가 서로 주고받은 사신을 근거로 전체 내용을 파악해야 하나, 계용묵이 보낸 사신으로만 '어떤 것'이 무슨 내용인지 추정하는 것에 한계가 있다. 물론 필자의 생각이 정확한 것인지에 대한 회의가 없는 것은 아니다. 그러나 계용묵의 사신 내용을 이해하고 발신 연도 추정을 위해 〈계용묵의 사신 1〉에 접근하고자 한다.

〈계용묵의 사신 1〉에는 '밤사이 안녕하십니까?'로 시작된다. 이는 의례적인 인사일 수도 있으나, 이보다는 밤사이 안녕하지 못할 만한 일이 있다는 추측이 든다. 그리고 부탁한 일을 아무리 생각해도 마음이 놓이지 않아 조연현에게 직접 전심전력을 다해 챙겨 달라는 부탁의 인사말을 담았다. 이 역시 문학사와 문단사에 간단치 않은 '사건'이 있었음을 짐작하게 한다. 백철에게도 낙착(落着)하기를 바란다는 내용도 포함되어 있다. 이 역시 계용묵의 치밀함과 함께 문제 해결을 위한 의지가 있음을 보여주는 사신 기록물이다. 백철의 건에 대해 동의나 허락이 되도록 해 달라는 간절한 요청의 의미도 담겨 있다. 누구 부탁인지와 그 부탁 건이 쉽게 해결할 수 없을 정도의 '사건'인 점은 분명해 보이지만, 백철과의 관련성을 찾기가 어려운 점 때문에 발신 연도를 특정하기에는 한계가 있다.

---

22 박목월(朴木月, 1916~1978)이 오용수 시인을 1회 추천한 후 14년이나 지났지만 다시 추천하려 했던 일화와 계용묵의 추천 위원 활동을 비교해 볼 수 있다. 물론 계용묵 추천 작가들의 개별 연구, 계용묵 연구의 확대라는 점에서도 연구가 필요해 보인다.

여기서 계용묵이 추천한 송기인의 필화사건을 연결해 볼 수 있겠다는 생각이 들었다. 어쨌든 필화사건에 백철과 조연현이 어떤 조치를 해야 하는 상황이 있었기 때문이다. 특히 송기동의 「회귀선」(《현대문학》, 1958년 5월호)은 한국 사회에서 미군정과 기독교 문제를 다룬 문제작으로 당시 문학계와 종교계에 엄청난 사태를 불러왔다. 계용묵은 작가 추천에 대해서 '신인으로 문단에 진출을 하자면 그래도 좀 색다른 면이 있어야 할 것'이며, '(기성) 문단이 갖지 못한 새로운 맛이든지 풍겨야 한다'라는 기준을 가지고 있어야 한다고 「소설 선후감」(《현대문학》, 1955년 6월호)에서 밝힌 바가 있다. 그런데 '색다른' 문학 작품으로 추천된 송기동의 「회귀선」은 필화사건에 휘말리게 된다. 물론 필화사건의 파장을 계용묵도 조연현도 예상은 못 했을 터였다.

이 외에도 이범선(李範宣, 1920~1982)의 「오발탄」(1959), 정비석(鄭飛石, 1911~1991)의 「자유부인」(1954) 역시 문학계와 사회에 큰 파장이 일었다.[23] 구속된 작가는 남정현(南廷賢, 1933~2020)의 「분지(糞地)」가 유일했으며, 박계주(朴啓周, 1913~1966)의 「여수」, 공화당 때 곽학송(郭鶴松, 1927~1992)의 실명소설 「한강」(《서울신문》 연재), 구상(具常, 1919~2004)의 첫 희곡 작품인 「수치」(《자유문학》, 1963년 2월) 등이 제재를 받았다. 남정현의 「분지(糞地)」는 발표 당시에는 문제가 없었으나, 북한 잡

---

23 정규웅, 「정비석의 필화와 김관식의 출마」, 『글동네에서 생긴 이야기』, 문학세계사, 1999, 59쪽.
특히 「자유부인」은 퇴폐적이고 음란하다는 이유로 이승만의 지시로 특무대에 연행되어, 퇴폐와 음란이 적화를 기도한다는 이유를 들어 고문까지 당했다. 그리고 《한국일보》에 연재한 정비석의 장편소설 「혁명전야」(1960) 사건도 있었다. 서울대, 연세대, 고려대 학생들을 등장시켜 4.19의 참뜻을 그리려 했다는 의도와 소설을 재미있게 쓰려다 보니 표현이 다소 비약되었다. 그러나 작가의 의도와 달리 연세대 학생들의 분노를 야기(惹起)했다. 이 소설이 4회 연재된 날인 5월 21일 아침에 연세대 400여 명이 모여 연세대 학생들을 모욕하고 명예를 훼손한 까닭을 따지는 일이었다. 3회분이 실린 원고 내용 중 '돈이 생기면 서울대 학생들은 책을 사고, 고려대 학생들은 막걸리를 마시며, 연세대 학생들은 구두를 닦는다.'는 것이 화근이었다.

지에 게재되면서 본격적으로 큰 문제가 되었다. 작가의 구속 사유는 ① 반미적 ② 6.25는 우연한 충돌 ③ 대한민국은 연합군이 흘리는 똥물이나 먹고 산다는 등의 내용이 북한 선전에 동조했으며, 이것이 이적 행위라는 것이다.[24]

이처럼 필화사건은 작가들의 창작 세계를 제한할 수 있다는 점을 계용묵은 심각하게 생각했거나 아니면 정치 이념이 창작을 방해해서는 안 된다는 생각을 가졌기에, 필화사건을 심각하게 받아들이지 않았을 수도 있다. 심각하게 생각했다면, 빠른 시간에 송기동 필화사건을 적극적으로 해결하려고 했을 것이다.[25] 그러나 사태가 심각한 수준이 되면서 해결을 위한 조치를 조연현에게 부탁한 것으로 보인다. 그런데 왜 백철에게 일의 결말이 나도록 알려야 하는가에 대한 의문이 남게 된다. 그래서 다시 미궁에 놓인다.

〈계용묵의 사신 1〉에는 원고 청탁보다는 문단 활동에 관한 사건으로 보인다. 《현대문학》 소설 추천 심사위원과 작품 발표 등이 직접적인 관련성이 있는 것으로 추정된다. 수신자 조연현은 잡지와 운명을 같이 하면서 힘든 시기도 많았지만, 아마도 필화사건은 조연현의 운명을 좌지우지한 것으로 보인다. 발신자 계용묵은 이 필화사건의 중심에 있었다. 그런데 해방 이후 20년 동안 필화사건을 정리한 이철범(李哲範)의 「필화사건」에는 송기동 사건은 다루지 않았다. 앞에서 언급했듯이, 남정현을 비롯해 이범선, 박계주, 곽학송, 구상 등을 다루었을 뿐이다.[26]

---

24 이철범, 「필화사건」, 『해방문학 20년』, 정음사. 1966, 120~125쪽.
그리고 이범선의 「오발탄」은 발표 당시 자유당 때는 제재를 받지 않았으나, 유현목(兪賢穆, 1925~2009) 감독이 영화화하면서 상연 금지를 당했다. 유주현은 자신도 모르게 일본 조선계 잡지에 「임진강」(사상계)이 게재되면서 문초를 받았고, 「여수」는 프랑스 여행을 소재로 다룬 르뽀 형식의 소설로, 신탁 통치 부분이 문제시되어 게재가 중단되었다.

25 최동호, 『20세기 한국 필화 문학 연구』(결과 보고서), 한국 연구재단, 2006, 참고.

26 이철범, 『행방 문학 20년』, 정음사, 1966, 120-125쪽.

아마도 종교적인 논란으로 문학성을 평가하기 어려운 작품이기에 다루지 않았다는 생각이 든다.

송기동의 「회귀선」은 계용묵이 추천한 작품이었다. 이 작품은 1958년 5월호(통권 41호) 《현대문학》에 발표되자, 장로였던 이승만(李承晩, 1875~1965) 정권의 기독교 정책을 비판해 기독교계와 문학계를 뒤집어 놓았다. 당시 《경향신문》(4회 연재), 교회 목사는 《신태양》, 시인 이효상(경북대 문리대 학장)은 《대구매일신문》에 평론으로, 이어령(李御寧, 1933~2022)도 가담하는 등 그 밖의 신문과 잡지가 맹렬히 비판하고 나섰다.[27]

김우종은 이에 대해 '계용묵이 한 마디쯤 사과문을 내면 기독교계의 분노를 진정시킬 수 있었겠지만, 그는 끝내 침묵으로 일관했다. 유교주의의 집안에서 뼈가 굳은 계용묵에게는 종교 문제에 크게 개의치 않았다.'고 밝혔다. 소설분과 추천 위원이었던 계용묵이 오랫동안 시달린 끝에 종교계와 타협은 했으나, '나는 병중이었고, 30여 편 심사 원고와 3,000매의 번역 원고의 독촉을 받으면서 제한된 시간 내에 평가한 결과이다.'라고 추천 사정을 상세하게 설명했다. 그런데 《현대문학》 불매 운동과 고소까지 전개될 양상이었기 때문에 이 문제를 해결해야 할 당사자는 정작 조연현이었다. 이후 조연현이 《현대문학》에 사과문을 내고 이 사태를 무마했다. 이후 남정현의 「분지」 사건[28] 때문에 《현대문학》 주간으로서 조연현은 최대의 위기를 또 맞는다.

여기서 사신 기록물의 발신 연도를 「회귀선」이 1958년 5월호《현대문학》에 발표된 시기와 〈계용묵의 사신 1〉의 말미(末尾)에 2월 27일에

27 작품에 대한 구체적인 4가지 비평은 「3. 《현대문학》의 창간과 그 기적」(조연현, 『내가 살아온 한국문단』, 현대문학사, 1968, 197쪽.)을 참고.

28 문학의 창작성과 반공법의 테두리에서 논란이 된 필화 사건이다. 1960년대 대표적인 단편소설로 북한 조선노동당 기관지인 《조국 통일》에 소개되면서 비화되었다. 이로 인해 남지현은 중앙정보부에 끌려가 고문과 함께 7년 형을 선고받았으나, 이듬해에 집행유예로 풀려난 필화사건이다.

보낸 날짜까지를 합산하면, 「회귀선」 발표 이후인 1959년 2월 27일로 산정할 수 있다.

③ 1961년 전후

박종화(朴鍾和, 1901~1981) 중심의 〈한국문학가협회〉에서 평론분과 위원장을 맡은 조연현과 김광섭(金珖燮, 1905~1977) 중심의 〈한국자유문학가협회〉에서 부위원장을 이무영(李無影, 1908~1960)과 함께 맡은 백철 사이의 갈등은 1954년 4월에 치러진 예술원 회원 선거에서부터 반목 관계가 이미 시작되었다. 예술원 회원 선거에서부터 생긴 반목이 5.16 군사 쿠데타가 있었던 해인 1961년 6월 17일 포고령에 따라 이 두 단체가 〈한국문인협회〉로 통합되면서 계용묵이 모종의 역할을 하면서 '사건'이 불거진 것일 수도 있다는 생각이 든다.

그렇다면 1954년부터 시작된 조연현과 백철의 반목 관계가 1961년에 다시 한번 더 불거졌을 때 계용묵의 역할이 해석된다. 그러면 계용묵이 백철에게 '낙착'되도록 조연현에게 부탁한 것이 설명된다. 그리고 이 사신 기록물의 발신 연도를 산정할 때, 1961년 계용묵의 사망(1961년 8월 9일)을 고려해야 한다. 이때 계용묵은 《현대문학》에 「설수집(屑穗集)」 연재 중 사망으로 인해 6회로 끝났다. 이런 근거로 볼 때, 발신 연도를 1961년 2월 27일로 산정할 수 있다.

그리고 조연현이 주재했던 《현대문학》과 〈자유문협〉의 기관지로 김광섭이 주도했던 《자유문학》(1956.5~1963.8)은 1960년 4월 혁명을 계기로 붕괴되기 전까지 양분되어 있었다. 〈문협〉에 맞서 위원장 김광섭, 부위원장 이무영과 백철이 〈자유문협〉 발기인으로 앞장섰다. 특히 1956년 예술원 설립과 함께 남한 출신 문인이 선출되면서 북한 출신 문인들의 위기의식이 발동하였다. 이에 맞서 백철의 자문을 얻어 《사상계》(1953년부터 1970년까지 발행된 월간 시사 잡지)의 발행을 통해 서북 중심

문인들의 존재를 결집하여 조연현–김동리 중심의 문단에 대응하는 〈김동인 문학상〉을 제정하게 된다. 이러한 상황으로 보면, 1954년과 1961년 사이에도 백철과 조연현의 반목 관계가 이어졌었다고 볼 수 있다.

〈계용묵의 사신 1〉을 검토해 볼 때, 다음과 같은 사실이 파악된다.

첫째, 계용묵의 치밀한 성격이 나타난다. '마음이 놓이지를 않사오니 형(조연현)께서 될 수 있는 한, 전력을 하하여 / … / 근일(近日) 중 한번' 찾아뵙겠다는 확인까지 하는 것으로 보아 작가 성격이 확연히 드러난다. 어떤 '사건'에 백철이 관련이 있는 것 그리고 문단에서 중요한 '사건'이라는 추측은 가능하다. 그래서 어떤 문단 지형도가 형성되는지에 대한 연구가 과제로 남는다.

둘째, '괴팍하리 만큼' 치밀한 그의 성격으로부터 계용묵의 창작 태도를 유추할 수 있다. 다수의 작품을 발표하기보다는 한 작품에 전력을 다하는 '뼈저린 노력'을 기울이는 작가이기 때문에, 이러한 창작 태도를 신인 작가들에게도 요구했다. 그래서 계용묵의 관문을 통과하는 작가들이 적었다. 창작 태도와 창작 심리가 작품 활동과 문단 활동에 어떤 영향을 끼치는지를 유추할 수 있다.

셋째, 발신 연도는 1956년 혹은 1958년 정도로 추정이 되나, 백철과의 관계와 작가의 생몰 연도를 참고하면 1961년 이전의 사신 기록물로 보아야 한다. 이에 대한 고증 작업도 연구 과제로 남는다.

2. 영화평과 원고 독촉

다음은 영화와 관련된 계용묵의 사신 기록물 1통 1장의 사신이다. 계용묵이 조연현에게 보낸 사신 기록물의 내용은 다음과 같다.

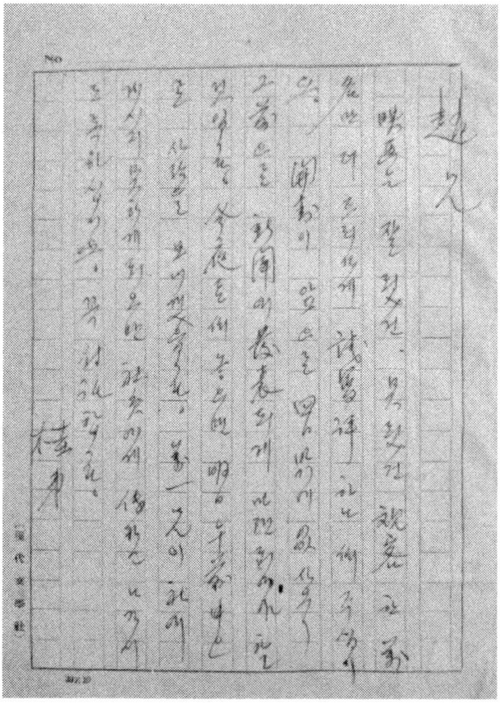

계용묵의 사신 2

趙兄

映畵는 잘됐건, 못됐건 觀客 한 萬 名만

더 드러가게 試覽評 하나 써 주십시요.

開封이 앞으로 四日밖에 없사오니 그萬으로

新聞에 發表되게 마련하여야 할 것입니다

原稿를 써 놓으면 明日 午前 중으로 사람을 보내겠읍니다.

萬一 兄이 社에 계시지 못하게 되면

社員에게 傳하고 나가시도록 하십시요.

꼭 付託합니다.

桂弟

—「전문」

조연현이 언급한 내용 중 '계(桂) 선생의 것은 신간(新刊) 평(評)과 원고 독촉에 관한 것이 대부분이었다.'고 한데서 '계(桂) 선생'은 계용묵을 지칭한다. 따라서 위의 사신 기록물은 계용묵의 육필 사신으로 판단할 수 있다. 물론 〈작고 문인 사신철〉의 「5. 桂鎔默」으로 정리한 것에서도 친필 사신으로 명확한 근거가 된다. 그리고 원고지 양식에서 《현대문학사》라는 사고(社告)가 적혀 있어 적어도 《현대문학》(제1호) 창간호 출간일인 1955년 1월 이후의 사신 기록물임을 단정할 수 있다. 이보다는 '開封이 앞으로 四日밖에 없사오니'라는 사신 내용으로 보면, 영화 개봉일인 1956년 11월 24일 사흘 전인 1956년 11월 21일이 발신 연도로 보인다.

계용묵의 대표작인 「백치 아다다」(《조선문단》, 1935년 5월호 발표. / 단편집 『백치 아다다』, 조선출판사, 1945)는 일제 강점기부터 많은 제작자들이 영화화하기를 희망했지만, 쉽사리 성사되지 못했다. 이 소설이 발표되었던 1930년대 중반 당시 영화계의 흐름과도 관련성이 있다. 1930년대 영화와 시나리오 문학에 대한 논의를 《구인회》에서 찾은 최혜실에 따르면,[29] 《구인회》 회원 중 김유영(金幽影, 1908~1940)[30]은 영화감독, 이효석(李孝石, 1907~1942)은 한때는 시나리오 작가였으며, 이외에도 미술과 영화에 대한 관련자들이 많았다고 정리했다. 또한 30년대는 외국 영화들의 수입이 활발했고, 《영화시대》와 《영화연극》 등 영화 전문지가 나올 정도의 분위기였다. 김기림(金起林, 1907~2000)은 시와 영화를 비교하였으며, 이상(李箱, 1910~1937)도 「산촌여정」에서 카메라 특유의 기술로 활용해 애수 어린 정감을 담아내려고 했다. 쉽게 영화화되지 못한 이유는 당시 영화계가 영화의 예술성을 충분히 살릴 만한 자

29 최혜실, 「제2장 『천변풍경』에 나타나는 영화적 시간」, 『한국 모더니즘 소설 연구』, 민지사, 1992, 242~244쪽.

30 한국 영화의 기초를 닦은 최초 영화감독 겸 시나리오 작가이다. '아리랑'의 나운규 감독보다 선배이며 동시대 인물로 무성영화에서 유성영화로 넘어가던 시기의 대표적인 한국영화 감독이었다.

본 형성과 기술 수준 및 관객 감상 수준이 미흡했고, 또한 당시로서 영화 예술의 이론을 실천하기에 매우 미흡한 상태였다.[31]

계용묵은 영화화되지 못한 전후 사정을 「문예 작품의 영화화 문제」(계용묵 전집(2), 363~366쪽)에서 밝혀 놓았다. 여기서 계용묵은 문예 작품의 영화화한 결정이 실로 10여 년 세월이 흘러 문화계에서도 주목할 만한 시금석(試金石)으로 평가했다. 순문예의 「백치 아다다」를 영화화한 것은 대중과 타협도 할 수 있는 순문예 영화가 되어야 한다는 생각이다. 영화와 관련하여 조연현은 「영화의 예술 운명 - 「백치 아다다」의 영화화를 중심으로」(1956년 8월 22일)를 《조선일보》에 발표한다. 상영일과 원고 발표 사이의 시차가 있어, 이 글이 계용묵이 요구한 원고라고 단정하기는 어려우나 관련성을 짚을 수는 있다.

「백치 아다다」의 영화 촬영 장면, 전집(1) 수록

31 최혜실, 앞의 책, 247쪽. 신경균은 영화 각본이 문학성을 띨 수 있음을 본격적으로 주장한 사람이며, 그는 영화가 현대 문학에 크게 영향을 주고 있음을 주장했다. 그는 영화와 소설의 교섭을 긍정적으로 보고 있으며, 안석영의 「수우」라는 영화 소설을 호평하는 동시에 채만식의 「보리방아」, 안석영의 「아카시아」 같은 소설에서 영화적 요소를 발견할 수 있다고 보았다(246~247쪽).

영화 「백치 아다다」는 충남 서천 출신 이강천(李康天, 1920~1993) 감독의 1956년도 작품이다. 나애심 등이 주연으로 출연하였고 이철혁 등이 제작에 참여하였다. 이후 「백치 아다다」를 원작으로 하여 텔레비전 드라마로 제작되기도 했다. 「백치 아다다」는 1967년, 1979년, 1983년도에, 「아다다」는 72년에 제작되어 방영되었다.

「백치 아다다」 이외에도 주목할 만한 소설이 영화화한 작품으로 「자유부인」과 「오발탄」을 꼽을 수 있다. 「자유부인」은 《서울신문》 연재 소설(1954년 1월 1일~8월 16일)로, 6.25 전쟁 후 1956년부터 영화화되면서 예술영화 산업의 성공적인 작품으로 평가받았다. 그리고 전후 문학의 대표적인 작가 이범선의 「오발탄」은 《현대문학》(1959년 10월호)에 발표되면서, 유현목(兪賢穆, 1925~2009) 감독이 1961년 영화화하면서 사실주의 영화의 걸작으로 남게 되었다. 하지만 반공 이념의 논리에 빠져 상영 금지 조치까지 당하게 된다.

조연현보다 나이가 16살이나 위이지만 계용묵은 성에다가 '弟'('아우'의 뜻으로, 편지에서 자기를 낮추어 쓰는 말.)를 써 예의를 표하고 있다. 전통적인 유가 집안의 교육이 남을 대하는 행동과 글을 남겼는지 모른다. 서신 내용으로 보면, 수신자 조연현에게는 원고 독촉장이다. '혹시 현대문학사에 없으면 사원에게 맡겨놓고 가라'고 할 정도로 독촉이었다. 이는 계용묵의 성격에서 오는 치밀함과도 무관치 않다. 수신자 조연현의 영화평 쓰기라는 새로운 영역의 관심을 엿볼 수 있다.

위와 같은 서신 내용을 검토하면서 몇 가지 생각이 남았다.

첫째, 소설의 영화화에 대한 새로운 시각의 접근법이 필요한 여지를 남긴 서신 기록물로 보인다.

둘째, 문예 작품의 영화화는 계용묵 문학의 상관성과 변곡점을 연구할 만한 논의라고 할 수 있다.[32]

다음은 계용묵의 서신 기록물 1통의 2장이다. 앞에서 연구한 서신 기록물과 서체와 사신의 내용이 다르다는 점을 볼 수 있다. 다만 여기에서는 분석과 연구를 미루었다.

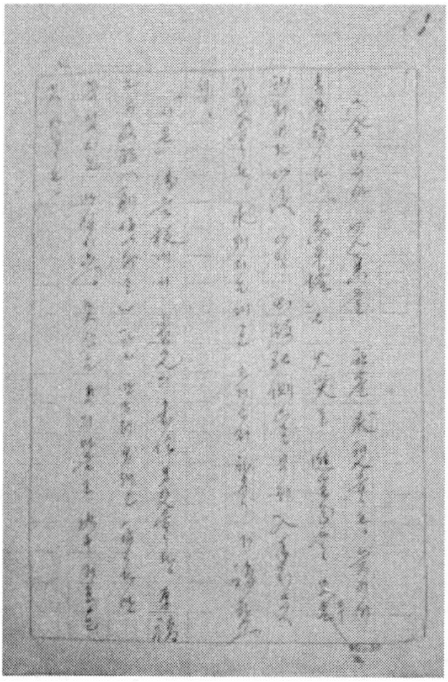

계용묵의 사신 3

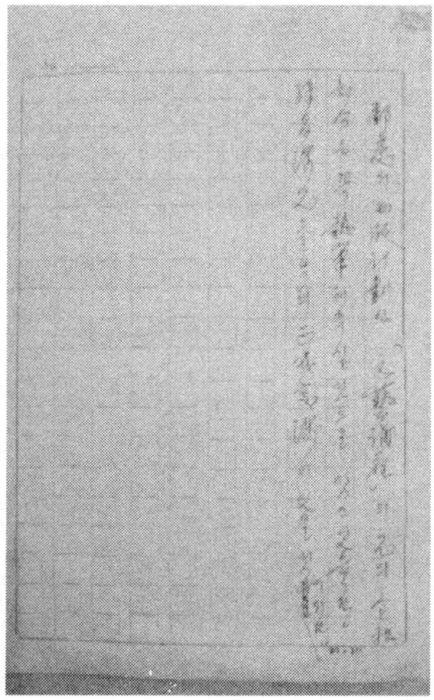

계용묵의 사신 4

Ⅲ. 계용묵의 주변과 위치

〈계용묵의 사신 1〉과 관련된 오영수(吳永壽, 1914~1979)의 사신 기록물에는 조연현과 백철이 등장한다. 1955년부터 1966년까지 《현대문학》 편집장을 맡았던 오영수의 사신 기록물 1통 3장 가운데 1장에는 '조연현과 백철 사건'에 대한 언급이 있다.[33] 이 사신 기록물은 발신자 오영

32 필자의 아둔함과 한계 때문에 후학이나 전공자에게 슬쩍 던져 주고 싶다(2023년 4월 29일, 토요일).

33 총 11통의 19장이 조연현의 정릉 자택에서 발견되었다. 2023년 4월 24일(월)에 지역 신문

수와 수신자 조연현 간 공유한 한국문단의 일화로 보인다.[34]

〈오영수의 사신, 언양 2〉의 내용은 다음과 같다.

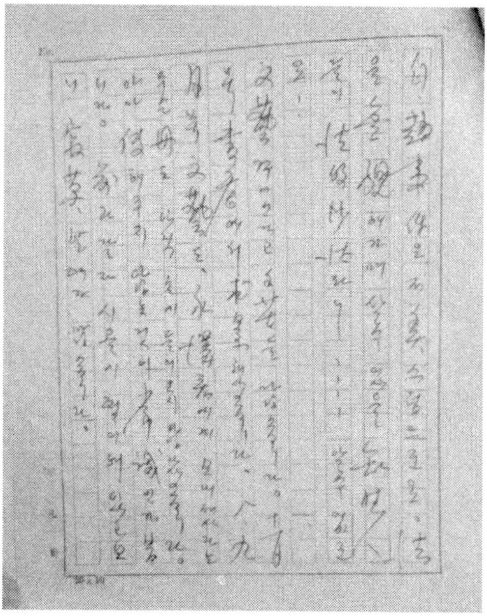

오영수의 사신 중, 언양 2

白, 趙 事件은 저의 ○스럽드군요.

法을 無視해 가며 살 수 있을 知性人들이 法的 ○○라니……

알 수 없군요.

문협 ○○○○ 문예들 많읍니다.

一白號 발표에서 ○○ 했읍니다.

八, 九月號 文藝도

《경상일보》에 공개했고, 그 전말을 〈경상일보 유튜브〉에 출연해 인터뷰로 진행했다. 사신의 번호는 편의상 붙였다.

34 사건 전말을 파악하기 위한 탐문 조사와 문헌 조사가 필요하다. 사신에 등장하는 사건만을 여기에 밝히는 정도의 형편이다. 차후에 연구가 필요할 것이다.

영수 군에게 보내셨다는 무슨 冊도 아직 손에 들어오지 않았읍니다.
아마 傳해 주지 않는 것이 常識인가 봅니다.
前과 달리 시골이 떨어져 있고 보니 寂寞할 때가 많읍니다.

—「전문」

〈오영수의 사신, 언양 2〉에는 '시골이 떨어져 있고 보니 적막할 때가 많읍니다.'라는 내용이 있어, 1974년 울산 울주군으로 오영수가 낙향한 이후의 사신으로 판단된다.[35] 서울에서의 문단 활동과는 다른 그야말로 시골인 울주군 웅촌면 곡천리의 생활은 정신적인 여유와 고요함은 있으나 도심과는 연락이 끊겨 적막하다는 것이다. 낙향한 그는 『잃어버린 도원』(1978)을 출판하는 등의 창작 활동을 이어갔다. 그러나 1979년《문학사상》1월호에 실린 「특질고」로 필화사건에 휩싸이면서 절필을 선언하게 된다. 〈한국문인협회〉 자격도 상실하게 된다. 이후 급격히 건강이 악화(惡化)되어 1979년 사망한다.

'白, 趙 事件'은 문단에서 중요한 사건이었음을 언급한 것으로 보인다. 법적인 분쟁까지 이어진 것으로 보아 조연현에게 오영수는 걱정스러운 사신을 보낸 것이다.[36] 사실 문단 사건에 따라 문단 지형도가 달라지기 때문에 관심사가 될 수밖에 없다. 백철은 카프 활동, 친일 활동 그리고 해방 후 우파적 비평 활동을 했으며, 미국의 신비평(新批評)을 소개하는 등의 비평 활동으로 보면, 조연현과의 갈등 소지는 없어 보인다. 그리고《현대문학》에 다수의 작품도 발표한다. 적어도《현대문학》에 작품을 발표한 시기까지는 갈등이 없었다고 볼 수 있다.[37]

---

35 이재인, 〈오영수 작가 연보〉, 『오영수 문학 연구』, 문예출판사, 2020, 197쪽.

36 오영수 다음으로《현대문학》의 편집장은 김수영의 누이동생 김수명(1966년 2월에서 1974년까지)이다.

37 '백·조 사건'과 관련된 일을 1968년 〈문협〉 파동 전후로 본다면, 〈문협 파동〉 전 유치환(柳致環, 1908~1967)이 관련되었을 것이다. 유치환이 〈문협〉과 관련된 다양한 의견과 질타

《현대문학》에 발표한 평론 목록을 정리하면 다음과 같다.

연번	제목	발표 연월일	편집장
1	「저너리즘과 문화성」	1955년 1월호(통권 1)	오영수
2	「고전부활과 현대문학」	1957년 1월호(통권 25)	오영수
3	「문화 시감(時感)」	1958년 12월호(통권 48)	오영수
4	「한국 신세대의 노한 작품세계」	1960년 10월호(통권 70)	오영수
5	「아류 의식은 금물」	1964년 7월호(통권 115)	오영수
6	「평론에 있어서의 한자문제」	1969년 3월호(통권 171)	김수명

조연현은 1968년(49세), 〈문협〉 파동이 발생하면서 김동리(金東里, 1913~1995)와 갈등이 생겨 잠시 〈문협〉을 탈퇴하기도 했다, 그리고 1971년(52세)에는 〈한국문인협회〉 부이사장직에 피선되었고, 1973년(54세)에는 〈한국 문인 협회〉 이사장직을 수락하면서부터 4년 동안 각종 〈문협〉의 문제가 발생했다고 술회한다.[38] 사실 〈문협〉에서 부이사장은 명함만 있지 실권은 없다. 그래서 이사장의 전횡을 불평하는 부류들이 늘 시끌시끌했다. 우스운 것은 부이사장이 이사장이 되면 이보다는 더하다는 사실이다.[39]

오영수의 낙향 시기인 1974년과 관련해 보면, 1973년 〈문협〉 사건인 것으로 보인다. 오영수의 사신에는 중앙 문단의 사건으로 말미암은 걱정스러움과 조연현에 대한 인간적인 유대감이 드러나 있다.

계용묵 사신 연구를 하면서 다음과 같은 아쉬움을 남았다. 이는 연

를 표했기 때문이다. 그러나 그는 1967년에 사망했기 때문에 관련성 여부는 판단하기 어렵다. '一白號 발표'와 관련된 《현대문학》은 1963년 4월호이다. 이 당시 〈문협〉 기관지인 《월간문학》의 창간호는 1968년 11월호이다. 그래서 '一白號 발표'는 《현대문학》을 말한 것이다.

38 조연현, 「문학 세미나」, 『내가 남기고 싶은 문단 이야기』, 부름, 1981, 209쪽.

39 홍승주, 「내가 본 문협 이사장과 부이사장 사이의 관계」, 『문단유사』, 한국문인협회, 2002, 77~81쪽.

구자들에게 전하고 싶은 이야기이기도 하다.

첫째, 1920~30년대 일제 강점기에 집중된 계용묵 문학에서 순문예를 영화화한「백치 아다다」에 대한 접근 그리고 해방 전후 생생한 현실을 담았던 대표작「별을 헨다」에 대한 연구로 한국문학사를 새롭게 해석할 수 있어야 한다.

둘째, 그의 유일한 장편소설「지새는 달 그림자」에 대한 적극적인 발굴과 연구가 필요하다. 그는 대부분 단편 소설을 썼기 때문에 소설 창작의 기법이나 미학적 가치의 차이를 검토할 수 있다. 그리고 김동인(金東仁, 1900~1951)과 백석(白石, 1912~1996) 외에는 평북 방언을 구사한 작가가 드문 문단에 계용묵의 문체를 새롭게 평가해야 한다.

셋째, 생전 추천된 4명의 소설가에 대한 발굴과 작품 분석을 통해 한국소설사에서 이들의 위치를 점검할 필요가 있다. 작품 추천작에 대한 그의 안목이 유교적 집안 교육과 전통주의 기법에 갇힌 소설관과의 상관성도 짚어 볼 필요성이 있다.

넷째,「백치 아다다」(빈곤의 가치관 등)의 예술영화와 함께 상업영화「자유부인」(자유 이념의 가치관 등),「오발탄」(이념 문제 등)의 지향점과 영화 현상에 대한 논의도 필요해 보인다.

* 참고문헌

김동인, 『김동인 전집 8』, 홍자출판사, 1969.

김동윤, 「계용묵의 제주 체험과 문학」, 《영주어문》(제10집), 2006, 8.

김명인, 『조연현』, 소명출판사. 2004.

김우종, 「계용묵－별을 헤며 이 땅을 사랑한 작가」, 『이 땅을 사랑한 작가』, 지학사. 1990.

김용성, 「계용묵」, 『한국현대문학사 탐방』, 국민서관, 1979.

김영수, 「비평 전국 시대의 휴머니스트 백철 선생」, 『문단유사』, 한국문인협회, 2004,

김영화, 「소설의 수필화 : 계용묵론」, 《현대문학》, 1979년 9월호.

민충환 엮음, 『계용묵 전집(1)－소설』, 민음사, 2004.

__________, 『계용묵 전집(2)－산문』, 민음사, 2004.

손소희, 『한국문단 인간사』, 행림출판사. 1980.

이동주, 「조연현」, 『실명소설로 읽는 현대문학사』, 현대문학, 1993.

이재선, 『한국현대소설사』, 홍성사. 1979.

이재인, 〈오영수 작가 연보〉, 『오영수 문학 연구』, 문예출판사, 2020.

이철범, 「필화사건」,『해방문학 20년』, 정음사. 1966.

정규웅, 「정비석의 필화와 김관식의 출마」, 『글동네에서 생긴 이야기』, 문학세계사, 1999.

정창범, 『박목월 평전』, 문지사, 1985.

조연현, 『내가 남기고 싶은 이야기들』, 부름, 1981.

채　훈, 『1920년대 한국 작가 연구』, 일지사, 1976.

최혜실, 『한국 모더니즘 소설 연구』, 민지사, 1992.

홍승주, 「내가 본 문협 이사장과 부이사장 사이의 관계」, 『문단유사』, 한국문인협회, 2002.

홍정선 편집, 『이산 김광섭(산문집)』, 문학과 지성사, 2005.

『한국대표단편문학전집』, 정한출판사. 1981.

3 「15. 전영택(田榮澤, 1894~1968)」

최초의 동인지 《창조》 동인, 부호의 아들이 하층민의 비극적 삶을 쓰다.

Ⅰ. 전영택 문학의 접근 방향

Ⅱ. 〈전영택의 사신 기록물〉 내용 분석

1. '귀한 책(冊)'과 문학사 기술

2. 「작가 연보」와 문학사 기술

Ⅲ. 전영택의 주변과 위치

* 참고문헌

Ⅰ. 전영택 문학의 접근 방향

전영택(田榮澤, 1894~1968)의 문학과 삶을 대략 정리하면 다음과 같다.

첫째, 《창조》와 관련된 문예사적 평가이다. 특히 소설가 전영택을 놓고 한국 동인지 문예사를 건너뛸 수는 없다. 우리 문예사에서 최초의 동인지 《창조》 동인이다.[1] 《창조》의 중요 삼인방은 김동인(金東仁, 1900~1951), 주요한(朱耀翰, 1900~1979), 그리고 전영택이었다. 《창조》 창간호는 1919년 2월 1일이다. 일본 동경 하늘 아래 패기의 10대가 중심이 되어 2호까지 발간했었고, 1919년 3월 1일 이후에는 국내에서 9호까지 발간했었다.[2] 그는 《창조》 창간호에 단편 「혜선의 사」를, 2호에는 「천치? 천재?」를, 3호에는 「운명」을 '長春'이라는 필명으로 발표한다. 이후 「생명의 봄(1)」을 발표한 4호부터 '늘봄'이라는 필명을 썼다. 필명에는 작가의 생애에서 중요시하는 가치관과 문학에서 작가가 지향하는 가치 역시 함축되어 있어 작가와 작품 연구에 필요하다.[3]

춘원 이광수(李光洙, 1892~1950)의 계몽주의(啓蒙主義) 소설을 비판하면서 예술 지상주의를 외쳤던 말쑥한 평양 부호의 아들 김동인의 패기를 무시할 순 없다. 김동인의 「약한 자의 슬픔」과 최초의 자유시인 주요한의 「불노리」를 알린 문학 동인지이다. 전영택은 「불노리」는 1908년에 발

---

1 전영택, 「창조와 조선문단과 나」(《현대문학》, 1955년 2월호) 참고.

2 참고 도서는 다음과 같다. 김근수, 『한국잡지사 연구』, 한국학연구소, 1992. 정진석 외 『한국 잡지 100년』, 한국잡지협회, 1995. 최덕교 편저, 『한국잡지 100년(1, 2, 3)』, 현암사, 2005.

3 가람은 이병기의 호이면서 필명이다. 가람은 '나는 워낙 강호(江湖)를 좋아한다. 나는 강호와 같은 몸이 되었으면 한다. …중략… 그 뒤에는 샘이 있고 그 앞에는 양양(洋洋)한 바가 있다. 이것이 곧 가람이다.'고 밝힌다. (이병기, 「가람의 출전과 유래」(《동아일보》, 1934년 3월), 『가람문선』, 신구문화사. 1966, 211쪽.) 이처럼 호나 필명에는 작가의 세계관과 삶의 태도가 묻어나며, 이런 것들이 작품에 투영되기 때문에 고찰이 필요하다.

표한 「해에게서 소년에게」라는 신시를 넘어서는 창간 당시의 상황을 《사상계》(1953년 11월까지 부산, 이후 12월호부터는 서울에서 발간)에 상세히 밝혀 놓았다.[4] 《사상계》는 장준하(張俊河, 1915~1975)[5]가 1953년 4월에 창간한 종합 잡지이다.

둘째, 창작 활동이다. 1920년대 식민지 시대에 궁핍한 민족의 삶을 다룬 「화수분」(《조선문단》, 1925)을 창작한 소설가이다. 이 소설은 1920년대 자연주의적 경향을 대표하는 단편소설이다. 조연현은 「표본실의 청개구리」, 「발가락이 닮았다」와 함께 한국 문학 초창기의 자연주의 문학의 하나로 평가했으며, 이후 기독교적인 신앙과 인문주의적 색채가 짙은 작품은 큰 진전이 없었다고 평가했다.[6]

셋째, 문학적 삶의 궤적이다. 그는 1930년 미국에서 신학교를 수학한 목사이면서 소설가이다. 한편, 소설가 활동 외에도 재일본 〈동경 한국 복음 신문〉 주간 등 학계·언론계에 종사하면서 5.16 군사 정권하에서 문화 예술의 통합화 요구의 결과로 형성된 〈한국문인협회〉 초대 이사장을 지냈으며,[7] 문단 활동 시기에 비해 비교적 과작(寡作)의 작품과 작품집을 남겼다.

사신 기록물이 '딱 1통 1장'임에도 불구하고 조연현이 「15. 田榮澤」으로 보관한 이유가 궁금할 수밖에 없다. 그 첫 번째 이유는 무엇보다도 전영택이 《창조》의 동인이었다는 점 그리고 김동인과 주요한의 사신 기록물의 정체를 알 수 없었거나 혹은 보관하지 못한 점 때문에 전영택의

---

4 주요한, 「창조 시대의 문단」, 《자유문학》, 1956년 6월.
김우종, 「한국시와 형이상」, 《세대》, 1968년 7월.
이승원, 「주요한의 〈불노리〉와 〈니즘〉의 의미」, 《현대시사상》, 1995년 봄호.

5 언론인·정치인. 평안북도 선천 출생. 장로교 고려신학파(高麗神學派) 목사.

6 조연현, 「전영택의 소설」, 『한국 현대 소설의 이해』, 1966, 158쪽.

7 조연현에 따르면, 초대 문협 회장을 박종화가 유력하나, 5.16 그리고 4.19와 같은 어지러운 정세에 조연현 자신이 나서는 것에 대한 부담감이 있다고 증언하고 있다(「월탄 선생의 예의 범절」 참고).

사신 기록물이 유일본이라는 측면에서도 가치를 부여할 수 있다.[8] 사신 기록물의 내용은 발신자 전영택과 수신자 조연현의 '상호작용성의 접근 방향'으로 분석하고 분류할 수 있으나 사신 내용으로 보면, 수신자 조연현의 관점에서 연구 필요성이 있어 보인다.[9] 즉 〈작품 연보〉와 관련된 전영택의 삶과 문학에 집중하여 검토할 수도 있고, 발신자 조연현의 요청인 점으로 보아 전영택에 대한 비평적 시각을 볼 수 있다. 그래서 〈작품 연보〉와 사신 내용으로 보아 수신자인 조연현의 비평적 시각을 살펴볼 필요가 있다.

조연현이 평가한 《창조》의 문학사적 공적은 곧 문학사가의 시각이기도 하다. 내용은 다음과 같다.[10]

첫째, 완전한 국어체 문장의 확립과 계몽 문학을 거부하는 '사실 문학의 건설'에서 찾았다. 이에 대한 구체적인 내용은 「제4장. 근대문학의 전개」(『한국현대문학사』, 204쪽)에서 정리했다. 이와 같은 논의는 한국문학사에서 일정 부분을 공적인 평가에서 가져온 것으로 보인다.

둘째, 생소한 '사실 문학의 건설'을 부연 설명하는 내용이다. 즉 리얼리즘이라는 근대문학 사조가 처음으로 《창조》를 통해 주장 및 실천되었다는 김동인의 주장을 조연현은 인용했다. 여기에 부합한 작품으로 김동인의 「약한 자의 슬픔」(2호), 「마음이 옅은 자」(3호), 「배따라기」(9호) 그리고 전영택의 「천치? 천재?」(2호) 등에서 근대 사실주의의 영향을 받은 최초의 단편이 발견되었다는 것이다.

그러나 「약한 자의 슬픔」이 리얼리즘 정신을 결코 정당하게 투영하

8 퇴계 이황이 제자 배상익에게 답장한 간찰(簡札: 편지)에는 서책(『계몽도서절요』: 주역을 풀이한 책)을 손자에게 가져와 달라는 내용이 담겨 있다. 이황은 책벌레였음을 알 수 있다. 퇴계 이황의 간찰은 다수가 남아있으나, 율곡 이이의 간찰은 몇 장만 남아있다. 그래서 보존 가치와 발신자와 관련된 각종 정보의 차이 또한 크다.

9 졸저, 「사신 내용 분석과 분류 단계」, 『작가 사신 연구 방법론』, 월인, 2023, 93쪽.

10 조연현, 「제4장 근대문학의 전개」, 『한국현대문학사(제1부)』, 현대문학사, 1957, 279~282쪽.

지 못한다는 관점과 이 작품이 성격 창조와 심리 묘사 그리고 일제 강점기의 불안과 속악한 현실을 성격 파산자인 여주인공을 통해 폭로한 점을 문학사에서 평가한 조연현,[11] 백철의 관점[12]과 달리 김병걸(金炳傑, 1924~2000)은 리얼리즘의 본질과는 직결되는 것이 아니라는 주장이다.[13] 문예사조에 있어 리얼리즘 논쟁이 심각할 수 있다는 판단이 들기 때문에 이에 대한 심층적인 연구가 필요해 보인다. 그리고 우리나라에서의 상징주의(象徵主義) 시대는 창간호《창조》가 서막(序幕)이었다는 점을 또한 주목해야 한다.[14] 특히 한국의 상징주의는《창조》로부터 시작해《폐허》(1920.7~1921.1),《장미촌》(1921.5),《백조》(1921~1922.9) 등을 통해 절정에 이르렀으며, 그리고《금성》(1921.11~1924.1)에까지 영향을 끼친다.

셋째,《창조》 동인 김동인은 '비평가는 활동 사진사와 같다.'는 비평무용론을 주장했으나, 이에 대해《폐허》 동인 염상섭은 비평 활동을 활발하게 했다는 점이 대비된다. 조연현이 전영택의「작품 연보」를 요청한 것은 작품 조명이 필요하다는 점을 인식한 것이고, 이는 곧 문학사적 가치를 평가하는 간접적인 자료임을 인정한 것으로 보인다. 여기서 조연현은 작품 평가를 중심으로, 문예사조사를 축으로, 동인지를 중심으로 1920년대의 현대문학사를 기술했다는 점을 알 수 있다.

다만〈작고 문인 사신철〉의 첫 번째는《폐허》 동인「1. 廉想涉」이라는 점에서 다소 궁금증이 남는다. 이는 전영택이 1919년《창조》 동인에 참가한 것보다는 염상섭이 창작 활동을 지속했으며, 소설사적 작품 평가 때문이라는 이유를 찾을 수 있다. 또한 전영택에게「작품 연보」를 요청한 것 역시 문학사 기술에서 작품 평가의 중요성을 보여준 것이라

11 조연현,『한국현대문학사』(전집 4), 281~282쪽.
12 백철,『신문학사조사』, 신구문학사, 1972, 129쪽.
13 김병걸,「1920년대 한국 리얼리즘문학 비판」,『문예사조』, 문학과 지성사, 1977, 403쪽.
14 김은전,「상징주의의 수용과 그 전개」,『문예사조』, 문학과 지성사, 1977, 432쪽.

짐작된다. 「작품 연보」를 요청한 데서, 조연현의 비평가 시각과 문학사가의 관점을 들여다볼 수 있다. 염상섭과 대비되는 전영택은 1920년대 동인지 활동과 근대소설의 창작 활동이다. 이 점을 조연현이 들여다본 것이다.

Ⅱ. 〈전영택의 사신 기록물〉 내용 분석

작가 사신 연구는 발신자와 수신자 관계에 있는 사신 내용이 풍부할수록 연구의 가치가 높다. 그러나 사신은 '딱 1통 1장'만 보관되어 있다.

〈전영택의 사신〉에는 다음과 같은 내용이 있다.

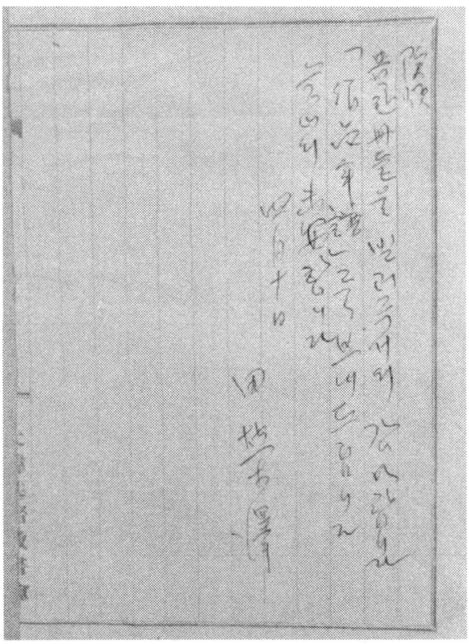

전영택의 사신

除煩

貴한 冊을 빌려주셔서 감사합니다.

「作品 年譜」를 보내드립니다.

늦어서 未安합니다.

四月 十日

田榮澤

—「전문」

제번(除煩: 간단한 편지의 첫머리에 쓰는 말. 번거로운 인사말을 덜어 버리고 바로 할 말을 적는다는 뜻)은 본론부터 말하겠다는 의미인데, 그야말로 작품 활동에 필요한 사무적인 전달 사항뿐이다.

단 6줄의 사신 기록물에는 '귀한 책'과 '「作品 年譜」'에 대한 정보뿐이다. 사신으로만 보면, 전영택은 군더더기보다는 본론에 집중하는 성격이다. 《창조》 동인이었던 주요한과 주변 인물들을 인터뷰한 김용성에 따르면, '사교성이 없고 이야기 주변이 없고 적극성이 없는 그의 성격'이었다고 한다. 그래서 이와 같이 짤막하면서도 사무적인 사신 기록물을 남긴 것으로 보인다. 앞에서 언급한 과작(寡作)의 작가 계용묵과 사무적인 사신 기록물의 전영택을 통해 작가 문체와의 연관성도 검토해 볼 수 있다.

사신 기록물에 대한 궁금증은 두 가지이다. 전영택이 조연현에게 귀한 책을 빌리는 내용인데, 과연 어떤 책을 빌렸을까? 그리고 「작품 연보」는 왜 조연현이 부탁했을까? 이와 관련된 조연현의 사신 기록물을 발굴한다면, 이들의 소통 관계를 쉽게 파악할 수 있다. 사신 기록물 이전에 구두로나 혹은 또 다른 사신을 전영택이 먼저 조연현에게 보낼 때, 빌리고자 한 '귀한 책(冊)'의 구체적인 목록 정도는 알 수 있지만 현재 공개된 사신 기록물은 없어 보인다. 역추적해서 조연현이 어떤 사신을 책과 함께 전영택에게 보냈다는 가정은 가능하지만, 이 역시 정릉에서는 발견되지 않았다.

「작품 연보」에는 작품 목록과 작가 연보에 대한 전영택과 조연현의 관점이 내재해 있다. 즉 발신자인 전영택이 스스로 추천한 작품 목록이라는 점은 자신의 문학 세계를 압축했다는 것에서 그 의미를 읽을 수 있고, 수신자 조연현의 경우는 문학사 기술의 방법과 방향을 엿볼 수 있다.

1. '귀한 책(冊)'과 문학사 기술

발신자 전영택의 사신 기록물에서 언급된 이 두 가지 사실은 수신자인 조연현이 평생 노력하여 연구한 결과물인 『한국현대문학사』(현대문학사, 1957)에서 볼 수 있다. 왜냐하면 『한국현대문학사』를 저술할 때, 작가와 작품 그리고 이와 관련된 자료는 절대적 기준이었다. 그래서 항상 조연현은 '가장 중요한 것은 자료인데, 단순히 지난 것의 형해(形骸)에 대해 생명을 불어넣은 것은 오직 자료에 애정을 가지는 것인데, 일제 강점기와 6.25를 거치면서 소실된 것'에 대해 매우 안타깝게 생각했다. 『한국현대문학사』에서 자료에 대한 가치와 소실된 자료에 대해 직접적

조연현 자택에 보관(2023년) 중인 각종 도서와 '귀한 책'들

으로 표현할 만큼 자료 수집에 열정을 쏟았다.

『한국현대문학사』에는 다른 저술과 달리, 각 장마다 문학사 기술에 필요했던 자료 사진을 실었는데, 이는 곧 문학사 기술에서 귀한 책의 가치를 활용한 것이다. 조연현은 당시 저술에 필요한 귀한 책을 소장하고 있었기 때문에 작가들에게도 빌려주었다. 전영택과 조연현의 교유관계 또한 짐작할 수 있다.

『한국현대문학사』의 〈자서(自序)〉에는 문학사 기술에 필요한 귀한 자료 수집에 도움을 준 문인들에 대한 고마움과 작가 필명을 구체적으로 거명하고 있다. 이로 보아 문학사 기술에 필요한 자료를 방대하게 수집하고 이를 근거로 삼았기 때문에 문학사 기술에 있어, 조연현은 철저한 고증주의(考證主義)라는 것이다.

신석초(申石艸, 1909~1975)와 김관식(金冠植, 1934~1970) 등이 '귀한 책'을 보내달라거나 빌려주어서 감사하다는 답장을 한 사신 기록물만 보아도 추론이 가능하다. 특히 『한국현대문학사』에서 '귀한 책'을 빌려주었다고 신석초에게 고마움을 전하고 있다. '귀한 책'을 자료화해서 문학사를 기술했는데, 1부에서는 각 장의 앞부분에 문학잡지를 실었고, 합본으로 출간한 『한국현대문학사』에는 각 장의 끝에 1부에서 싣지 못한 몇 권의 귀한 책을 구해 실었다.

가령 1부의 「제1장 - 근대 문학의 태동」에서는 이인직(李人稙, 1862~1916)의 『귀의 성』, 이해조(李海朝, 1869~1927)의 『자유종』, 이상협(李相協, 1893~1957)의 『눈물』 그리고 이해조의 『소학령』, 《소년》(창간호), 《독립신문》의 한글판과 영문판 등과 같은 귀한 책이 실려있다. 합본 『한국현대문학사』에는 이인직의 『은세계』가 추가되었다. 「제2장 근대 학의 탄생」에서는 《청춘》(창간호) 표지가 실려있고, 합본에는 이인직의 「혈의 누」가 실린 《만세보》의 표지화, 1906년 《경향신문》에 실린 무서명의 「신소설의 일종」 사진도 넣었다.

조연현 자택에 보관(2023년) 중인 『한국신소설전집』

「제4장 근대문학의 전개」에서는 〈작고 문인 사신철〉에 등장하는 전영택, 염상섭이 관여했던 《창조》, 《폐허》, 《백조》, 《영대》 동인지 표지가 박혀 있다. 물론 이 같은 문예지를 조연현이 구했을 수도 있었을 것이고, 사신을 보내 문인들로부터 빌려 연구에 활용했을 개연성도 있다. 『한국현대문학사』(합본)에도 11권의 다양한 문학잡지가 실려있다. 지금도 정릉 자택에는 귀한 책들이 서가를 가득 채우고 있으며, 귀한 책들 사이에 문학사가, 문학비평가, 교수였던 조연현의 모습을 볼 수 있다.

조연현 자택, '귀한 책'들 사이에서

여기서 합본에 추가된 귀한 책은 적어도 1955~1956년 전후부터 1969년 이전에 구한 책으로 판단된다. 즉《현대문학》연재 시기인 1955년 전후이거나 초판『한국현대문학사』(1956) 혹은 합본(1969)에 수록된 귀한 책이기 때문이다. 1부의『한국현대문학사』에 없었던 귀한 책이 「제3장 최남선과 이광수의 문학」이 끝나는 부분에《청년》, 그리고 1920년대 초기의 각종 종합지(196쪽)와《유심》,《개벽》,《신소년》등 총 11권 정도의 잡지(196쪽)가 실려있다. 「제5장 1920년대의 중요 작가들」끝부분(462쪽)에는《3.4 문학》,《시학》,《조선문단》,《장미촌》,《조선시단》등 대략 20여 권 정도 잡지 표지화가 찍혀 있다. 「제6장 1030년대 개관」에는《문장》,《인문평론》잡지 표지화와 함께 '일제 말기 우리 문단의 두 등대'라고 할 만큼 극찬하는 감회를 기술했다. 이후 「부록 1. 개화기 문학 형성 과정고」부터 「부록 5. 해방 문단 20년 개관」까지는 문학 관련 잡지 사진을 싣지 않았다.

이러한 노력과 연구로 저술한『한국현대문학사』를 백철(白鐵)의『한국신문학사조사』와 함께 김윤식(金允植, 1936~2018),[15] 박시철 등이 문학사적 업적이라는 평가를 제시했다.[16]

2. 「작품 연보」와 문학사 기술

《현대문학》창간호는 1955년 1월호(통권 1호)이다. 전영택은 1955년 4월호《현대문학》에 「김탄실과 그 아들」을, 1956년 10월호에 「쥐 이야

15 김현, 백낙청과 더불어 한국 평론계 최종 보스 3인방 중 한 명이었지만, 그에게도 오점은 있었다. 2000년, 김윤식의 가라타니 고진의 원고 표절을 밝혀낸 이명원 평론가가 김윤식의 제자 교수들에 의해 비난을 받은 적이 있다. 식민사관 극복의 관점에서 김현과 함께『한국문학사』를 펴냈다. 이 책은 한국문학에서의 근대를 영조와 정조의 재위 기간으로 잡고 쓴 최초의 서적으로 평가받는다.

16 박시철, 「질서와 대의명분을 존중하였다」,《현대문학》, 1982년 1월호, 50쪽.

기」를 발표한다. 작품 발표 전후로 계산하면 전영택의 사신 기록물은 대략 1955년 혹은 1956년을 발신 연도로 추정할 수 있다. 그런데 1956년 11월 1일에 발행된 『한국현대문학사』에는 전영택 관련 평문이 수록되지 않았다. 그리고 1969년 10월 10일에 발행된 『한국현대문학사』의 「제5장 1920년대의 중요 작가들」에 「육(六), 전영택, 나도향」 항목에 '약전-작품 연보-경향' 순으로 작가를 정리하고 있다. 부록 5의 첫 번째 작가는 김동인, 염상섭, 박종화, 현진건(玄鎭健, 1900~1943), 이기영(李箕永, 1895~1984) 등이고, 여섯 번째가 전영택이다.

「제5장 1920년대 중요 작가들」에서 중요 작품만 정리하면 작가의 입체적인 모습을 보여주지 못하기 때문에 조연현은 개별 작가에 대한 작가 약전과 주요 작품을 정리했던 것으로 판단된다. 〈작품 연보〉에는 전영택의 주요 단편만을 정리했고, 이를 《현대문학》에 수록했으며, 조연현은 이를 근거로 다시 『한국현대문학사』(1969, 418~420쪽)에 정리해 재수록했다.[17]

여기서 조연현의 문학사 기술 방법론을 읽을 수 있다. 다만 문학사 기술이 일정한 체계와 분류 방식이 필요하다고 할 때, 『한국현대문학사』는 시대별 문학 개관 혹은 구체적인 작품 분석과 같은 다양성을 보인다는 점이 특징이다.

전영택의 〈작품 연보〉를 옮기면 다음과 같다.

육(六), 전영택, 나도향

가. 전영택

[1] 약전(略傳)

17 전영택으로부터 받은 〈작품 연보〉와 사신을 받기 전에 조연현이 사신을 먼저 보냈다면, 이를 찾으면 전후 사정을 명확하게 정리할 수 있다.

아호(雅號)[18]는 늘봄. 1894년 진남포(鎭南浦) 출생.

평양대성학교, 동경 청산학원신학부를 거쳐 미국 버어클리의 패시픽 신학교를 졸업. 목사.

1919년《창조》동인에 참가한 것이 문단적인 출발점이 되었다. 중도에 휴식이 많았으나 틈틈이 창조 활동은 지속되었다. 일제 암흑기에는 협성여자신학교 교원, 신생명사. 기독교사 주필 등을 역임한 일이 있었다.

8.15 해방 후 일시 맹아학교장으로 있는 일이 있고, 잠시는 도일하여 재일한국인 관계의 신문에 관한 일도 있었다.

1955년에는 기독교 문학인 클럽의 회장이 되었다.

② 작품 연보(作品年譜)

1919년「혜선의 사」,「천치냐 천재냐」

…중략…

1925년「화수분」「흰닭」「바람부는 저녁」「홍련(紅蓮)과 백련(白蓮)」

...중략...

1955년「김탄실과 그 아들」「외로움」

1956년「집」「아버지와 아들」「쥐」

이상 그의 〈작품 연보〉를 동시대 작가인 김동인, 염상섭, 박종화 등의 그것과 비교해 보면, 전영택의 창작 활동은 첫째로 그 양적인 면에서 빈약하다는 것을 알 수 있다. 단편 24, 5편이 그의 문학적인 총재산이다.

③ 경향(傾向)

초기의 그의 작품은 이상주의적 인도주의 요소가 없는 것은 아니지만 자연

---

18 문인·학자·화가 등이 본명 외에 갖는 호나 별호를 높여 이르는 말.

주의적 사실주의적인 요소도 상당히 강했다. 이것은《창조》의 문학적인 방향이었던 반계몽주의와 사실주의에 영향된 것으로서는 「천치냐 천재냐」 「운명」·「흰닭」·「사진」 등은 그러한 그의 문학적 경향을 반영한 것이다. 그러나 그 후 점차로 그의 작품에는 인도주의적인 경향이 중후하게 나타나게 되었다. 이것은 그의 종교적인 신앙과 목사라는 직업적인 직능(職能)에서 유래된 그의 필연적인 사상적 반영으로 볼 수 있는 것이었다. 그의 대표작으로서는 일반적으로는 「화수분」이 지적되고 있다.

같은 항목에 묶은 「나. 나도향」에는 전영택 항목에는 없는 '(4) 평가'를 기술하고 있다. 나도향을 '천재적인 작가'라고는 하나, 작품성은 미성숙하다고 평가한다. 천재적인 작가라는 평가에는 그의 요절(夭折)에 기인한 것이라는 입장이다.[19] 나도향과 친분이 두터웠던 박종화도 '(나도향이) 요절했기 때문에 소설 문학에 끼친 영향이 적었다고 하더라도 그는 소설의 천재'였다고 평가했다. 여기에 김동인의 평가를 인용해 다시 한번 강조하고 있다.[20] 이에 비해 작가 수명뿐만 아니라 작품 활동 면에서도 나도향에 비해 매우 부족한 것으로 냉혹하게 평가했다. 나도향이 24세로 최연소이지만, 이상과 남궁벽(南宮璧, 1894~1921)은 27세, 윤동주(尹東柱, 1917~1945) 28세 그리고 이장희(李章熙, 1900~1929)와 김유정(金裕貞, 1908~1937)은 29세로 요절한 작가다. 나도향을 제외한 작가들이 끼친 문학사적 영향을 과소평가할 수는 없다.

〈작고 문인 사신철〉의 「43. 조윤제(趙潤濟, 1904~1976)」는 『한국문학사』에서 전영택의 소설이 계몽기를 벗어났다고 평가했다. 그리고 「화

19 한국문인협회에서 발간한 『해방 문학 20년』의 「제2부 – 작고 문인」에는 강소천, 계용묵, 김영랑, 김종후, 최인희, 염상섭 등 27명이 소개되어 있으나, 나도향은 명단에 없다. 김종후나 최인희보다는 나도향의 소설이 알려져 있으며, 또한 연구 논문이 많다.

20 김동인, 「문단 30년사」, 『동인전집』, 정양사. 1958. 참고.

수분」은 인도주의적 종교관을 바탕에 둔 그의 대표작으로 꼽았다. 백만장자로 살라고 지어 준 이름 '화수분'은 남의 행랑살이를 면치 못한다. 가난한 현실이 빚어낸 비극적 상황을 묘사하고 있어, 1920년대의 시대 상황과 그 당시의 비극적 삶의 모습을 단적으로 그리고 있다. 여기에는 그의 기독교적인 인도주의를 지향하는 '나'의 시선이 담겨 있다고 평가한다. 나도향은 1922년 박종화, 이상화(李相和, 1901~1943), 현진건과 함께 《백조》 동인으로 참가했다.

전영택에 대한 조연현의 비평적 시각을 항목별로 검토하면 다음과 같다.

[1] 약전(略傳)은 작가 연구의 기본적인 사항을 간략히 정리한 것이다. 아호는 작가와 관련된 각종 사료가 발견될 경우, 특정 시기와 원본 여부를 확인할 수 있는 단서가 된다. 『한국작가전기연구』(이어령 외)의 「전영택」에는 '장춘(長春)'을 단편 「혜선의 사」(《창조》 1919년 1호, 2호)와 「천치? 천재?」(《창조》 1919, 2호, 3호), 「운명」(《창조》, 1919, 3호) 등을 발표할 때 사용했으며, '늘봄'은 전영택이 「생명의 봄」(《창조》 5, 6, 7호), 「K과 그 어머니의 죽음」(《창조》 9호)과 시 번역(《창조》 5호)에 사용했다. 그리고 '추호(秋湖)'는 「독약을 마시는 여인」(《창조》 8호)을 발표할 때 사용했고, 창씨개명은 '다자까 가까네'였다. 1인 다역 작가의 필요성 때문에 필명을 쓰는 이유에 대해서는 당시 필자 부족 때문이라는 지적도 있다. 《창조》 창간호에는 필명인 '요한'(주요한), '동인'(김동인)도 있지만 '白岳'과 같은 필명을 쓴 작가들이 있다. 그리고 일제 강점기 시대에는 본명보다는 필명이 오히려 일제 압박에 대한 심리적인 방어기제 역할로 인식한 작가들도 있을 수 있다. 그래서 일제 강점기 시대의 작가 필명은 작가 의식 그리고 작품 분석과도 관련성을 검토해 볼 수 있다.

특히 문단 출발점이라는 1919년 《창조》 동인에 참가한 것과 창작 활동의 휴식이 많았으나 틈틈이 창작 활동했다는 사실은 알려져 있다. 그리고 일제 암흑기에는 협성 여자신학교 교원,[21] 신생명사, 기독교사 주필 등 다양한 활동을 역임했다. 다만 작가와 관련된 사항 중 하나는 출생지에 대한 논란이다. 김용성에 따르면, 1894년 1월 18일 평양성의 사창골에서 태어났다고 밝히고 있다. 이러한 조사에는 전영택의 부인 그리고 주요한과 평안남도 대동군 출신인 극작가 주태익(朱泰益, 1918~1976)의 증언에 따르고 있다.

2 작품 연보(作品年譜)에 따르면, 1919년「혜선의 사」,「천치? 천재?」 2편과 1925년「화수분」외 3편, 그리고 1956년「쥐」외 2편으로 정리되어 있다. 〈작품 연보〉가 1956년까지 정리된 것으로 보면 이 사신 기록물은 1956년 정도로 추정할 수 있다. 현재 조사된 바에 따르면, 정리된 장·단편은 총 32편(유고작 두 편 포함)이다.[22] 조연현은 '동시대의 작가인 김동인, 염상섭, 박종화 등의 그것과 비교해 보면 전영택의 창작 활동은 그 양적인 면에서 퍽 빈약하다'는 점을 지적하면서 그 구체적인 증거를 '단편 24, 5편이 그의 문학적 총재산'임을 들었다.

다만 〈작품 연보〉의 고증이라는 측면에서 검토할 내용 중 조연현이 편저한『한국현대소설의 이해』(1966, 일지사, 157쪽)에는「쥐」(1955: 현대문학)로 되어 있으나, 김용성의『한국현대문학사 탐방』에는 1955년(61세)에「쥐 이야기」를 발표했다고 기록되어 있다. 그리고 이어령 외『한국작가전기연구』(동화출판공사. 1975)에는 1956년 10월호《현대문학》에「쥐 이야기」를 발표했다고 밝혔다. 전영택은《현대문학》에「김탄실과 그 아들」(1955년 4월호)과「쥐 이야기」(1956년 10월호) 두 작품을 발표했다. 결국 작가 연구의 기초가 되는 〈작품 연보〉에 오류가 있다는

21 제자인 극작가 주태익은「쫓기는 사람들①」(『늘봄 선생과 함께』, 종로서적, 1978, 45~46쪽.)에서는 일인 교장과 함께 근무했던 '여자 고등 성경학교'에서 사표를 쓴 이야기가 언급되어 있다.

22 『화수분』의「작품 연보」, 문학과 지성사, 2008, 343~344쪽 참고.

점을 문학사가 조연현은 찾지 못했던 것으로 보인다.[23]

그리고 ③ 경향(傾向)에서 밝힌 것처럼, 조연현의 시각은 작가 전기가 작품 창작에 영향을 미친다고 판단하고 있음이 드러난다. 작품의 양적인 면을 평가하고 있다는 점에서는 문학의 외연적 접근 방법을 취한다고 할 수 있다. 국내 비평계에 도입되었던 1930년대 시각적 이미지즘 관점이나 형식주의, 구조주의, 포스트모더니즘 등과 같은 다양한 비평적 관점보다는 작품과 작가 전기 중심의 역사주의 관점에만 치중되었다. 반면에 『한국현대작가론』(1964)에서는 작품 분석을 통해 작가의 문학사적 의미를 파악하고, 이를 문학사 기술의 근거로 삼았다. 이러한 실제 비평 작업 때문에 '면도칼'이란 그의 별명이 아호 석재(石齋)만큼이나 평가받는 것이다.

〈전영택의 사신〉에서는 몇 가지 사실이 파악된다.

첫째, 우리나라 최초의 동인지인 《창조》 창간 일원이었던 전영택의 사신은 그 자체로서 가치가 있음은 자명하다. 전영택의 《창조》, 염상섭의 《폐허》 그리고 박종화(朴種和, 1901~1981)의 《백조》로 이어지는 1920년대 한국문학사에서 전영택의 육필 사신은 그 자체가 빛난다고 할 수 있다.

둘째, 연구에 필요한 '귀한 책'을 빌려주셔서 감사하다는 인사말에는 문학 관련 서적의 가치를 인식하고 있음을 알 수 있다. 이는 조연현이 문학사가로서, 비평가로서 텍스트의 소중함을 알고 있다는 의미이다. 그리고 '귀한 책'을 빌려준다는 의미는 작가들과 깊은 교유 관계가 아니면, 서적이 귀한 시대에는 더더욱 어렵다고 보아야 한다. 그래서 두 문인 간의 깊은 교유 관계를 유지했다는 점이다.

---

23 작품 원전 연구와 함께 작품 연보도 정리되어야 한다. 작가 전집과 작가 연구의 바탕이기 때문이다.

셋째, 〈작품 연보〉는 전영택 작품을 정리한 것이다. 당연히 『한국현대문학사』의 「전영택론 – 작가 연보」와 관련성이 깊다. 이는 문학비평가의 시각과 문학사가로서 안목을 볼 수 있다. 즉 문학사 기술에서 〈작품 연보〉의 필요성을 보여준 것이다. 이는 여타의 문학사와는 다른 점이다.

Ⅲ. 전영택의 주변과 위치

우선 전영택에 대한 평가를 재론할 부분은 5.16 군사 정권과 한국 문단 상황에 대한 그의 공과(功過)이다. 5.16 군사 정권의 문단 통합화 정책에 따라 〈한국자유문학자협회〉와 〈한국문학가협회〉가 해체되면서 대안으로 〈한국문인협회〉가 결성된다. 이때 1961년 초대 이사장을 지냈으며, 1968년 〈문협〉 파동 이전까지 무난하게 이끌었다는 평가를 받았다.

그리고 그의 누이와 결혼한 춘해(春海) 방인근(方仁根, 1899~1975)[24]이 발행한 《조선문단》에서 활동한 이력이 있다.[25] 1924~ 5년 참여하는 동안,[26] 먼저 1928년부터 1938년까지, 그리고 1942년부터 1946년까지 창작 활동을 멈추었다는 점에서 그의 문학적 행적을 찾을 필요가 있다.[27] 여기에 조연현이 지적한 것처럼 문학에 대한 '총재산'이 적은 이유를 설명할 수 있기 때문이다.

일본 천황 불경죄로 투옥되었던 전영택이 친일 문학 활동의 전력이

---

24 종합 월간 문예지 《조선문단》을 창간하여 민족주의 문학을 육성하면서, 최서해(崔曙海)·채만식(蔡萬植) 등의 문인을 배출시켰다. 작품으로는 「하늘과 바다」·「화심」·「마도의 향불」·「쌍홍무」·「동방춘」 등이 있으며, 낭만주의적 대중소설을 주로 발표했다.

25 조용만, 「방인근과 《조선문단》」, 『30년대 문화예술인들』, 범양사, 1978, 181~185쪽.

26 조용만에 따르면, 단편 「사진」(1924), 「화수분」, 「흰닭」, 「바람부는 저녁」 등을 발표했다. 이 당시에도 기독교 활동에 깊이 관여했다는 점도 눈여겨보아야 한다.

27 김용성, 앞의 책, 59쪽.

있는 방인근과 누이동생 전유덕의 혼인 사실에 대한 전말이 궁금하다. 물론 한국문학사에서 방인근이 이광수의 도움을 받아 간행한 《조선문단》에 참여해 활동한 역할과 관련성을 짚을 수 있다. 여기서 이 잡지를 통해 등단한 작가들의 집중적인 연구 또한 필요하다.

1944년, 항일 설교로 평양 감옥의 수감은 그의 문학 정신과 관련하여 고찰할 필요성이 있다. 전영택은 일본 위협에 붓으로 화답한 「시골 노래」, 「불로초」, 「묘예(苗裔)」 등의 작품 때문에 겪은 괴로움으로 붓을 놓고 시골로 줄행랑했던 일(《신문예》(2호)), 1958년 8월호 / 전집(2), 320쪽.)도 관심 있게 들여다볼 필요가 있다. 그리고 그의 유일한 장편소설 「지새는 달 그림자」가 출판사에서 사라졌기 때문에 이의 발굴 노력이 또한 절실하다. 물론 조연현의 비평적 안목이 여기까지 도달했는지는 불분명하나 사신 기록물로서 전영택의 가치를 검토할 기회를 제공했다는 점에서 의미를 둘 수 있다. 수신자 조연현이 발신자 전영택에게 사신을 먼저 보낸 것으로 추정한다면, 전영택 유족 혹은 관련자들의 도움이 필요하다. 전영택 사신 연구에서 발신자-수신자의 상호 작용에서 그 의미가 구체적으로 밝혀진다. 그런데 아쉽게도 〈작품 연보〉만 남아 있다.

황금찬(黃錦燦, 1918~2017) 시인이 강원도 강릉에서 교사로 근무할 때, 전영택이 1947년에 발간한 기독교 잡지 《새사랑》에 「호수」를 발표했었다. 이때 잡지와 편지를 직접 받았다고 했다. 그 후 전영택을 만났던 인상은 '조용한 선비'였다고 하면서, 항상 문학 이야기만 했다고 전한다.[28]

---

28 황금찬, 「소설가 전영택」, 『돌아오지 않는 시간의 저편』, 신지지성사, 2000, 257쪽.

*** 참고문헌**

강진호, 『한국문단이면사』, 깊은샘, 1999.

신옥주 엮음, 『요절한 문학의 천재들』, 정음문화사. 1991.

이기철, 『쓸쓸한 곳에는 시인이 있다』, 문학동네, 2005.

이병기, 「가람의 출전과 유래」(《동아일보》, 1934년 3월), 『가람문선』, 신구문화사. 1966.

이어령, 『문학논쟁집』, 기린원, 1986.

이호철, 『문단골 사람들』, 프리미엄북스, 1997.

정규웅, 『글동네에서 생긴 일』, 문학세계사, 1999.

조연현, 「제4장 근대문학의 전개」, 『한국현대문학사(제1부)』, 현대문학사, 1957,

조연현 편저, 「계용묵 편」, 『한국현대소설의 이해』, 일지사, 1966.

전영택, 「나의 문단 자서전」, 《자유문학》. 1956년 5월호.

______, 「나의 문학 수업」, 《문학예술》. 1956년 5월호.

______, 「김탄실과 그 아들」, 《현대문학》, 1955년 4월호.

조용만, 「방인근과 《조선문단》」, 『30년대 문화예술인들』, 범양사, 1978.

조윤제, 『한국문학사』, 탐구당, 1987.

주태익, 『늘봄과 함께』, 종로서적. 1978.

황금찬, 「소설가 전영택」, 『돌아오지 않는 시간의 저편』, 신지성사. 2000.

한국문인협회, 『해방 문학 20년』, 정음사. 1966.

2. 해방 전후 개성파 시인

춘원과 육당을 거쳐 《창조》(1019)의 전영택, 주요한의 주도적인 활동, 《폐허》(1920)의 염상섭과 오상순, 김일엽 그리고 《백조》(1922)의 이상화, 박종화 등이 활동했던 1920년대의 문예지 동인 시대를 거쳐, 1930년대 모더니즘의 시대 그리고 해방과 더불어 좌우익의 혼란한 한국 문단 상황 속에서 자유와 개성을 추구하는 시인들이 등장하여 다양한 시 세계를 보여준다.

자유와 개성을 추구했던 해방 전후 시대의 시인들 가운데 허무 혼과 기행(奇行)의 오상순이 민족지도자 해공 신익희(申翼熙, 1894~1956) 추도시를, 문단 욕쟁이로 명성이 자자(藉藉)한 김관식이 문단 원로들에게 예를 다하는 겸손한 모습을, 그리고 선비의 면모를 지닌 신석초, 친일 문학론의 압박 속에서도 순수시를 창작했던 박목월, 삶의 비애를 다룬 장만영 등을 묶어, 이들의 사신 기록물을 이 장에 논의했다.

그래서 다음과 같은 기대를 할 수 있다. 이들 사신 기록물은 작가의 이면을 볼 수 있고, 시문학사 정립을 위한 자료가 될 것이며, 또한 〈작가문학관〉의 가치를 입체화할 것이다. 여기에 더해 상호 교신한 사신 발굴과 연구도 중요하다.[11] 그리고 작가론을 넘어서 한국문단사와 문학사의 길을 볼 수 있는 기회가 될 것이다.

---

11 수신자의 관점에 대한 구체적인 논의는 『작가 사신 연구 방법론』을 참고

❶「8. 오상순(吳相淳, 1894~1963)」

《폐허》 동인, 민족 지도자 해공(海公) 선생을 애도한 공(空)과 초(超) 선생

Ⅰ. 오상순 문학의 접근 방향

일제 강점기 시대에 한국 근대문학사의 한 거점이었던《폐허》(1920)의 동인 오상순(吳相淳, 1894~1963). 그는 허무 혼의 시인, 꽁초 시인, 꽁초가 아닌 공초 시인, 그리고 공과 초의 시인 오상순이다.

근대문학의 기수(旗手) 그리고《폐허》동인 활동을 함께했던 염상섭(廉想涉, 1897~1963)은 오상순을 '기이(奇異)한 향락자(享樂者)'(《폐허》, 1921년 1월호)라는 말을 인용해 인상기를 적었고, 이 말에다 '정(情)의 오군(吳君)'으로 명명해 그를 평가했다. 그의 일상이나 시작(詩作), 문단 활동에 연유한 평가였다. 작가 인상기가 작가의 창작 태도와 작품 연구에 근거가 될 수 있다.[1]

1920년대 봉두난발(蓬頭亂髮)하면 공초 오상순을 빼놓을 수 없다. 사실 그의 말년은 민머리 상태로 지낸 모습이 사진으로 남아 있다. 물론 1930년대 봉두난발은 천재 작가 이상(李箱, 1910~1937)[2]이다. 김용성은 공초를 이렇게 이야기하고 있다. 1921년 YMCA에서《장미촌》창간(1921) 기념회에서 공초는「아시아의 마지막 밤 풍경」을 낭송했다. '밤에 취하고… 아시아의 운명인가'로 일제 강점기 시대의 울분을 토했다. 그는 1919년 독립선언서를 영역하여 해외에 알렸을 만큼 민족주의자이며, 또한 민족의 운명과 시대에 대한 고민이 많았던 시인이다. 이와 같이 민족의 운명, 시대의 운명을 고뇌했던 시인이었기에 민족 해방의 길을 모색했던 해공 선생의 죽음을 애도할 수 있었다.

---

1 졸저,『작가 연구 방법론』참고.
근대문학 형성기의 작가 인상기를 중심으로 한 작가 연구 방법론에 대한 논의를 확장할 필요성이 있다. 여기에 작가의 애도문(석형락,「근대문학 형성기 작고 작가 애도문(哀悼文) 연구」,《현대소설연구》(제164호), 2016.) 또한 작가 연구 방법으로 논의할 필요가 있다.

2 권영민,「새 자료로 보는 이상의 출생과 성장 과정」,《문학사상》, 2010(4월호).

작가의 일상적 삶과 특정 공간의 경험은 작가의 사상과 작품에 영향을 끼친다는 관점에서 보면, 특히 오상순은 들여다 볼 필요가 있다. 그는 죽을 때까지 골초였다. 물론 공초는 변영로(卞榮魯, 1898~1961)[3]와 염상섭 못지않은 주당이다. 술은 수주 변영로, 담배는 공초 오상순으로 문단에서 소문이 나 있다. 한강 뱃놀이 사건은 유명하다. 공초와 수주가 한강에서 마신 술이 한 말이었고, 피운 담배꽁초가 90개비에 달할 정도였다. 소위 주신(酒神)과 초선(草仙)이 남긴 일화이다.[4] 사실 애주가로 치면 횡보 염상섭(廉想涉, 1897~1963)과 무애 양주동(梁柱東, 1903~1977)도 여기에 빠지지 않는다. 오상순은 양주동과 동경에서 요절한 나도향(羅稻香, 1902~1927)과 함께 《폐허》 동인 활동을 했었다.

대구 향촌동 시절, 오상순은 그야말로 골초였다. 대구 피난 시절 남산동 부근 셋방살이를 하던 그는 놋대야에 물을 받아 얼굴 한 번, 담배 한 모금을 들이키는 애연 행각은 일상이었다.[5] 심지어는 주례사 한 마디에 담배 한 모금 정도라고 하니……

변영로는 공초를 '챙 넓은 모자를 쓰고 성경이나 철학서를 옆에 끼고 다녔다.'고 묘사했다.[6] 중학교 시절 어머니를 여의고, 학교 외엔 예배당이나 기독교 청년회관에 가거나 집에서는 밤낮으로 책만 읽었다.[7] 이러한 생활과 독서는 작가들의 작품에 영향을 끼친다.[8] 그의 허무주의

---

3 《청춘》에 영시 「코스모스」를 발표하면서 시작 활동을 하였고,, 1920년대 《폐허》·《장미촌》 등의 동인으로 활동. 수필집 『명정사십년』·『수주 시문선』, 영문 시집 『진달래 동산』 등이 있음.

4 윤범모, 「허무와 만다라의 세계」, 다홀 미디어, 2021, 206쪽.

5 조향래, 「기인과 기행 – 오상순, 이중섭 등」, 『향촌동 소야곡』, 시와 반시, 2007, 45쪽.

6 김용성, 「'아시아의 밤'을 노래한 선객」, 『한국의 괴짜』, 사회발전연구소, 1983, 209쪽.

7 박윤희, 「오상순의 문학과 사상」 참고, 이승하, 「제2장 소학교와 중학교 시절」, 『진정한 자유인 공초 오상순』, 나남, 2020, 33쪽.

8 김동인의 「마음이 옅은 자여」에는 명작이 영향을 주었다. 김동인은 『프란체스카』, 『전쟁과 평화』와 『양산백전』, 『춘향전』 등 동서양의 방대한 도서를 읽었다(곽근, 「〈창조〉파의 실험 정신」, 『일제 하의 한국 문학 연구』, 집문당. 1986, 178~179쪽).

시 세계와 방랑의 삶이 이를 잘 보여준다.

1919년에는 정동 교회 전도사를 거쳐, 1921년 조선 중앙 불교 학교 교사가 되기도 했던 그는 한국 최초의 시 전문 동인지《장미촌》에 참가했다. 1926년(32세)에 2년 동안 선운 스님으로 부산 범어사에서 선방 생활로 참선의 도를 구했으며, 1946년 서울 안국동 선학원과 조계사에 거주하기도 했다. 그러나 기독교와 불교를 넘나들었던 오상순은 이후 파계해 영원한 자유인으로 살았다. 이장희(李章熙, 1900~1929),[9] 독립운동가인 이상화(李相和, 1901~1943) 시인과 어울렸으며, 1940년(46세) 대구에서 이상화가 소개한 과부와 동거하면서 소위 '오뎅집'을 호구지책(糊口之策)으로 살았으나 늘 대취해 있었다.[10]

6.25 전란 때 대구로, 부산으로 피난 시절을 주로 다방에서 보냈으며, 1953년(59세) 환도 후 주로 조계사에 거주하면서 청동 다방에서 〈청동 문학〉을 만들기 시작했었다. 그는 결국 담배로 인한 건강 악화로 72세에 방랑 시인으로 생을 마감했다. 그리고 〈청동 문학〉과 해공 선생의 「조시」를 남겼다. 그 「조시」 원본은 조연현의 〈작고 문인 사신첩〉의 「8. 오상순」으로 남아 있다.

Ⅱ. 〈오상순의 사신 기록물〉 내용 분석

1. 해공 정신을 노래하다

근·현대 작가들의 삶과 문학을 다룬 이동주(李東柱, 1920~1979)[11]의

---

9 항일기의 시인(1900~1929). 호는 고월(古月). 세속적인 것을 싫어해 고독하게 살다가 1929년 11월 대구 자택에서 음독, 자살했다. 작품 활동은 1924년《금성》5월호에 「봄은 고양이로다」 등 5편의 시작품이 실리면서 문단 활동을 시작했다. 섬세한 감각과 시각적 이미지를 사용한다고 평가받았다. 『봄과 고양이』와 『봄은 고양이로다』 등의 전집이 있다.

10 김용성, 「'아시아의 밤'을 노래한 선객, 공초 오상순」, 『한국의 괴짜』, 사회발전연구소, 1983, 208~221쪽.

『실명소설로 읽는 현대문학사』에도 오상순의 기이한 일화를 기록으로 남겼다. 오상순의 삶과 문학에 대해 여러 경로로 전해 오는 일화는 앞에서 언급한 것처럼 대동소이하다. 1920년대 경성 거리를 장발로 누비는 작가는 남궁벽(南宮璧, 1894～1921), 황석우(黃錫禹, 1895～1960), 김억(金億) 1896～?) 그리고 공초이다.

이들은 모두 《폐허》 동인들이다. 이 중 남궁벽은 머리카락이 등까지 내려오는 장발이었고, 오상순은 10분마다 빗질을 할 만큼 머리카락이 길었다. 사실 이들이 장발인 이유까지 시대적인 아픔으로 연결하는 것은 호사가(好事家)의 이야기이기는 하나 결코 무시할 수 없는 일화이기도 하다. 알다시피 한국시문학사에서는 일화보다도 동인지 《폐허》가 지니는 문학사적 가치 때문에 이들을 주목하고 있다. 염상섭 스스로도 '그래도 몇 안 되던 그 동인의 그룹이 후일 신문학을 수립하고 문단을 세우는 데에 한 줌의 배토(培土)나마 뿌렸더니라'(《사상계》, 1962년 11～12월)고 높이 평가했다.[12]

오상순은 일본 유학 생활에서 일본 동지사 대학의 상과나 법과가 아닌 종교철학과를 7년간 다니면서 일본 지성사에 큰 영향을 끼쳤던 니체(Friedrich Wilhelm Nietzsche, 1844～1900)의 물결에 일정 부분 영향을 받았으며, 귀국해 부모와 생이별하며 평생 독신주의로 살았다. 이러한 삶의 근저에는 시대 상황과 개인적 환경의 영향이 나타난 것으로 보인다. 즉 일제 강점기 시대의 민족적 절망감과 이에 따라 개인적인 울분의 허무감이 혼재되어 사회적 행동으로 이어졌다고 볼 수 있다. 정지용(鄭芝溶, 1903～1950)은 1920년 휘문고보에서 반체제 학생으로 낙인찍히면서, 고향 충북 옥천으로 내려와 산과 들을 노래한 시인이 되었다. 이처럼

---

11 전남 해남 출생. 1940년 《조광》에 「귀농」을, 《문예》에 「황혼」, 「새댁」, 「혼야(婚夜)」를 발표하면서 본격적인 창작 활동을 시작함.

12 염상섭, 「횡보 문단회상기」, 『염상섭 전집』(12), 민음사, 1987, 229쪽.

시대 상황과 개인의 환경이 시인에게는 시 창작을 촉발하는 계기가 되기도 한다. 오상순의 이와 같은 삶에서 독립운동가인 해공 신익희 선생의 「조시」를 지었다는 사실에 주목할 수밖에 없다. 그래서 「조시」의 창작은 오상순의 삶과 문학 세계를 새롭게 조망할 과제임은 분명하다.

2. 한국 '조사시(弔詞詩)' 연구의 방향

작가들이 작고 문인의 추도문이나 추도시를 세상에 알리는 경우는 허다하다. 가령 서정주(徐廷柱, 1915~2000)와 박종화(朴鍾和, 1901~1981)의 청마 유치환(柳致環, 1908~1967) 추도문, 이봉구(李鳳九, 1916~1983)가 박인환(朴寅煥, 1926~1956)[13]의 추도문을, 조니 워커를 마시면서 시대를 읊조리며 떠났던 박인환을 위해 조병화(趙炳華, 1921~2003)는 조시(弔詩)를 썼다.[14] 박인환은 이상 추모시를 썼다. 28살 나이로 동경 한 병원에서 시대의 고통을 누구보다도 앞장선 문학 세계로 승화시키면서 생을 마감했던 이상을 박인환이 그린 것이다. 김관식(金冠植, 1934~1970)의 추도시를 썼던 천상병(千祥炳, 1930~1993)도 있지만, 오상순의 경우는 민족 독립 지도자 신익희의 추도시를 발표했다는 점에서 주목하는 것이다.[15] 이은상(李殷相, 1903~1982)은 「공초 먼 길을 가다」라는 조사를 남겼다.

---

13 1944년 황해도 재령의 명신중학교를 졸업했다. 같은 해 평양 의학전문학교에 입학했으나 해방이 되자 학업을 중단했다. 서울로 와서 '마리서사'라는 서점을 경영하면서 여러 시인들과 사귀었고, 서점을 그만두고는 《자유신문》·《경향신문》기자로 근무했다. 부산에서 김규동·이봉래 등과 《후반기》 동인으로 활동했다. 1956년 심장마비로 30세의 젊은 나이에 죽었다.

14 이봉구 지음 / 강정구 옮김, 「세월이 가면 - 박인환」, 『그리운 이름 따라 - 명동 20년』, 지식을 만드는 지식, 2010, 158~164쪽.

15 이승만 제2대 대통령 임기였던 1951. 8. 15~1956. 8. 14 사이에 사망했음. 제1대는 1948. 7. 24~1952. 8. 14, 제3대는 1956. 8. 14.~1960. 4. 27.

이제 오상순의 사신 기록물을 볼 차례이다.

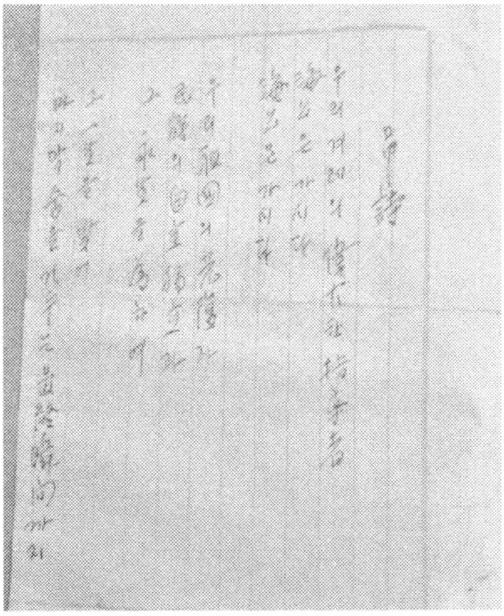

해공 선생 추도시 1

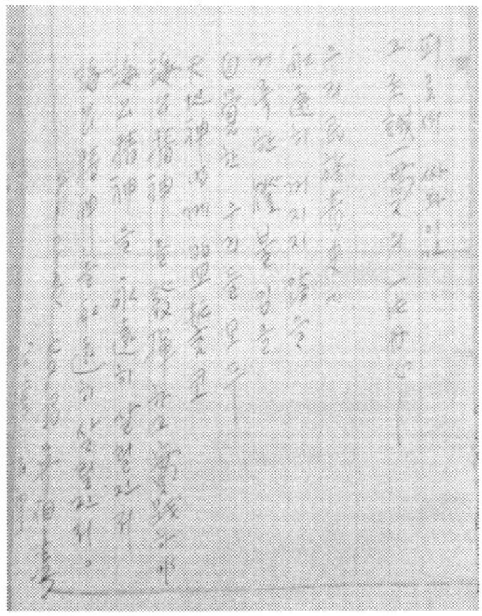

해공 선생 추도시 2

〈해공 선생 추도시 1, 2〉는 발신자-수신자의 관계가 명확하고 발신 연도 또한 정확하다. 즉 추도시는 해공 선생의 죽음(1956년 5월 5일)과 관련이 있어 발신 연도를 1956년도로 확정할 수 있다. 허무 혼의 세계와 자유의 멋을 누린 방랑자 오상순 시인이 보여준 해공의 조시는 그의 시적 변화에 어떤 영향을 준 것인지 검토해 볼 필요가 있다. 그의 시 세계의 변화와 맞물리기 때문에 연구 가치가 있다.

해공의 영정과 유해를 앞세우고 서울 시가지를 가로지르는 군중들[16]

오상순이 조연현에게 보낸 추도시 전문은 다음과 같다.

「弔詩」

海公은 가시다
海公은 가시다

우리 祖國의 光復과
民族의 自主獨立과
그 永生을 爲하여

그 一生을 빚어
마지막 숨을 거두는 臨終 瞬間까지 —〈사진 1〉

피로써 싸워 이긴
그 至誠 一貫의 一片丹心

우리 民族 靑史에
영원히 꺼지지 않을
거룩한 燈불임을
자각한 우리들 모두
天地神明께 盟誓코
해공 情神을 발휘하고 실천하야
해공 情神을 영원히 살릴진저

16 월간조선 엮음, 「신익희 사망」, 『한국현대사 119대사건』, 조선일보사, 1993, 132~133쪽.

해공 情神을 영원히 살릴진저 —〈사신 2〉

〈해공 선생 추도시 1, 2〉는 전 4연으로, 독립투사의 죽음을 애도하면서 민족 청사에 남을 '해공 정신'은 영원히 살아 있다는 주제를 담았다. 해공 정신은 '조국 광복'이며, 민족의 '자주독립'이다. 내용상으로 보면, 이승만 정권보다는 일제 강점기 시대에 혹독했던 민족의 아픔을 극복하려는 해공 정신을 그리고 있다. 이는 일제 강점기를 벗어날 수 없을 것만 같은 억압된 시대 상황을 벗어날 수 있는 '광복' 세계를 갈망(渴望)했던 오상순의 문학 세계와 정신세계를 보여준다. 물론 이 시의 근저(根底)에는 민주주의를 가정한 이승만의 독재 정권을 벗어나는 '광복'의 염원이 함께 담겨 있다고 보아야 한다.

그는 현실적인 삶의 대부분을 억압과 독재 시대를 살았다. 그래서 해공 신익희[17]를 통해 억압과 독재를 벗어날 수 있는 희망을 보았으나, 해공의 사망으로 모든 것이 나락으로 떨어지게 된다. 하지만 해공 선생만 이 현실을 타개할 수 있다고 생각하기에 비록 해공 선생은 사망했으나, '해공 정신'만은 미래를 열 수 있다는 의지를 표현한 작품이다. 해공의 조시는 억압된 시대에 독립 정신을 강조한 작품이다. 그만큼 그는 시대정신과 민족의식이 투철한 시인이었다. 그가 1919년 독립선언서를 영역해 해외에 소개했다는 점도 간과해서는 안 되는 그의 삶이자 문학 정신이라는 사실이다. 《폐허》 창간호에서 일제 암흑기 시대를 "우리 조선은 황량한 폐허의 조선이요, 우리 시대는 비통한 번뇌의 시대이다. 이

---

17 현대의 정치가·독립운동가(1894~1956). 호는 해공(海公). 대한민국 임시 헌법을 기초하고 임시 정부의 초대 대의원과 초대 내무차관을 지냈으며, 그 뒤 내무총장·법무총장·문교부장·외무부장 등을 두루 맡았다. 광복 후, 정부 수립과 함께 제헌국회에 진출하였고, 국회의장 이승만의 뒤를 이어 국회의장이 되었다. 1956년 야당의 대통령 후보로 출마했으나 5월 5일 전주로 가던 중 기차 안에서 심장마비로 죽었다. 독립운동의 공로가 인정돼 대한민국장(1962)을 받았다.

말은 우리 청년의 심장을 삭이는 듯한 아픈 소리이다. 그러나 나는 이 말을 아니 할 수 없다."라고 절절하게 외쳤던 점을 상기할 필요가 있는 것이다.

동인지 발간은 문단의 관심거리여서 《창조》파들은 맞수의 탄생을 두려운 눈으로 보고 있었을지 모르나,[18] 오상순은 일제 강점기 시대의 민족의 '비통한 고뇌'에 무게를 두었다. 비통한 고뇌의 시대를 견디는 방황 속에서 종교와 허무주의 의식을 맞닥뜨린 것이다. 이러한 비통한 비극은 해방을 지나면서 해결되는 듯이 보였지만, 자유당 정권의 무도함이 계속되는 시대 상황이 되었다. 이에 맞선 민족 지도자 해공의 급작스러운 죽음으로 어두운 현실을 다시 자각한 오상순은 그를 애도한 조시를 발표한 것이다. 그래서 오상순의 시는 결코 허무주의와 종교적 초월주의에만 머물렀다고 할 수 없다. 누구보다도 시대의 고통을 노래한 시인이었던 셈이다.

〈해공 선생 추도시 1〉은 3연의 2행까지, 그리고 〈해공 선생 추도시 2〉는 3연의 나머지 2행과 4연으로 구성된 작품이다. 1연은 민족 지도자로서 자주독립과 조국 광복을 위해 헌신한 민족 지도자를 애도하는 극한의 감정을 시의 형식적 특징인 반복법으로 토로하고 있다. 2연은 임종 순간까지 일생을 바쳐 조국 광복을 위해 헌신했음을, 그리고 〈해공 선생 추도시 2〉에서는 앞부분(3연 3, 4행) '일편단심(一片丹心)'의 해공 정신을 표현하고 있다. 4연에서는 해공 신익희 선생의 독립 정신을 한 마디로 '해공 정신'으로 집약해 외치는 시인의 목소리를 담았다.

어쩌면 허무주의자인 오상순이 독립운동가 해공의 삶을 강하게 외친 이유가 작품의 주제보다 더 궁금할 수 있겠다. 그의 삶에서 허무주의는 니체(Friedrich Wilhelm Nietzsche)의 영향과 시작의 연장선에 있다. 오

---

18 김윤식, 「5. 창조파와 폐허파」, 『김동인 연구』, 민음사, 2000, 201쪽.

상순과 니체의 관계를 연구한 박윤희의 논문에 따르면, 오상순은 유학 시절에 니체에 대해 심취했다는 근거를 구체적인 시 작품에서 찾았다.[19] 이로 보아. 한국시사에서 허무주의의 시 세계를 그린 것이 사실이나, 해공 조시를 통해 그의 새로운 시 세계를 볼 수 있다는 점을 주목하는 것이다.

작가의 전기적인 면이 작품에 영향을 끼치는 것은 작가 연구의 일반형이라는 김윤식의 논의에 따라 창작 배경을 검토할 수 있다. 가령 애연가였던 오상순의 일상생활에서 빚어진 시 「나와 시와 담배」에서 볼 수 있다.[20] 이러한 일상뿐만 아니라 그의 문학 사상에 영향을 끼친 전기적 국면을 고려해, 조시를 해석할 필요성이 있다. 가령 중국의 루쉰(魯迅, 1881~1936)과 만남, 대구에서 이상화와의 교류, 오랜 전통과 정신적인 영향 관계인 가문, 그리고 오상순이 처한 일제시대와 해방 후 시대 상황에 대한 영향 등이 그의 창작과의 관련성을 짚을 수 있다.

첫째, 오상순은 1930년(36세), 중국의 사상가이며 작가인 루쉰과의 만남에서 정신적 영향을 받았다고 하는 것이 타당하다. 루쉰은 중국 문학을 대표하는 『아Q정전』의 작가이며, 평생 불의와 타협하지 않고, 날카로운 필봉을 휘두르며, 중국 현실을 고발한 작가로도 유명하다. 그가 일제 강점기와 해방 혼란기에 루쉰의 정신적 영향을 받았다는 것은 자연스럽다고 보아야 한다.

둘째, 1940년(46세) 대구에서 「빼앗긴 들에도 봄이 오는가」(《개벽》, 1926)의 이상화와의 어울림도 그의 정신적인 교유 관계에 있다고 볼 수 있다. 오상순은 환속 후 그가 주로 머물렀던 대구에서 가까이 지냈던 문인은 1928년 29세로 요절한 「봄은 고양이로소이다」의 이장희[21]와

---

19 이승하, 앞의 책에 박윤희의 「밤을 찬미하는 두 시인 – 오상순과 니체(2009. 3. 29)」를 소개(190~228쪽)하고 있다

20 이승하, 「7년 동안의 일본 시절」, 『진정한 자유인 – 공초 오상순』, 나남, 2020, 57쪽.

1936년 동아일보사 사회부장 재직 시 일장기 말소 사건으로 구속되기도 했던 현진건[22]이었다. 특히 이상화의 '담교장(談交莊)'에는 주로 배일파(排日派)나 사회 운동가 그리고 무정부주의자들이 자주 모였다.[23] 이상화는 1922년 《백조》 동인이며, 1923년에 박영희(朴英熙, 1901~?)와 김기진(金基鎭, 1903~1985)을 중심으로 한 도쿄 유학파 출신의 신경향파 문인들이 창립한 파스큘라[24]에 가담했으며, 1925년에는 카프 발기인으로 참여하는 등 현실에 적극적인 의지를 드러낸 항일 시인이다. 1928년 독립운동 자금 모집에 연루되어 대구 경찰청에 구금되기도 했으나, 그는 1943년 독립된 조국의 별을 보지 못한 채 영면한 민족시인이다. 이상화와의 교유는 오상순의 정신적인 자장(磁場)의 흐름을 형성했다는 것은 당연한 일일 것이다.

셋째, 일제 강점기 시대와 해방 이후 이승만(李承晩, 1875~1965) 정

---

21 세속적인 것을 싫어해 고독하게 살다가 1929년 11월 대구 자택에서 음독, 자살했다. 작품 활동은 1924년 《금성》 5월호에 「봄은 고양이로다」 등 5편의 시작품이 실리면서 창작 활동을 시작했다. 섬세한 감각과 시각적 이미지를 사용한다고 평가받았다.

22 1920년 《개벽》에 「희생화」를 발표해 등단했고, 「빈처」로 문명을 얻었다. 《백조》 창간 동인으로 활동했다. 1932년 상해에서 활동 중이던 형 현정건의 체포와 죽음에 충격을 받았고, 자신도 1936년 동아일보사 사회부장 재직 시 일장기 말소 사건으로 구속되기도 했다. 1937년 동아일보사를 사직하고 빈궁 속에서도 친일문학에 가담하지 않은 채 지내다가 1943년 사망했다.

23 김용성, 「'아시아의 밤'을 노래한 선객」, 『한국의 괴짜』, 사회발전연구소, 1983, 217쪽.

24 파스큘라라는 이름은 박영희의 성 머리글자인 'P'를 비롯하여 참가자들의 성이나 이름에서 머리글자를 따서 만든 것이다. 파스큘라는 프롤레타리아 문예 운동을 조직적으로 펼치기 위해 '인생을 위한 예술', '현실과 투쟁하는 예술'을 표방하며 창립되었다. 주요 활동은 문예 강연과 작품 낭독회, 일본의 경향파 작가 초청 강연회 개최 등이다. 비슷한 목적의 염군사에 견주어 활동은 그다지 두드러지지 않았다. 외부적으로도 염군사는 문화를 내걸고, 파스큘라는 문학을 내세웠다는 점에서 차이점이 있고, 염군사는 사회적 참여도가 높았던 반면 파스큘라는 문화적 교양 측면에서 염군사보다 깊이가 있었다. 두 단체는 결국 결합하여 1925년에 조선 프롤레타리아 예술가 동맹을 탄생시켰으며, 파스큘라 출신 문인들은 카프에서 주도적인 구실을 했다. 파스큘라는 일본에서 유행한 프롤레타리아 문예 운동이 자연발생적으로 조선에 옮겨져 와 경향파 문학을 형성하는데 중요한 역할을 하였다. 본격적 목적 운동으로 내닫은 카프 이전에 한국 프로문학 운동의 개척자 구실을 맡았던 단체이다(2023년 10월 17일, 《위키백과》에서).

권에 대항하여 자유와 민주주의 실천에 앞장선 신익희에 대한 희망이 좌절되면서 조사시를 창작한 것으로 보인다. 해공 신익희는 독립투사로 김구의 상해 임정 시절에 외무부 차장(1943. 3. 4~1945. 8. 28)을 역임했던 인물이다.[25]

넷째, 김구(金九, 1876~1949), 조소앙(趙素昻, 1887~1958), 만해 한용운(韓龍雲, 1879~1944) 등과 함께 민족 독립운동을 했던 민족 독립투사 해공의 조사는 세상에 알려진 허무 혼 시인임에도 불구하고 민족애가 들끓은 이육사의 혼과 같은 정신을 담은 작품이라는 데 주목할 필요가 있다.

다섯째, 오상순은 초상이 난 주변 지인들을 위로하는 조시나 추도사뿐 아니라 회갑연 잔치에서도 축사를 낭독해 주고 생계비를 충당하기도 했으나,[26] 해공에 대한 조시는 조국 광복과 자주 민족을 통한 진정한 인간의 '자유'를 추구한다는 의미가 있다. 여기에서 주목할 점은 그의 허무 의식과의 관련성이다. 현실적 삶의 궁극이 죽음이라면, 이 또한 현실을 초탈한 허무 의식으로 귀결되기 때문에 조시와 추도사를 쓴 것이 아닌가 한다. 다만 독신주의와 허무주의, 기독교, 불교라는 접점이 어떻게 해공 정신과 영향 관계가 있는지는 어려운 과제로 남는다.

〈해공 선생 추도시 1, 2〉의 사신 기록물을 통해 읽을 수 있는 부분은 다음과 같다.

첫째, 간명하게 말하자면 그는《폐허》창간 동인이다. 그리고 그의 문학사적 가치는 그가 남긴 이 친필 사신 기록물로도 충분하다.

둘째, 오상순의 대표작인「아시아의 밤 풍경」에서 보여주듯이 허무

---

25 경기도 광주 출생으로 선조 때, 탄금대(彈琴臺)에서 전사한 신립(申砬, 1546~1592) 장군의 후손이며, 이이(李珥, 1536~1584)의 어머니인 신사임당 역시 신익희 가문으로 신명화(申命和, 1504~1551)의 둘째 따님이다.

26 이승하,「제8장 공초의 담배 사랑」, 앞의 책, 117쪽.

혼과 격한 낭만주의적 경향에서 변화된 현실 참여적 성격을 볼 수 있다. 물론 조시의 기본적인 형식을 갖추었다고 하나, 오상순의 기본적인 시적 정서와는 사뭇 다르다. 작가들이 작고 문인에 대한 추모사를 쓰거나 조시를 창작하는데, 오상순의 해공 조사시는 눈에 띈다.

셋째, 그의 삶과 문학이 사신 기록물에도 배어 있다. 자주독립과 조국 광복은 일제 강점기의 형극(荊棘)을 감내해야 했던 그의 청춘에 대한 분노가 중첩되었다고 볼 수 있다.

넷째, 자유와 민주주의의 열망을 실천하고자 했던 해공 선생의 삶에 동화된 감정을 표현했다. 그는 현실에 매우 밀착한 투쟁적인 시인이다.

다섯째, 한국 작고 문인 조사시(弔詞詩) 연구의 계기가 될 수 있는 작품으로 평가할 수 있다. 가령 청마 유치환에 대한 김동리. 서정주, 박종화의 조사시, 김현승의 조사를 쓴 서정주, 박인환 조시[27] 등등 분류하여 정리할 필요가 있다. 또 현역 작가들이 선배 문인들에 대한 문단 예우 차원에서 조사(弔詞)를 창작한다. 그는 또 추모시 「작고 문인 합동 추념제」도 사신으로 남긴다.[28] 이 역시 허무 혼과 삶의 철학과 본질에 대한 삶의 자세를 읊조린 것이다. 이 역시 오상순의 시 세계와 조사시에 대한 연구가 필요하다.

다음은 오상순의 사신 기록물 1통 5장이다. 앞에서 연구한 사신 기록물과 서체가 다르다는 점, 추도사(追悼辭) 「작고 문인 합동 추념제」는

---

27 김광섭은 박인환의 조시 「젊은 시인의 죽음 - 봄과의 첫날밤」, 조병화는 박인환의 조시 「장미의 성좌 - 시인 고 박인환의 관 앞에서」, 박인환은 이상을 기리는 추도시 「죽은 아폴론」 등을 남겼다.

28 이산 김광섭 회장을 중심으로 한 〈자유문학가 협회〉를 발족하면서 《자유문학》을 창간하게 된다. 이 당시에는 《사상계》, 《문화세계》, 《문학춘추》 등 종합지가 활성화되었다. 여기서 《현대문학》과의 경쟁 관계가 형성되면서 문단 지형도가 만들어진다. 박인환은 〈자유문협〉 쪽으로 활동했으며, 「작고 작가 추념제 - 작고 작가 추념회의 밤에」에 맞추어 낭독시를 남겼으나, 낭독하기도 전인 1956년(31세) 3월 20일 오후에 심장마비로 자택에서 급사한다(윤석산, 「제7장 죽음이라는 이름의 그림자」, 『박인환 평전』, 모시는 사람들, 2003, 359~364쪽).

조사시 영역에 속한다는 점에서 여기에 실었다. 물론 분석과 연구가 뒤따라야 하지만, 여기까지는 도달하지 못했다. 다른 연구자들이 접근할 수 있도록 사신 기록물을 소개한다.

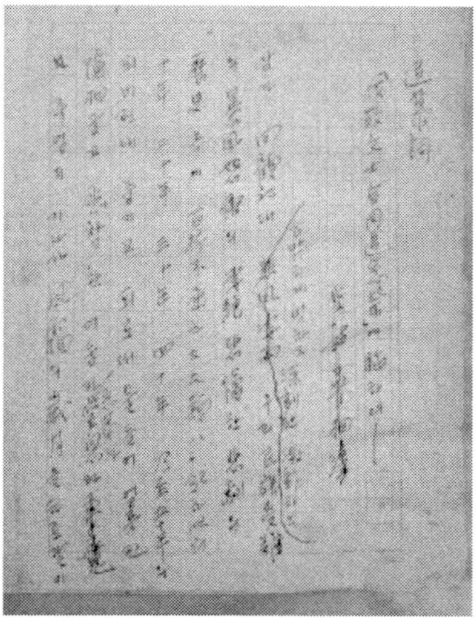

오상순의 사신 1

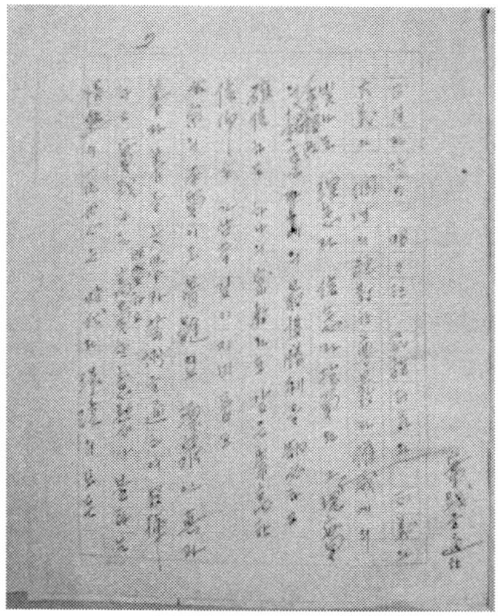

오상순의 사신 2

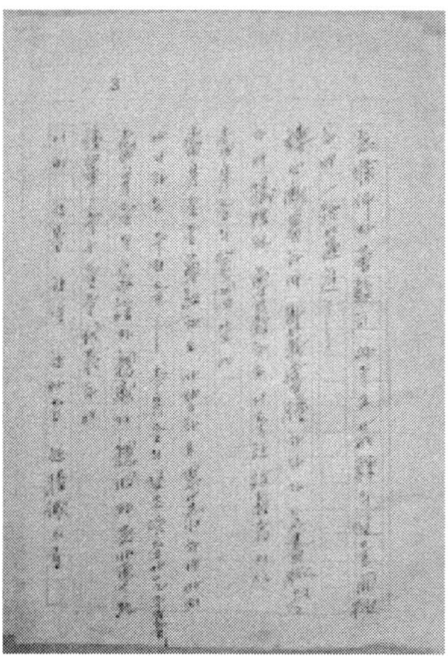

오상순의 사신 3

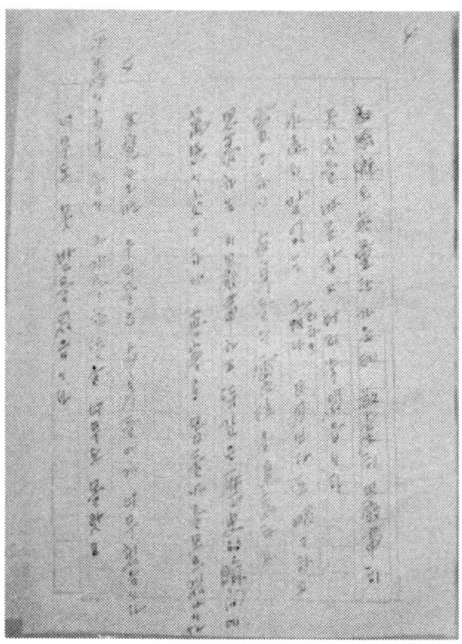

오상순의 사신 4

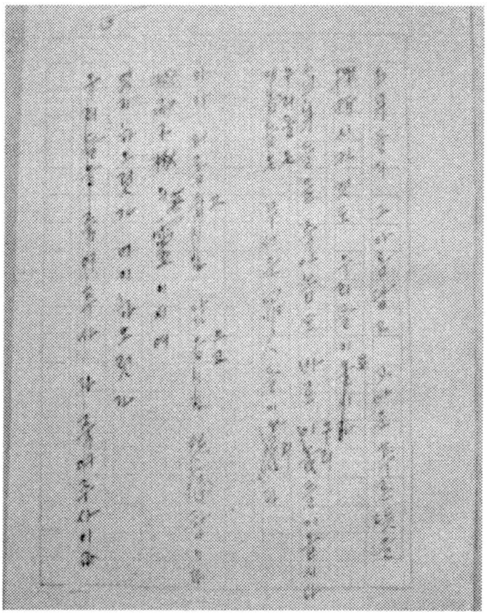

오상순의 사신 5

Ⅲ. 오상순의 주변과 위치

명동의 다방, 구석진 곳에서 담배꽁초로 삶과 문학을 노래했던 공초 오상순은 김관식, 김수영, 박인환 등 동시대의 작가들 사이에서 문단 원로로 존경을 받았던 시인이었다. '대한민국'의 호로 한국 문단을 떠들썩하게 했던 김관식도 공초 이야기에는 귀를 기울였을 정도였다. 문인들과 어울렸을 때도 문학 이야기로 가득 채웠다.

명동의 〈청동 다방〉에는 삶을 담배 연기로 날려버린 공초 오상순이 주로 머물렀다. 오상순은 〈청동 다방〉에 자주 드나들었던 장용학(張龍鶴, 1921~1999), 최인희(崔寅熙, 1926~1958), 이어령(李御寧, 1933~2022) 등과 같은 젊은 작가들이 남긴 글을 모아 편집했다. 《청동 문학》은 건국대 박물관에 있다.

그의 정신적 밑바탕은 현실적 삶에 대한 철저한 방향성 설정에 두었기 때문에 초월적 세계를 들여다볼 수 있었다. 신익희의 정치적 삶과 동시대를 살았던 그의 현실적 방향 설정은 자주독립과 광복이었다. 자유를 향한 현실적 실천 방향이기 때문에 그는 현실의 자주독립과 광복을 갈망했었다. 1956년 5월, 제3대 대통령 선거에 자유당의 이승만, 이기붕(李起鵬, 1896~1960)에 맞선 민주당의 신익희와 장면(張勉, 1899~1966) 사이에서 정치적 갈등이 극에 달했다. 1955년 민주당이 창당되면서 자유당과 민주당의 대결 구도가 되었다. 이기붕과 장면의 정치적 대결이 있었지만, 그 종말은 사사오입이라는 정치적 불신을 초래했던 이승만의 자유당 정권과 민주주의에 대한 열망으로 '못 살겠다 갈아보자.'는 선거 유세가 정치판과 문학판에도 휘몰아친 것이다. 이런 역사적 격랑기에 신익희가 돌연사했다. 그래서 그의 죽음에 대한 정치적 해석이 분분한 것이다. 이런 첨예한 현실을 오상순은 외면하지 않았기 때문에 해공 신익희 조시를 쓴 것이다.

오상순은 친일과 거리를 두었고, 해방 후에는 능력이 있음에도 불구하고 문사들 가운데는 교수, 신문사 쪽으로 옮겨 일신을 돌볼 때, 문학 외에는 눈을 돌리지 않았다. 이 같은 삶이 오상순이 추구하는 현실의 방향성인 것이다. 그래서 오상순은 속세에서 초탈할 수 있었고, 민족을 위해 삶을 산 민족지도자 신익희의 추도시를 쓸 수 있는 것이다.[29]

---

29 무리 속에서 문학적 시간을 보냈던 오상순과 달리 윤동주는 고독 속에서 자신을 성찰하고 있었다. 그러나 이들은 인간의 근원적인 고독 속에서 고통의 시대를 살았던 시인이다. 윤동주가 자아 동일성 회복으로 침잠했다면, 오상순은 해공 선생을 통해 역사를 돌아보고 있었다. 그들의 근원적 고독이 어디서 온 것일까? 중국 베이징 에스페란토 회의에서 1922년 5월에 루쉰을 만났다. 과연 회의 참석이 목적이었을까 하는 생각이 든다.

＊ 참고문헌

김삼웅, 『해공 신익희 평전』, 동아시아, 2022.

김영민, 『수주 변영로 평전』, 1985.

김영식, 『작고 문인 48인의 육필 서한집』, 민연, 2001.

김용성, 「'아시아의 밤'을 노래한 선객」, 『한국의 괴짜』, 사회발전연구소, 1983.

김윤식, 『(속) 한국근대작가론고』, 일지사, 1992.

______, 「5. 창조파와 폐허파」, 『김동인 연구』, 민음사. 2000, 201쪽.

김정휴, 「공초 문학과 불교정신」, 『불교문학평론선』, 민족사, 1990.

김재홍, 『한국 현대시의 사적 탐구』, 일지사, 1998.

석형락, 「근대문학 형석기 작고 작가 애도문(哀悼文) 연구」, 《현대소설연구》(제164호), 2016.

이동주, 『실명 소설로 읽는 현대문학사』, 현대문학, 1993.

이봉구 지음 / 강정구 옮김, 「세월이 가면 - 박인환」, 『그리운 이름 따라 - 명동 20년』, 지식을 만드는 지식, 2010.

이승하, 『진정한 자유인 - 공초 오상순』, 나남, 2020.

염상섭, 「오상순 군의 인상」, 『염상섭 문학 전집 - 평론, 수필집』(12), 민음사. 1987.

윤범모, 『시인과 화가』, 다홀 미디어, 2021.

윤장근, 『대구 문단 인물사』, 북랜드, 2017.

조연현, 『한국현대문학사』(제1부), 현대문학사. 1956.

월간조선 엮음, 「신익희 사망」, 『한국현대사 119대사건』, 조선일보사, 1993.

❷ 「16. 김관식(金冠植, 1934~1970)」

천상병과 문단을 떠돌던 욕쟁이 '봉필이'에서 문인의 겸손을 보다.

Ⅰ. 김관식 문학의 접근 방향

1. 그로테스크한 기행

2. 송욱과 김수영의 시를 암기(暗記)하다

Ⅱ. 〈김관식의 사신 기록물〉 내용 분석

1. 《현대문학》에 졸시(拙詩)를 앙정(仰呈)하다

2. 겸양(謙讓)과 기고만장(氣高萬丈)

Ⅲ. 김관식의 주변과 위치

* 참고문헌

Ⅰ. 김관식 문학의 접근 방향

1. 그로테스크한 기행

"오죽해야 우리 동네에서 누굴 막론하고 그에게 욕을 안 먹는 사람은 명이 짜르다."

김유정(金裕貞, 1908~1937)의 소설 「봄봄」에 등장하는 '장인님' 이야기이다. 아마도 문단에서 김관식(金冠植, 1934~1970)에게 욕 먹지 않은 문인이 없다는 의미로도 읽힌다. 욕쟁이인 마을의 '장인님'이 '욕필이'이듯이 한국 문단의 '욕필이'는 단연코 김관식이다. 이러한 김관식을 매형 서정주(徐廷柱, 1915~2000)는 '이 자식 저 자식 하는 이놈!'(「봄봄」 중에서) '욕쟁이'라고 고함을 치고 싶은 심정일 것이다. 그러나 소설 속의 주인공 '나'와 문단 주인공 역할을 자처한 김관식은 세상 물정을 몰라 순박하다고 하면 지나친 평가일까?

전후 1950~1960년대는 작가들의 출판기념회가 주로 명동의 '플라워'라는 다방에서 열렸던 다방 문학의 시대였다.[1] 출판기념회를 열면 심온(深溫) 천상병(千祥炳, 1930~1993)[2]과 더불어 김관식은 불청객으로, 기

1 해방 이후 웬만한 출판기념회는 명동 건너편 경향신문사 옆 '플라워'라는 다방에서 열렸다. 이곳에 김동리, 조연현, 유동준을 비롯해 〈청년 문협〉 문인들과 신문사 기자들이 모여들었다. 이곳에서 홍효민(洪曉民, 1904~1976)의 『인조반정』 출판기념회가 열렸을 때, '매섭고도 재치 있는 방담(放談)'이 아니라 노골적으로 술을 마시고 참석한 정지용(鄭芝溶, 1903~1950)의 태도에 분노한 유동준이 밖으로 끌어내는 싸움이 벌어졌다. 이 시기의 명동은 정치적 혼란기요, 문단의 정치적 혼란기이기도 했다(이봉구, 『그리운 이름 따라 – 명동 20년』, 지식을만드는지식, 2010, 86~87쪽.).

2 43세가 되도록 독신으로 유랑 생활을 하다가 1972년 목순옥과 결혼했다. 지병으로 죽기 전까지 부인의 보살핌에 힘입어 왕성한 창작 활동을 보였다. 1952년《문예》에 시 「강물」, 「갈매기」 등으로 추천받았다. 가난과 무직, 주벽 등으로 많은 일화를 남긴 그는 1971년 문우들의 주선으로 제1시집 『새』를 뒤늦게 발간했으며, 제5 시집까지 출간했다. 수필집

념회 중간에 끼어들어 소위 '깽판'을 치곤 했다. 1950년 중반쯤, 한국문학가협회 이사장인 월탄 박종화(朴鍾和, 1901~1981)가 마이크를 잡고 인사말을 할라치면, 또 그가 끼어들어서 서정주는 참으로 곤혹스러웠다. 문단의 실력자이거나 잡지 편집자이거나 사회적 저명한 인사가 아닌 약하고 별 볼 일 없는 사람이 행패의 대상이 되는 일은 없다는 것이 그나마 좋은 인상으로 본 신경림(申庚林, 1936~2024)의 경험담이다.[3]

이뿐 아니라 1950년대 전후 세계의 폐허와 우울을 센티멘털리즘과 로맨티시즘으로 노래했던 박인환(朴寅煥, 1926~1956)의 시선집 출판기념회에서도 동서지간(同壻之間)인 서정주와 평소 공경하던 공초 오상순(吳相淳, 1894~1963)이 참석했음에도 불구하고 김관식은 술주정으로 소란을 피웠다. 그는 병상에 누워서도 찌그러진 술 주전자를 천장에 매달아 놓았을 정도였다. 그래서 서정주는 막걸리가 든 주전자를 들어 동서인 김관식의 머리를 내리치면서 아들에게, '이 녀석을 삽으로다 개똥 떠다 버리듯 내다 버려라!'라고 고함을 친 적도 있다.[4]

김관식은 대주호로 소문이 나 있으나, 사실은 온갖 추태를 부린 것으로 소문이 더 나 있었다. 김관식은 특히 만취하는 순간 누구든지 '군(君)'자를 붙여 막말과 반말을 했기 때문에 안하무인(眼下無人)이었다. 문단에서 횡보 염상섭, 수주 변영로,[5] 공초 오상순, 무애 양주동[6] 등은 문단 주선(酒仙)에 이름을 올린 작가들이다. 물론 천상병과 박인환[7] 또한

과 동화집, 유고집 『나 하늘로 돌아가네』 등이 있음.

3 신경림, 「권위를 부정하고 우상을 파괴하는, 김관식」, 앞의 책, 76~94쪽.

4 신경림, 『한국의 괴짜』, 74쪽.

5 신옥주 엮음, 「내가 죽어서 문학이 산다면」, 『요절한 문학의 천재들』, 1991, 251~252쪽.

6 이봉구, 「술잔 속의 수주 선생」, 『명동백작』, 일빛, 2004, 258~263쪽.

7 이봉구, 「꽃 피기 전에 외상 술값을 갚겠다더니…」, 앞의 책, 178~187쪽.
술에 흥분했던 박인환이 작고하자, 모윤숙이 그의 시를 낭송하고 조병화가 조시를 낭독했다. 시의 일부는 다음과 같다. 〈인환아, / 네가 없는 명동, 네가 없는 서울, 서울의 밤거리, 네가 없는 술집, 찻집, 영화관. 참으로 너는 정들다만 애인처럼 소리 없이 가는구나〉

이 자리에서 술잔을 기울일 만한 시인이다. 여기에 고급 양주 조니 워커를 맘껏 즐긴 시인 송욱(宋稶, 1925~1980)도 상석에 앉아야 할 것 같다.[8]

1960년, 뜬금없이 용산구에 장면(張勉, 1908~1966)[9] 박사와 국회의원 선거에 나가 참패하기도 했다. 그리고 김관식은 5.16 군정 시절에 왜 감옥에서 대시인답게 행동하지 않느냐고 서정주를 따진 것이다. 특히 이승만 정권과 5.16 박정희 정권에 대해 비판적이었던 그는 60년대 말에 현실 상황을 비판적인 시적 언어로 담았다. 그래서 김수영(金洙暎, 1921~1968)과 신동엽(申東曄, 1930~1969), 신동문(辛東門, 1928~1993)과 함께 김관식의 시 세계를 종합적으로 검토해 1960년대 시문학사를 정립할 필요가 있다. 즉 김관식의 문단 기행만으로 작가 연구를 마무리하기보다는 작품 중심의 문학사를 새롭게 정립할 필요성이 있다.

이미 김관식은 오랫동안 시를 쓰지 않았던 신경림에게 시 창작을 독려하기도 했다. 신경림은 그의 시 세계를 동양적 서정(50년대 중반), 한자어를 적절하게 활용한 현실 외면의 시풍(60년대 전후), 정치적, 사회적 부조리와 인간에 대한 사랑(60년대 말) 등 다양한 주제를 시편에 담았다고 평가했다.

이상만큼이나 그로테스크한 시인, 그 이름은 김관식이며. 호는 '대한민국'이다. 그는 한학자(漢學者)로서 그 명성이 자자했다. 1933년 충남 논산 출생으로 강경 상고를 졸업한 후, 육당 최남선(崔南善, 1890~1957), 위당 정인보(鄭寅普, 1892~?)에게 한학을 사사하고 이들로부터 인정받은 한학자이다. 서정주에게 시를 추천받아 동양적 세계관을 시에 담을 만큼 뛰어난 시인이다. 당대 최고의 문사로부터 받은 이러한 찬사는 그

8 졸저, 『송욱평전』, 좋은날. 2000.

9 제2대 국무총리, 제4대 부통령을 역임했다. 헌정 사상 두 번째이자 마지막이었던 의원내각제 하에 제7대 국무총리를 지냈는데, 이때 정부 수반으로서 이끌었던 장면 내각은 사실상 '대한민국 제2공화국 정부'와 동의어로 여겨진다. 1961년 5.16 군사정변으로 인해 총리직에서 강제로 물러났다(검색 자료, 2023년 10월 20일).

의 자부심과 자존심을 키웠을 것이라는 생각이 든다. 그래서 문인의 자질로 평가받기보다 허장성세(虛張聲勢)로 세상을 산 것으로 비친다.

김관식은 문단 활동에서도 그로테스크한 행동을 보였다. 김관식은 박종화, 조연현, 김동리, 박목월 등을 '○○군'으로 칭하면서 명동의 괴짜로 통했다. 그러나 공초 오상순과 안수길(安壽吉, 1911~1977) 그리고 『낙화집』(1952)의 서문을 썼던 조지훈(趙芝薰, 1920~1968)에게는 예의를 다했다. 월북 시인 오장환(吳章煥, 1918~1951), 이용악(李庸岳, 1914~?)과 함께 당대의 걸출(傑出)한 시인이었던 미당 서정주에게 추천받고자 찾아갔을 때 만난 처제 방옥례와 인연을 맺게 된 일화도 유명하다. 주례를 섰던 최남선과 매형인 서정주에게도 그의 무모한 행동은 멈추었다.

2. 송욱과 김수영의 시를 암기(暗記)하다

한국 시단에서 서정주의 시적 영향력은 1980년대 국가 권력에 기댄 적도 있었지만, 한국어에 대한 그의 시적 표현은 결코 무시할 수 없다는 평가가 많다. 그리고 서정주가 친일했던 사실은 널리 알려졌지만, 그가 항일 운동에 참여하여 반체제 학생으로 제적된 일은 애써 외면하는 안타까운 현실이다.[10] 그는 서정주와 김수영의 시를 암송할 만큼 깊은 애정을 보였다. 김수영 시를 곧잘 외웠던 김관식은 폭음으로 시를 짓고, 노래하며 세월을 보냈다. 시인들의 작품을 곧잘 평가하며 문인들과 어울렸는데, 동시대의 시인인 서정주, 김수영, 박인환, 천상병 그리고 송욱 등은 문학적 관심과 친분이 있는 시인들이다.

황금찬은 김관식을 '기인이면서 천재'라고 한다. 소위 'K. S 의식'을

10 최하림, 「조선말을 불란서 말처럼」, 『시인을 찾아서』, 프레스21, 1999, 154쪽.

가진 서울대 영문학과 교수 출신의 시인이자 비평가인 송욱과 김관식은 만났을까? 오랫동안 송욱을 연구해 온 필자의 궁금증이기도 하다.[11] 송욱을 천재라고 말하는 황금찬 시인은 다방 문학 공간이었던 명동의 '쌍젤리제 다방'에서 마주친 '또 다른 천재' 김관식을 소개했다. 인사가 끝나자 떠들어 대는 김관식 이야기에 송욱은 바로 자리에서 일어나왔다고 한다. 김관식은 송욱의 대표작 「하여지향」을 암송하는 시인은 자신밖에 없다고 하면서 자랑했다. 다만 지나치게 시끄러운 칭찬은 오히려 욕이라고 말하면서 김관식을 멀리하는 눈치였다.[12] 문단 말석에 겨우 이름을 올렸던 송욱 시를 읽었다는 의미는 주신(酒神)의 행동으로만 비친 문단에 그는 시의 실험성에 대한 고민이 컸다는 증거이다.

여기서 한 가지 관심이 가는 것은 김수영이 평소 시를 창작하거나 문인들을 대하는 태도이다. 주지하다시피 1950~60년대 참여시 대표 주자인 김수영은 「폭포」와 「풀」로 상징되는 시인이다. 그가 《현대문학》과 관계를 맺고 자주 찾았다는 사실은 흥미롭다.[13] 당시 김수영의 시적 경향은 1970년 5월 김지하(金芝河, 1941~?)가 쓴 「오적시(五賊詩)」를 발표하면서 폐간된 《사상계》(1953.4~1970.5)가 당시 작품 발표 무대로 어울린다고 볼 수 있다. 《현대문학》에도 다수의 작품을 발표했다는 사실은 아이러니하다.[14] 《현대문학》은 1950년 창간호부터 판매뿐만 아니라 지

---

11 졸저, 『송욱 문학 연구』(좋은날, 2000), 『송욱 평전』(좋은날, 2000).

12 황금찬, 「월정가」, 『나는 어느 호수의 어족인가』, 문학세계, 2004, 47쪽.

13 염상섭, 계용묵, 유치환을 비롯한 김수영의 시비를 건립하는 데 앞장선 조연현은 〈문협〉 차원도 있었지만, 김수영과의 관계도 있었다. 물론 김수영의 여동생 김수명의 역할도 있었다. 그리고 오랫동안 친밀하게 지냈던 정태용은 문학비 대신에 유고집 『한국 현대시인 연구, 기타』를 사후, 4년 만에 출판하는데 애정을 쏟았다(조연현, 『남기고 싶은 이야기들』, 173~176쪽.).

14 홍기원, 「현대문학사」, 『길 위의 김수영』, 삼인, 2022, 248~249쪽. 두 잡지에 기고한 김수영 시인의 작품을 비교 분석해 보면. 흥미로운 결과를 얻을 것으로 보인다. 1. 과연 김수영의 시적 경향이 발표지와 상관성이 있느냐, 아님 자신의 목소릴 내는 발표 지면을 선택하느냐, 2. 두 잡지를 비교했을 때 그 시적 경향이 다른지, 한국시사에서 시적 변화와 굴곡이

명도가 높아지면서 문단 권력을 형성하기 시작한 시기이기도 했다.

김수영이《현대문학》에 작품을 발표하게 된 계기는 ① 조연현이 주도했던《예술부락》과의 인연 ②《현대문학》에 근무했던 동생 김수명과의 인연 ③ 작품 발표 지면의 부족 혹은《현대문학》의 위상 정도로 보인다. 해방 직후,《예술부락》시절에 시인 김윤성(金潤成, 1926~2017)이 조연현에게 김수영을 소개했다. 조연현이 창간하고 주도했던《예술부락》에 김수영은 작품을 발표하면서 등단하게 된다. 당시 김수영은 이곳저곳 상가에 간판을 그리고 페인트 묻은 옷차림으로 다니면서《문예》에 근무했던 이대 출신의 여기자와 연애 꽃을 피우고 싶어 했다.[15] 김수영 사후, 그의 시비 건립에 조연현은 적극적이었다. 이는 김수영의 문학성에 대한 평가와 함께 깊은 인연의 결과로 해석될 수 있다. 문단 활동의 성향상 어울리기 어렵다고 볼 수 있으나. 그만큼 조연현의 문학적 안목과 문인들의 인간적 유대 관계를 중시했다는 점을 알 수 있다.

김수영 곁에 박인환(朴寅煥, 1926~1956)은 뗄 수 없는 사이다. 박인환은 〈마리서사〉라는 서점을 운영했는데, 여기에 자주 들른 김수영은 서구 문학 전집과 일본 서적들이 산재해 있어 많은 독서를 했다. 이곳에서의 문학적 교감이 이루어졌다. 전쟁 폐허의 공허함을 센티멘털한 문학적 삶을 살았던 박인환과 달리 닭장으로 생계를 이어가면서 닭 키우는 일기를 쓰는 등 치열하게 살면서 시를 썼던 모더니스트 김수영 사이는 근본적으로 접점을 이룰 수가 없었다.《평화신문》원고료 때문에 이봉구(李鳳九, 1916~1983)와도 결별한 김수영은 일상적인 삶의 현장에서 치열하게 살았다. 작가 원고료는 작가들의 생계가 아니라 술값이었던 시대에 김수영은 삶의 현장에서 치열하게 쓴 글의 원고료를 챙겼다. 다

있는지에 대한 결과가 나올 것이라는 생각이 든다(2022년 8월 31일, 새벽).

15 조연현,「김수영과 문예사 여기자」, 앞의 책, 53~54쪽.

만 전후 모더니즘의 효시 역할을 했던 동인지 「새로운 도시와 시민들의 합창」은 이들이 접점이자 시문학사에 남긴 족적(足跡)이다.

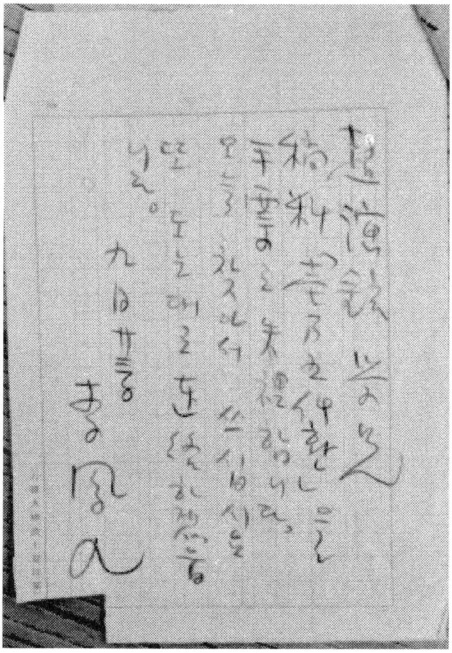

이봉구가 조연현에게 보낸 고료(稿料) 관련 사진 기록물

폐허 속에서도 박인환은 해운회사에서 월급받는 날에는 소위 멋을 내는 옷을 구매하거나 비싼 술을 소비하는 소위 '폼 나는 인생'을 살았다. 하지만 이러한 삶 속의 박인환이 문학적 고뇌가 없다고는 할 수는 없다. 박인환은 센티멘털리즘의 시를 남겼지만, 이상의 「오감도」를 암송하면서 '동방 싸롱'에서 이상 추모 행사를 열었고, 이상 추모시를 썼다. 28살 나이에 동경 한 병원에서 시대의 고통을 문학적 고통으로 마감했던 이상을 박인환이 그린 것이다.

Ⅱ. 〈김관식의 사신 기록물〉 내용 분석

1. 《현대문학》에 졸시(拙詩)를 앙정(仰呈)하다

이런저런 기행(奇行)을 한국문단사에 남긴 시인 김관식의 사신 기록물을 들여다볼 차례이다.

〈김관식의 사신 1〉에는 다음과 같은 내용이 있다.

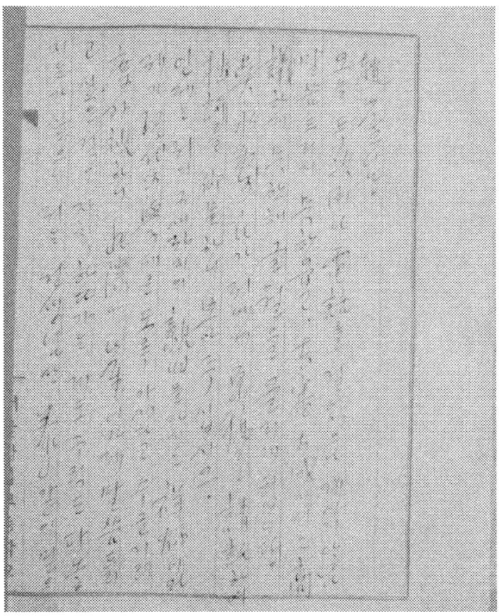

김관식의 사신 1

趙 先生님.

오늘 두 次例나 電話를 걸었으나 계시지 않아

말씀드리지 못하옵고, 去番 大成에서도

商議하지 못한 채 글월을 올리게 됩니다.

吳永壽 氏가 저에게 原稿를 請託하여

拙詩를 仰呈하니 보아주십시요.

인제는 저의 그새까지의 親舊까지도 祥炳이와
제가 現代文學社를 도로 갔다고 수군거려 度外視하니
次第에 先生님께 말씀드리고 싶은 것은 자칫하다가는
게도 구럭도 다 놓치는가 싶으니
저는 선생님만 泰山같이 믿으(니)

—「전문」 중에서

김관식은 1955년《현대문학》에「연(連)」,「계곡에서」,「자하문 근처」로 6개월 만에 서정주의 3회 추천을 받았다. 그리고 한학으로 육당 최남선, 위당 정인보 등과 미당 서정주에게 높이 평가받은 사실이 있다. 이 사실이 그를 기고만장(氣高萬丈)하게 만든 이유가 아닐까 한다. 그러나 김관식이 직접 조연현에게《현대문학》을 보내 달라고 요청한 사실은 당대의《현대문학》위상을 알고 있었기 때문에 작품이 게재되기를 희망하는 의도가 강하다는 것이다. 사실 당대의《현대문학》에 작품이 실려야 문인으로 행세했을 정도였다.[16]

조연현은 문학잡지의 가치를 누구보다도 잘 알고 있으며, 특히 문학잡지의 정점에《현대문학》이 있다고 보았다.《현대문학》창간 이전이었던 6.25 전쟁 중, 송욱의 통역 도움으로 7, 8개월 만에《문예》를 발간하는 데 앞장선 데에서도 조연현의 문학잡지에 대한 열정과 그 가치의 안목을 짐작할 수 있다. 두 문학잡지를 주도한 조연현에 대한 김관식의 예의는 지극히 현실적인 것인지도 모른다.

〈김관식의 사신 1〉에는 '오늘 두 통이나 전화를 드렸는데 통화를 하지 못하고 대신에 글월을 보낸다.'고 시작해 매우 격식을 갖춘 사신을 보낸다. 당시《현대문학》초대 편집장이었던 오영수(吳永壽, 1914~1979)

16 이성교,「1950년대《현대문학》출신들과 명동 풍경」,『문단유사』, 한국문인협회, 2002, 71쪽.

가 청탁한 '拙詩(졸시)를 仰呈(앙정: 삼가 올림)하나니, 보아 주십시요'라는 겸양의 전언이다.

오영수 다음으로《현대문학》편집장은 김수영의 누이동생 김수명이다. 그의 서신도 조연현의 정릉 자택에 남아 있다. 1966년 2월에서 1974년까지 재직했으니, 김관식의 서신 기록물은 적어도 1966년 이전으로 추정된다. 1955년부터 1966년까지 김관식의 작품 발표를 정리하면 다음과 같다.

제목	발표 연월일	편집장	기타
「연(蓮)」	1955년 5월 호(통권 5)	오영수	추천작
「계곡에서」	1955년 6월 호(통권 6)	오영수	추천작
「자하문 근처」	1955년 11월 호(통권 11)	오영수	추천작
「승가사(僧伽寺)」	1956년 4월 호(통권 16)	오영수	
「성인초」	1957년 6월 호(통권 30)	오영수	
「자도소묘(紫挑素描)」	1958년 1월 호(통권 37)	오영수	
「의고풍」 외 1편	1966년 6월 호(통권 138)	김수명	
「송학(松鶴)」	1968년 5월 호(통권 161)	김수명	

《현대문학》(600호 기념, 2004년 참고)에 총 9편을 발표했다. 그래서 서정주의 추천작 발표 시기와 김수명의 편집장 시기를 제외하면, 대략 1956년 4월 이전부터 1958년 1월 이전 사이의 서신으로 특정된다.

천상병과 자신이 '現代文學社를 도로 찾아 갔다고 親口들이 수군거려 度外視되었다'는 사실을 조연현에게 털어놓는다. 그래서 '게도 구럭도 다 놓친다'라는 속담을 적어 보내고, 모종의 문제를 해결해 줄 것을 기대해 '泰山 같은 先生님만 믿는다'는 서신을 보낸다. 아마도 아무것도 이루지 못하고 다 잃는다는 속담을 적은 것으로 보면, 모종의 일로 인해 다소 억울함이 있었던 모양이다. 어쨌든 이 문제의 해결사로 조연현을 택한 것은 분명해 보인다.

어쩌면 천상병과 김관식은 운명적으로 만나야 하는 사이였다. 천상병을 만나 본 필자는 그가 대단히 순수하다는 점[17]과 '1,000원 짜리'의 경제적인 궁핍으로 시달리고 있었다는 사실을 알았다. 두 사람의 기행(奇行)을 소개한 권용태는 명동의 음악 감상실 '돌체'에서 당대의 주객으로 천하를 호령했던 김관식 소개로 천상병을 만났다고 한다. 이때 이들과 어울려 만행과 기행을 지켜본 인상기를 남겼다.[18] 천상병은《문예》에 평론으로 등단했고,《현대문학》에 조연현이 처음 추천한 시인이다.

〈김관식의 사신 1〉의 의미를 정리하면 다음과 같다.

첫째, 각종 문단 기행으로 예술가들 사이에서 도외시(度外視)되는 상황에서, 조연현이 오영수를 통해 원고를 청탁할 정도라면 그의 시력을 인정했다는 의미이다. 아님 미당의 청탁일 수 있다는 생각이 든다.

둘째, 기행과 주벽 때문에 발생한 사고에 대한 자신의 억울함을 항변하는 일종의 '자기 합리화 내지는 결백증'의 모습이 연상된다. 무분별한 문단 생활을 하는 것처럼 보이지만 자신의 기준으로는 옳고 그름을 판단하려는 의지가 있는 인물로 보인다. 그래서 문단 기행으로 오해를 살만한 후일담이 지닌 의미를 재평가할 필요가 있다.

2. 겸양(謙讓)과 기고만장(氣高萬丈)

〈김관식의 사신 2〉에는 다음과 같은 내용이 있다.

---

17 1987년 필자는 '시의 황제'로 칭했던 천상병을 방문한 적이 있었다. 수락산 밑자락의 판잣집에 거주했던 그는 아내와 함께 살고 있었다. 어눌하고 반복적인 그의 언어에는 순수함과 함께 속세의 물질주의에 대한 현실적 괴로움이 있어 보였다. 그래서 필자에게는 경제 공부를 하라고 조언했다. 시인은 가난하기 때문이라는 이유이다.

18 천승세, 「천의무봉의 순수한 악동을 그리며」, 『천상병을 말하다』, 답게, 2006, 10~17쪽.

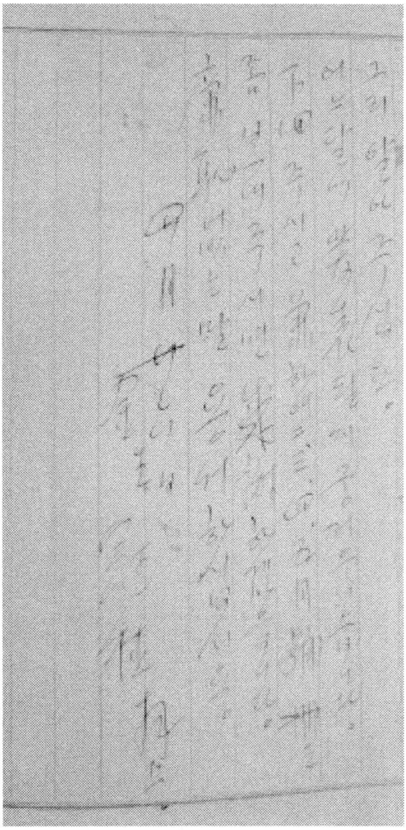

김관식의 사신 2

그리 알아주십시요.

어느 달에 發表될지 궁거웁습니다.

下回주시고 兼하여 2, 3, 4, 5 月號 冊도 좀 보내주시면

感謝하겠읍니다. 廉恥 없는 말 용서하십시요

四月 二十六日

金 生 冠植 拜上

—「전문」 중에서

〈김관식의 사신 2〉에는 졸시가 언제 게재되는지에 대한 궁금증이 나타나 있다. 졸시 게재에 대해 '下回(하회: 윗사람이 아랫사람에게 내리는 회답.)'해 달라는 내용이다. 그리고《현대문학》2, 3, 4, 5월호를 보내달라는 염치없는 부탁과 함께 감사하다는 마음을 담았다. 문단에서 기고만장했던 김관식이 문사로서의 겸손을 보인다.

〈김관식의 사신 2〉에 나타난 생각을 정리하면 다음과 같다.

첫째,《현대문학》에 발표될 작품에 대한 기대감이 나타나 있다. 문학적 영향력이 큰《현대문학》의 작품 발표에 매우 적극적이다. 이는 작품에 대한 나름의 '작품성'을 드러내는 일이기도 하지만 자신의 궁핍한 현실도 그 이유가 있어 보인다. 소위 문단의 욕쟁이인 김관식이 돈 욕심에 속아서 모 잡지에 기고한 글에서 박목월의 인격을 모독했던 일화와 연결해 볼 수 있기 때문이다.

둘째, 문단 기행으로만 알려진 김관식과는 전혀 다른 문단 활동을 보여준 사신 기록물이다. '염치없음'을 언급한 것을 보아 그는 예의와 겸손을 아는 작가로 보인다. '앙정'이니, '하회'니 하는 등의 수사는 조연현에 대한 예의와 겸손의 극존칭이다. 그는 문학적으로는 기고만장했으나 또한 작품 발표에서만큼은 현실 타협적이라는 생각도 든다.

Ⅲ. 김관식의 주변과 위치

1954년 1월 최남선[19]의 주례로 방옥례와 결혼한 일화는 유명하다. 서정주 처제를 얻기 위해 자살 소동까지 벌였다. 최남선이 자신의 과수원을 물려줄 만큼 총애했던 김관식은 홍은동 언덕에 '육모정'으로 그를 추모했다. 하지만 민족시인 한용운은 최남선의 역사적 행위에 통탄했었다. 3월 1일 독립 만세 선언서를 쓴 육당 최남선은 저항보다는 협력을 택했고, 그가 만주 건국대학 교수로 부임하면서 총독부에 그의 수많은 장서를 기증했었다. 친일 행위의 또 다른 모습이기도 하다. 조연현이 신석초에게, 횡보 염상섭이 조연현에게 책을 빌리는 것이나, 김관식이 조연현에게 문학잡지를 보내달라는 부탁의 말에는 책의 귀중함과 동시에 당시 인쇄술과 유통이 원활하지 않았다는 점을 알 수 있다. 이를 생각해 보면 육당이 우리 민족의 생각과 지식을 담은 귀한 책을 총독부에 기증한 사실은 생각해 볼 문제이다.

---

19 횡보는 육당을 조선에 있어 시조 1인자요, 문장은 평단할 뿐이요, 상당한 달변가(達辯)가라고 평한다(「최육당 인상기」, 《조선문단》(1925년 3월), 염상섭 전집(12), 191~193쪽.).

김관식이 이런 최남선을 존경하는 대상으로 삼았다면, 일제 암흑기에 대한 시대감각이 무딘 시인이라고 평가할 수 있다. 사실 그는 '산에서도 오히려 산을 그리며 / 꿈 같은 산 정기(精氣)를 그리며 산다'(「거산호 2」)는 동양적 세계를 시작에 담은 시인이다. 그래서 50년대까지 동양적 산수 세계에 묻혔던 그의 시 세계와 최남선의 영향을 고려해 볼 수 있다는 생각이 든다. 그러나 독재 정권에 맞서지 못했다는 서정주를 질타한 것과 60년대부터 나타난 부조리한 현실 비판의 시 세계는 시대감각이 무딘 시인이라고 평가할 수는 없어 보인다. 그래서 작가의 삶과 문학은 불가분 관계라는 관점에서 천상병의 시 세계는 논의의 대상이 될 것이다.[20]

김수영은 자신이 싫어하는 사람에 대해서는 선후배를 막론하고 '우라질 놈, 개놈의 새끼'라고 욕설을 퍼부었다고 최하림(崔夏林, 1939~2010)은 이야기를 전한다. 그러나 안수길(安壽吉, 1911~1977)에게는 무릎을 꿇을 정도로 정중했으며, 이병기(李秉岐, 1891~1968)에게도 풍도와 멋이 있는 사람이라고 말하곤 했다.[21] 김수영은 일상에서 호불호가 분명했으며, 선배 문인에 대한 예의는 분명했다. 이에 비해 김관식은 술로부터 선배 문인에 대한 예의를 갖추지는 못했다. 여기에 친일파인 최남선을 존경하는 태도는 김수영과 사뭇 달랐다. 그래서 김관식의 사신 기록물은 그의 또 다른 모습이기도 하다.

방옥례는 술주정 때문에 날마다 걱정했지만, 주신(酒神)이 자신을 구제해 준다고 말할 만큼 청산유수(靑山流水)의 언변이었다고 회고한다. 학교 건물에 실례를 하고, 학생들과 보신탕을 '왕왕구락부'라고 속여 음복까지 해 논란이 있었던 기행으로도 유명하다. 이승에서 함께 문단을 유랑했던 김관식의 죽음에 대해 천상병은 '좌충우돌의 미학은 / 너로 말

20 졸저, 『작가연구방법론』, 역락, 2007.

21 최하림, 「시인들 다시 병동으로」, 『김수영 평전』, 실천문학사, 2001, 262쪽.

미암아 비롯하고 / 드디어 끝난다'라고 「김관식의 입관」을 썼다.

그리고 그는 떠났다.

그러나 그의 문단 기행보다 1950~60년대 전후 혼란한 사회를 동양적 사유와 현실 저항의 시로 형상화했던 시인이었음을 들여다볼 필요가 있다.

*** 참고문헌**

김문집, 「김유정의 비화를 공개한다」, 《문학사상》, 1976년 2월호.

박종석, 『우리 시대의 독자』, 한국학술정보, 2022.

______, 『송욱 문학 연구』, 좋은날, 2000,

______, 『송욱 평전』. 좋은날, 2000.

신경림, 『한국의 괴짜』, 사회발전연구소,

이성교, 『현대시인론』, 형성, 1994.

______, 「1950년대 현대문학 출신들과 명동 풍경」, 『문단유사』, 한국문인협회, 2002,

이봉구, 『명동 – 세월따라 사람따라』, 삼중당, 1967.

______, 『명동백작』, 일빛, 2004.

______, 『그리운 이름 따라- 명동 20년』, 지식을만드는지식, 2010.

이재선, 『한국 단편소설연구』, 일조각, 1972.

조연현 편저, 「김유정 편」, 『한국현대소설의 이해』, 일지사. 1966.

천상병, 『천상병 전집』(1,2), 평민사. 2018.

천승세, 「천의무봉의 순수한 악동을 그리며」, 『천상병을 말하다』, 답게, 2006.

최하림, 「조선말을 불란서 말처럼」, 『시인을 찾아서』, 프레스21, 1999

______, 『김수영 평전』, 실천문학사, 2001.

황금찬, 「월정가」, 『나는 어느 호수의 어족인가』, 문학세계, 2004,

3 「32. 신석초(申石艸, 1909~1975)」

위당 자택에서 '천재적인 빛깔'의 육사를, 문인 집합소 '문예 싸롱'에서 동리를 만나다.

Ⅰ. 신석초 문학의 접근 방향

Ⅱ. 〈신석초의 사신 기록물〉 내용 분석

1. '문예 싸롱'의 문단 활동

2. 「서라벌 단장」과 《현대문학》

3. 임화와 최재서 그리고 조연현

Ⅲ. 신석초의 주변과 위치

* 참고문헌

Ⅰ. 신석초 문학의 접근 방향

죽마고우(竹馬故友) 이육사(李陸史, 1904~1944)와 신석초(申石艸, 1909~1975)의 만남 그리고 김동리(金東里, 1913~1995)와 '문예 싸롱'에서 만난 신석초의 이야기가 사신 기록물에 남아 있다. 신석초는 이미 1930년대에 평론(「창작의 고정화에 항(抗)하여」, 《중앙일보》, 1932년)을 그리고 1935년 《신조선》에 「비취단장」과 「밀도를 준다」라는 시를 발표했다. 특히 이육사 소개로 《문장》(1940년 10월)에 「비취단장」를 개작해 발표하면서 시인으로서의 명성을 얻게 되었다.[1]

신석초가 안막(安漠, 1910~?), 박영희(朴英熙, 1901~?) 등과 교유하면서 카프(KAPF) 맹원으로 활동했다는 점은 문학사에서는 잘 알려지지 않은 부분이다.[2] 그리고 선친이 사준 서울 집을 팔아 영화 「지하철」을 제작하기도 했다는 사실도 마찬가지다.[3] 이로 보아 그의 시 세계에는 서구적 취향과 고고한 전통적 요소만이 아니라 계급주의적 요소와 영화적 요소가 없을까 하는 궁금증을 낳게 된다.

1965년부터 조연현과 함께한 〈작가 필명 병풍〉에는 신석초의 친필 서명이 남아 있어, 이를 근거로 그의 사신 기록물이 원본임을 확정할 수 있다. 신석초의 본명은 응식(應植)이고, 필명은 석초(石艸) 혹은 석초(石初)이다. '석초(石艸)'는 그가 남긴 사신 기록물이 원본임을 확정할 수 있는 증거이다.[4]

---

1 이성교, 「신석초론」, 『현대시인론』, 형설, 1981, 303쪽.

2 신범순, 「집요한 거울의 불행-신석초 시의 고민」, 《문학사상》, 1995년 4월호, 48쪽.

3 김후란, 「독특한 시세계, 높은 품격」, 《문학사상》, 1995년 4월호, 44쪽.

4 졸저, 『작가 사신 연구 방법론』 참고.
작가들이 자신의 본명과 필명을 쓴 시점이 다르다면, 이 시기를 기준으로 발신과 수신 기록이 사라진 사신 기록물의 연도를 특정해, 작가의 문단 활동과 수신자와의 교유 관계 등을 파악할 수 있다.

조연현 자택 병풍에 펼쳐진 작가 서명

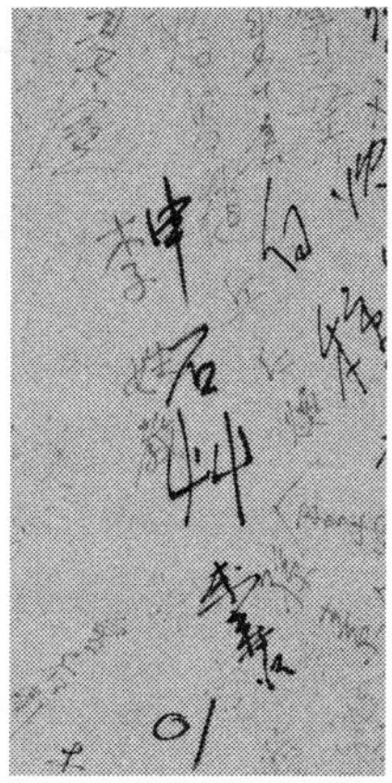

신석초의 서명

조연현의 서울 정릉 자택 2층에는 〈現代文學 創刊 十周年 記念 乙巳 一月 二十八日〉이라는 4쪽짜리 병풍이 놓여 있다. 《백조》 동인인 월탄 박종화(朴鍾和, 1901~1981)[5]가 《현대문학》 10주년인 1965년에 선물한 것이다. 여기에는 100여 명의 한국의 대표적인 작가들이 직접 서명한 〈작가 필명 병풍〉이 있고, 여기에 '申石艸'라고 적혀 있다. 그리고 그의 대표작인 「바라춤」의 친필 원고에도 '申石艸'라고 적혀 있어 사신이 원본임을 확증하는 증거라고 할 수 있다.[6]

신석초 사신에 등장하는 임화(林和, 1908~1953)[7]와 최재서(崔載瑞, 1908~1964) 역시 필명을 사용했었다. 서울 출생으로 시인이며 비평가인 임화의 본명은 임인식(林仁植)이며, 비평가인 최재서는 필명으로 학

5 1949년 발족한 한국문학가협회(韓國文學家協會)의 초대 회장 역임. 1920년대 낭만주의 시 창작으로부터 시작하나 말년에는 역사 소설가로서 작가 명성을 남김.

6 조용훈, 『신석초 연구』, 역락, 2001, 261쪽. 이 저서에도 촬영본으로 인쇄되어 있다.

7 서울 출생. 1921년 보성중학에 입학, 1925년에 중퇴. 1926년부터 시와 평론 발표, 영화와 연극 활동 참여. 다다이즘(dadaism)과 프롤레타리아 사상과 무산 계급 문학 운동. 본명은 임인식(林仁植). 1926년에는 성아(星兒)라는 필명을, 1928년부터는 임화·김철우(金鐵友)·쌍수대인(雙樹臺人)·청로(靑爐) 등의 필명을 사용했다. 임화 사신 기록물이 발견되면 특정 시기의 사신 기록물임을 추정할 수 있다는 점에서 의미가 있는 것이다.

수리(鶴首里)·상수시(尙壽施)를 사용했다. 특히 1900년대와 1920년대 문인들은 호와 필명을 작품 발표에 애용하기도 했다.[8] 이는 한 문인이 다수의 작품을 발표하면서 동일인의 이름을 사용하는 데에 따른 불가피한 상황 때문이었다. 이 외에도 일제 강점기라는 시대 상황이기 때문에 실명보다는 필명을 사용할 수밖에 없는 이유도 있으리라는 생각이 든다. 특히 독립투사 이육사와 친밀한 관계였기 때문에 신석초가 필명을 쓴 이유는 없었을까?

Ⅱ. 〈신석초의 사신 기록물〉 내용 분석

이제 신석초가 조연현에게 보낸 사신의 내용을 들여다볼 차례이다. 〈작고 문인 사신철〉에는 사신 기록물의 뒷면이 각각 풀로 붙인 상태로 1통 2장이 보관되어 있다. 다만 조연현의 집필 목적에 따라 정리하는 과정에서 1장 정도가 사라진 것으로 보인다. 왜냐하면 첫 장과 둘째 장 사이에 이어져야 할 문장 연결이 매끄럽지 않기 때문이다. 첫 장의 끝에 '적당히 게재하겠~'으로 끝나 있고, 둘째 장 처음에 '잡지 수습하여~'로 되어 있어 연결이 부자연스럽다는 점 때문이다. 다행스러운 것은 사신 기록물에는 조연현에게 교신한 목적은 파악된다.

1. '문예 싸롱'의 문단 활동

원본 확증 이후, 신석초의 사신 기록물에 대한 논의 방향은 다음과 같다.

첫째, 사신을 통해 명동의 '문예 싸롱'에서 이루어지는 문단 활동과 발신자 신석초의 대표작 「서라벌 단장」에 관한 논의의 필요성이 있다.

---

8 김병익, 「호와 필명의 애용」, 『한국문단사』, 문학과 지성사, 2003, 124~128쪽.

둘째, 임화와 최재서에 대한 비평가 조연현의 시각과 안목이 궁금하다. 그리고 신석초가 보낸 사신 기록물에서 확인된 문학잡지 등이 조연현의 현대문학사 집필에 어떻게 활용되었는지 궁금하다. 이는 문학사가 조연현의 문학사 기술 방향과 안목이 연관되어 있다.

셋째, 신석초 문학과 삶의 옆에는 위당 정인보[9]와 이육사가 자리하고 있다. 이에 대한 영향 관계도 궁금하다.

〈신석초의 사신 1〉의 내용은 다음과 같다.

신석초의 사신 1

9 항일기의 한학자·교육자. 자는 경업(經業). 호는 담원(薝園)·미소산인(薇蘇山人)·위당(爲堂). 1912년 상해로 건너가 신채호·박은식 등과 함께 동제사를 조직, 교포의 정치적·문화적 계몽 활동을 주도. 1936년 연희전문학교 교수로 한문학·국사학·국문학 등의 강좌 담당. 1947년 국학 대학 학장 취임. 1948년 대한민국 수립 후 행정부의 감찰위원장. 1950년 7월 31일 서울에서 공산군에 납북. 저서로 『조선사 연구』, 『양명학 연론』, 『담원 시조집』 등.

親愛하는

趙兄！日前 上絃時(음력 7~8일 무렵)에는 匆匆히 도라오느라

兄을 찾지못함에 千方껏 情懷를

對面치 못하겠오이다. "文藝 싸롱"에서

東里 兄을 맛나 大觀 與否는 드렀읍니다만, 東里 兄의 紹介로

貴社의 社員에게서 原稿 付託을 받었는데 이제야

原稿 數篇을 적어 보내노니 받어보서요

不足 可觀입니다.

藝中 "서라벌 斷章"은 繼續 整理하여 보내겠사오니

惠諒(편지 등에서, '남이 헤아려 살펴서 이해함'), 適當이 揭載하여도 無關하겠(…이하 서술어 연결이 모호함)

—「전문」 중에서

〈신석초의 사진 1〉에는 1940년대 후반부터 1960년대 초까지 한국 문인 집합소였던 명동의 '문예 싸롱'에서 신석초는 조연현을 만나지 못하고, 대신 김동리를 만나 대관(大觀: 대개 전체 이야기) 안부를 듣고, 귀사(《현대문학》)의 사원으로부터 청탁 원고를 받았지만 이제야 수(數) 편(篇)의 원고를 보낸다는 내용이다.

1940년대 후반 명동은 문인들이 모이는 교류 장소이며, 원고를 주고받는 거래처였다. '문예 싸롱이나 갈채'에는 주로 김동리(金東里, 1913~1995)와 조연현을 비롯한 〈한국문학가협회〉 문인들이 모였다. 박화성(朴花城, 1903~1988), 서정주(徐貞柱, 1883~1978), 박목월(朴木月, 1916~1978), 조지훈(趙芝薰, 1920~1968) 등《문예》와《현대문학》 출신 작가들이 대부분 모였다. '동방 싸롱'에는 백철(白鐵, 19081~1985), 김광섭(金珖燮, 1905~1977) 등 〈자유문협〉 문인들과 영화, 화가 등이 주로 모였다.[10]

신석초는 '부족(不足) 가관'(可觀: 언행이 보기에 흉해 비웃을 만함.)

이지만, 그중에서 「서라벌 단장(斷章)」[11]은 계속 정리하여 보내오니 너그럽게 헤아려 적당히 게재(揭載)하여도 무관하다는 내용의 사신을 보낸다. 이러한 사신 내용으로 보면, 《현대문학》의 내부 사정을 이해하고 자신의 작품 수준을 낮추는 태도로 보아 그가 선비와 같다는 평가를 받는 이유가 짐작된다.

이육사 소개로 《문장》에 작품을 발표했듯이 김동리의 소개로 《현대문학》에 작품을 발표한다. 이로 보아 당시 작품 발표의 방법을 어느 정도 이해를 할 수 있으며, 또한 작품 발표에 적극적이지 않았던 신석초는 내향적이며 조용한 성격의 소유자로 파악된다. 이러한 성향에 대해 당시 문단 풍토가 조직적이었으며, 또한 파벌 의식이 강했기 때문에 스스로 '학처럼 고고하게 품위를 지켜 온 데'(김후란)에 연유한 것이 아닐까 한다. 그는 유가(儒家)의 뼈대 있는 대지주 집안의 장남이며, 여섯 살부터 한학과 신학문을 배우기 위해 가정교사를 두었을 만큼 전통과 개화에 일찍 눈을 떴다.[12] 이러한 성장 과정과 환경이 그의 시에 어떻게 묻어나 있는지를 이해하는 충분한 근거가 된다.

신석초는 김동리보다 4살이나 위이지만 형이라 부를 만큼 예의와 친밀감이 있다. 이들이 만난 장소는 '문예 싸롱'인데, 조연현이 주간이었던 《문예》사 건물 지하에 이 다방이 있었다. 이상의 '제비' 다방에 《구인회(九人會)》 모임이 잦았던 시대가 있었다. 이처럼 다방은 문인 집합소이다. 여기에서 세상 돌아가는 이야기며, 원고 청탁과 출판 기념회가 자주 열렸기 때문에 '일종의 문인 시장'이었다고 조연현은 술회한다.[13] 사실은 《문예》 창간(1949년 8월~1954년 3월) 이전에는 문인들이 주로 '푸러

10 이성교, 「1950년대 《현대문학》 출신들과 명동 풍경」, 『문단유사』, 한국문인협회, 2002, 72쪽.

11 단장(斷章): ① 한 체계로 묶지 않고 몇 줄씩의 산문체로 토막을 지어 적은 글. ② 짧은 기악의 소곡.

12 김후란, 「독특한 시세계, 높은 품격」, 《문학사상》, 1995년 4월호, 42~43쪽.

13 조연현, 「'푸러워'에서 '문예싸롱'으로」, 『남기고 싶은 이야기들』, 부름, 1981, 50~53쪽.

워'가 집합 장소였다. 하지만《문예》창간 이후로 '문예 싸롱'으로 모이는 데는 이유가 있었다. '문예 싸롱'이《문예》사 지하의 다방인 이유도 있지만, 문인들이 '푸러워'를 떠나는 계기가 있었다. 그것은 경기도 연천 출생인 평론가 홍효민(洪曉民, 1904~1976)의 출판 기념회에서 정지용(鄭芝溶, 1903~1950)이 소위 '깽판'을 친 한 사건이 있었기 때문이다.

수백 명의 예술인이 머물렀던 명동은 음악, 미술, 연극인들이 일자리를 구하는 장소이자 연락에 필요한 전화가 있던 곳이었다. '문예 싸롱'은 서정주, 김동리와 같은 중진 문인들의 아지트였고, 1955년 3층 건물의 1층에 있었던 명동의 '동방 싸롱'은 가난한 문인들이 많이 머물렀기 때문에 소위 '금붕어족' 문인들의 출입이 잦았다. 이곳은 전쟁 폐허와 가족과 이별의 고통 속에서 은박지에 그림을 그렸던 화가 이중섭(李仲燮, 1916~1956),[14] 소설가 이봉구(李鳳九, 1916~1983),[15] 시인 박인환(朴寅煥, 1926~1956)[16] 등의 출입이 잦았던 문인 명소였다. 그리고 '포엠'은 위스키 시험장으로 외상 술꾼들이 모였던 예술인들의 술집으로 유명했다. 그래서 명동은 '예술과 낭만과 사랑의 사랑방'이었다.[17]

---

14 서양화가로 호는 대향(大鄕). 이중섭의 작품에는 소, 닭, 어린이, 가족 등이 가장 많이 등장하는데, 향토적 요소와 동화적이고 자전적인 요소가 주로 담겼다는 것이 소재상의 특징이라는 평가를 받는다.

15 1916년 경기도 안성 출생, 1932년에 중동학교 중퇴. 1934년 단편 〈출발〉을《중앙》에 발표 1936년에 단편 「광풍객(狂風客)」을《조선문학》에 발표, 〈시인부락〉, 〈풍림〉, 〈자오선〉의 동인 활동. 1939년부터는 명동을 주요 활동 무대로 삼았고, '단층' 동인인 김이석과 '삼사문학' 동인인 신백수, 이시우, 장서언, 그리고 '무기'를 경영하던 이상과 친분이 있었다. 해방 후 소설 「도정」을 비롯해서 「속·도정」과 「명동 엘레지」, 「언덕」, 「부라운과 시계」, 「보리와 대포」, 「우수」 등 발표. 『그리운 이름 따라 – 명동 20년』을 비롯해서 『명동』, 『명동 비 내리다』 등 명동의 다방과 술집을 배경으로 실제 시인, 소설가, 기자, 화가, 배우가 사는 이야기를 일화 형식으로 썼다.

16 항일기의 시인. 1944년 황해도 재령의 명신중학교를 졸업. 같은 해 평양의학전문학교에 입학했으나 해방이 되자 학업을 중단. 서울로 와서 '마리서사'라는 서점을 경영하면서 여러 시인들과 사귀었고, 서점을 그만두고는《자유신문》·《경향신문》기자로 근무. 부산에서 김규동·이봉래 등과《후반기》동인으로 활동했다. 1956년 심장마비로 30세의 젊은 나이에 사망.

〈신석초의 사신 1〉의 발신 연도는 원고 청탁 이야기와 관련이 깊다. 사신에는 「서라벌 단장(斷章)」을 송고했다는 내용 때문에 이 작품의 창작 시기와 관련이 있다. 신석초는 이미 《문예》에는 「청산아 말하여라」(1949년 5월호)를 발표했었다. 「서라벌 단장(斷章)」이 게재된 《현대문학》(13호) 1956년 1월호와 《현대문학》(19호) 1956년 7월호의 시점으로 추정된다.[18] 그래서 작품 발표 이전인 청탁 시기를 고려하면 1956년 이전인 1955년 정도로 추정이 된다. 즉 「서라벌 단장(斷章)」이 1956년 1월호《현대문학》에 발표된 것을 보면 적어도 이 사신 기록물은 1955년 정도로 추정된다.

2. 「서라벌 단장」과 《현대문학》

김동리의 소개로 《현대문학》으로부터 원고 청탁을 받았는데, 이제야 보낸다는 〈신석초의 사신 1〉에는 그의 문단 활동과 창작 태도를 읽을 수 있다. 신석초의 원고 청탁은 본인보다는 이육사를 통해 전해졌을 정도였다. 심지어는 이육사가 신석초의 초고를 뺏어 대신 전달해 《시학》, 《문장》, 《자오선》 등의 잡지에 발표했다.[19] 이처럼 신석초는 문단 활동에 소극적이었으며, 작품 발표에도 매우 신중한 시인이었던 만큼 시적 고뇌가 많았다는 의미이기도 하다.

1942년 7월 7일, 이육사가 신석초에게 보낸 사신에는 "나의 생활이 고단한 것을 형(兄: 육사가 5살이 많음.)이 짐작할 것이라고 하면서, 먼저 편지라도 한 장 해주리라 바라면서도 형의 게으름(?)에 가망이 없음을 알고, 내 먼저 주제넘게 호소하지 않은가"[20]라는 내용을 담았다. 독립

17 뿌리깊은나무, 「명동과 명동 사람」, 1989, 164쪽.
18 조용훈, 앞의 책, 〈작품 연보〉, 295~296쪽.
19 조용훈, 「2. 시인 신석초」, 앞의 책, 230쪽.

운동을 주변에 알리지 않았지만, 신석초에게는 현실 상황에 대한 자신 마음을 진솔하게 표현했다. 신석초는 자신의 마음을 쉽게 내비치는 성격이 아니며, 마음을 담는 글 또한 잘 쓰지 않는다는 소위 내향적인 성격의 소유자로 보인다. 함부로 행동하지도 않기 때문에 고고하게 보이기도 한다.

이러한 성격과 창작 태도는 일제 강점기라는 시대 상황에 대응하는 방법이기도 했다. 신석초는 일제 말기에 겪었던 억압에 대항하는 방법으로서 시 창작을 단념하고, 특히 우리말까지도 훼손하려던 일제 강점기에 국어로 무엇인가를 쓴다는 일은 보람이 없는 일일 뿐 아니라 또한 허무한 일이라고 생각했다.[21] 이러한 신석초의 성격과 시작 태도 때문에 이육사가 나서서 원고 청탁과 문예지 게재를 종용(慫慂)하는 조력자 역할을 했다.

특히 「서라벌 단장(斷章)」을 1956년 1월호 《현대문학》에 게재하겠다는 의미는 《현대문학》이 지향하는 가치를 신석초의 작품이 담을 수 있다는 점에서 수신자 조연현의 자긍심도 있었을 것이다. 신석초와의 인연은 1956년 《현대문학》에 작품 발표를 시작으로 1975년 작고 직전까지 이어진다. 또한 《현대문학》의 시 추천위원으로도 활동하게 된다. 『한국현대작가론』에서 『바라춤』을 '동양적 지혜와 정서가 한국적 율조(律調)에 의해서 무르익은 고전적인 현대시'라고 극찬했다는 점에서, 조연현은 신석초에 대한 시력을 존중했고, 인간적인 믿음도 컸었다. 〈작가 필명 병풍〉에 신석초의 뚜렷한 서명이 그 증거라고 할 수 있다.

---

20 이육사, 「옥룡암에서」, 『사랑을 쓰다 그리다 그리워하다』, 루이엔휴잇, 2016, 148~149쪽. 김용직, 손병희 편저, 「옥룡암에서」(『이육사 전집』, 깊은샘, 2004, 368~369쪽)는 '7월 10일'이라고 적혀 있고, '신석초 소장, 최근에 공개된 것임.'으로 밝혀 놓았다. 이외에 〈신석초에게 1〉(4월 17일 하오 5시경, 於京釜線 車中 陸史 拜上)과 〈신석초에게 2〉(於京釜線 車中 陸史弟)를 공개했다.

21 신석초, 「바다에서」, 『시와 시인의 말』, 창우사, 1986, 41쪽.

〈신석초의 사신 1〉을 통해 몇 가지를 생각이 들었다.

첫째, 신석초의 작품 발표 성향과 자신의 감정 표현을 절제하는 그의 내향적인 성격을 간접적으로 볼 수 있다.

둘째, '문예 싸롱'은《현대문학》을 비롯한 작품 발표의 계기가 되는 공간이며,《현대문학》에 영원히 남을 원고를 청탁하는 중요한 공간이었다. 또한 조연현이 문학잡지 활동을 열정적으로 할 수 있도록 만들어진 공간이기도 하다.

셋째, 역량 있는 작가들의 작품을 발굴하고 발표할 수 있도록《현대문학》을 적극 활용했으며, 이를 통해 전국적인 문학 지형도를 만들고자 했던 조연현의 안목이 신석초를 통해서도 나타났다.

3. 임화와 최재서 그리고 조연현

신석초의 사신 연구에서 검토할 두 번째 작가는 임화(林和, 1908~1953)와 최재서(崔載瑞, 1908~1964)이다. 〈신석초의 사신 1〉이 발신자 신석초의 문단 활동과 발표 작품 연구라고 한다면, 〈신석초의 사신 2〉는 수신자 조연현의 비평관과 문학사가의 시각을 볼 수 있다는 점에서 차이가 있다. 여기서 더 나아가면 두 작가(임화와 최재서)의 작품에 대한 천착(穿鑿)도 사신 연구의 한 방법이 된다.[22]

〈신석초의 사신 2〉의 내용은 다음과 같다.

---

22 발신자 관점, 수신자 관점, 발신자-수신자 관점, 제3의 관점인데 여기서 사신 속에 등장하는 작가의 사신을 연구하는 방법이다.

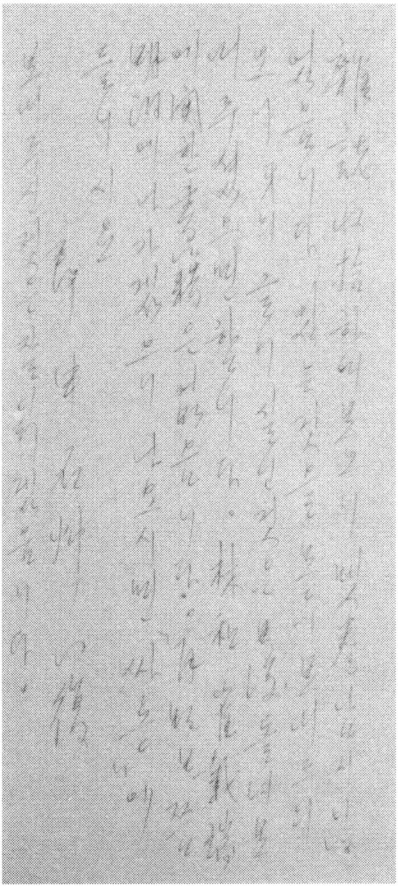

신석초의 사신 2

雜誌 收拾하여 보오니 멧 券 남지 않었읍니다.

있는 것을 모두 보내드리오니 弟[23]의 글이 실린 것은

日後 돌녀보내 주셨으면 합니다. 林和, 崔載瑞에 關한 書籍은

없읍니다.

月曜日쯤 明洞에 나가겠으니 나오시면 "싸롱"에 들리시요

申石艸

보내주신 것은 잘 읽겠읍니다.

—「전문」

〈신석초의 사신 2〉에는 조연현의 요청으로 잡지를 '수습'(收拾: 흩어진 재산이나 물건을 거두어 정리함.)해 보니, 몇 권이 되지 않지만 잡지를 보낸다는 내용과 함께 자신의 글이 실린 잡지는 '일후'(日後: 시간이 지난 뒤에 올 날) 돌려달라는 내용이다. 작가, 작품 그리고 문학잡지와 같은 각종 자료 수집 및 분석은 비평가이자 문학사가 조연현에게는 절

23 '아우'의 뜻으로, 평교간 편지에서 자기를 낮추어 쓰는 말.

대적인 사명감이라 할 수 있다. 정릉 자택 2층 서가에는 임화[24]의 초판본 시집 『현해탄』(1938)이 청마 유치환의 시집 『청마시초』(1939)와 함께 꼿꼿하게 꽂혀 있다.

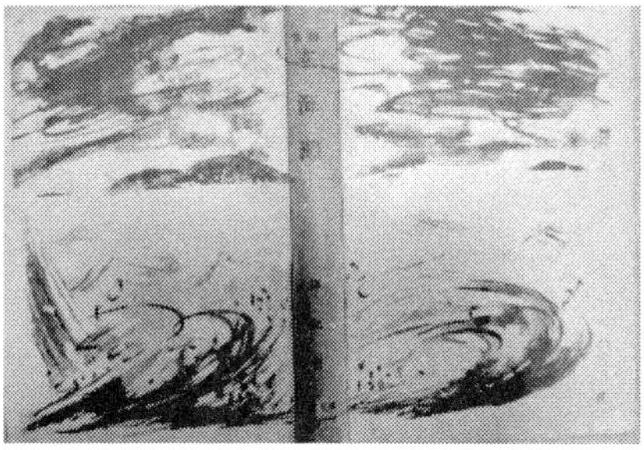

임화의 『현해탄』

유치환의 『청마시초』

임화와 최재서 관련 서적은 없다는 내용도 있다. 임화와 최재서를 어떤 시각으로 한국문학비평사에 투영할 것인가는 문학사가 조연현의 시각이다. 임화는 좌익, 최재서는 우익에 선 비평가라는 점에서 조연현과의 접점이 필요해 보인다.

우선 『한국현대문학사』를 집필하면서 '부딪친 실제적인 험로(險路)는 자료의 빈곤과 괴뢰 집단에 사역(使役)되고 있는 문학인에 관한 부분'이었다고 〈자서(自序)〉에서 밝혔다. 즉 일제 강점기에 1차 자료의 소실이 있었고, 뒤이어 6.25 동란으로 문학 관련 자료 소실이 심했으며, 특히 해방 이후 친일과 반공 이데올로기로 인한 자료 취급의 한계가 또한 문학사 집필의 걸림돌이라는 입장이었다. 문학사 기술에 필요한 자료를 임화나 최재서 같은 동료 문인들에게 백방으로 구했던 이유를 설명할

24 1947년 미군정의 탄압을 피해 월북, 남북 협상에 참여한 뒤 조선민주주의인민공화국 건국에 참여하였으나, 종전(휴전)된 직후인 1953년 8월 6일에 지난날 구 남로당 중심인물이었던 이들과 함께 조선민주주의인민공화국 평양 최고재판소 군사재판부에서 '미제 간첩' 혐의로 사형 선고를 받고 집행되었다(2024년 8월 2일, 《위키백과》에서).

수 있다. 이로 볼 때, 조연현은 자료 중심의 문학사 기술을 근본으로 하고 있다. 그런데 그의 문단 행보의 일정 부분은 우익이었다.

친일 문인에 대한 '문학적인 행정(行程)은 가능한 한 사실대로 기술하되 그들의 정치적 문학적인 과오를 지적해 둠으로써 역사적인 저술의 공란(空欄)을 극복'하고자 했다는 점에서 문학사 기술에서 친일 문인과 문학사의 연속성과 지속성에 대한 그의 시각을 또한 볼 수 있다. 친일 문학론은 〈작고 문인 사신철〉의 「31. 방인근」, 「44. 김용제」 등이 관련되어 있는데, 이에 대한 논의를 통해 조연현의 시각이 어떻게 반영되었는지를 볼 수 있다. 친일 논란이 있었음에도 최재서는 다루었고, 임화를 다루지 않았던 점에서 1950년대 반공 논란에서 벗어나고자 했던 조연현의 비평적 시각을 볼 수 있다.

조연현은 《현대문학》(1955. 6～1956. 12)에 연재할 한국문학사와 문단사 기술을 위한 관련 자료를 여러 문인으로부터 구했다고 했지만, 사실은 서구 문학에 애정이 있었다고 고백한 바 있었다. 이러한 지향점에서 부산의 고석규(高錫圭, 1932～1958)를 주목한 것이 아닌가 한다. 고석규는 국문학을 전공했으나 서구 문학론을 전개했다. 조연현의 비평관에서 서구 문학의 영향 관계도 연구의 여지가 있어 보인다.

외국 문학 서적을 비롯한 각종 문학 전집(정릉 자택)

문학사 기술에 자료 도움을 준 문인들의 이름을 《한국현대문학사》(1957)에서 최남선, 박종화, 조윤제, 신석초, 김동리, 이봉구, 이가원, 박청허 등 구체적으로 적어 감사하는 마음을 담았다. 여기에 '신석초'가 기록되어 있어 그의 사신 기록물과의 연관성을 확실하게 볼 수 있다. 그래서 자료 도움에 대한 조연현의 발신 사신이 있었을 것이라는 판단은 가능하다. 그래서 쌍방의 사신 기록물을 통해 상호 작용하는 내용을 구체적으로 파악하면, 한국문단사와 한국문학사의 확장 가능성을 탐색할 수 있다.

《한국현대문학사》의 「제5장 1920년대의 중요 작가들」과 「제6장 1930년대의 개관」에는 1920년대는 작가를 중심으로 기술했으나, 1930년대는 두루뭉수리로 개관했음을 보여주었다. 그 이유는 1930년대 작가들이 현재 활동하고 있는데 이들을 '일정한 규범'에 넣는다는 위험성 때문이라는 것이다. 시간이 흐른 뒤, 조연현은 '오래 살아서 나는 이 일을 완수(完遂)하고 싶다.'고 했을 만큼 문학사 기술에 있어 남다른 열정을 가지고 있었다.

일제시대의 정치적, 문학적인 과오를 지적해 둠으로써 역사적인 저술의 공란(空欄)을 극복하고자 했으나, 임화는 다루지 않았다. 이유는 친일 논리보다 집필 당시에는 반공 논란이 더 심각하다고 생각했기 때문이다. 그만큼 조연현은 우익을 대변하는 문학가였다는 점을 새삼 확인할 수 있다. 임화는 주지하다시피 일제시대에 카프 서기장을 역임했으며, 해방 후에는 문학가 동맹의 핵심 세력이었던 시인이요 비평가이기 때문에 다루기에는 한계가 있었다. 그런데 당대 뛰어난 임화를 주목했다는 점에서 조연현의 비평가 안목과 문학사 기술의 균형성과 지속성을 강조하는 문학사가임을 다시 한번 볼 수 있다.[25]

---

25 김윤식, 『임화 연구』, 문학사상사. 1989.

조연현은 동국대 재직(1961~1978년) 시절, 최재서와 세 번의 만남을 통해 그에 관한 비평문을 썼다. 그와 만난 시기를 최재서의 생몰 연대(1908~1964)를 계산하면, 대략 1961년부터 1964년 사이로 추정된다. 조연현의 『한국현대작가론』에는 시인, 소설가가 대부분이지만 비평가는 최재서뿐이다. 애정이 묻어나는 평문을 쓴 셈이다. 최재서에 대한 인상은 '무뚝뚝하고 사무적'이라고 했지만, 해방 후 그의 행동과 연구 업적에 대해서는 높이 평가했다. 6.25 동란 후, 조연현은 부산에서 서울로 환도해 『한국현대문학사』를 집필하기 위해 최재서가 주간했던 《인문평론》(후에 《국민문학》으로 바뀜)을 구하고, 또 《현대문학》 원고 청탁을 위해서 만났다. 그러나 이 두 가지를 다 얻지 못했다. 문예잡지를 가지고 있지 않았고, 친일 관련 글로 인해서 공식적으로는 절필하면서 대학 강의만 몰두했기 때문이다. 10년 동안의 문필 활동을 절필한 시기에 셰익스피어(William Shakespeare, 1564~1616) 연구로 그는 동국대학교에서 박사학위를 받았다. 그래서 최재서가 "지난날의 과오에 대해서 자신을 엄격하게 처벌하고 있다."는 점을 조연현은 긍정적으로 평가했다.

백철이 자신의 친일 문학 활동을 "무화하거나 축소시키려는 전략으로 당대의 대표적인 문인이었던 춘원의 친일 행위를 크게 부각시키고, 또한 문필 활동에서 임화의 말에 의지하거나 혹은 북경행을 감행해"[26] 변명했던 점과 최재서는 대비된다. 최재서와 임화를 통해 조연현 자신의 친일 평론에 대한 반성을 어떻게 해야 하는지를 스스로가 답한 셈이다.

최재서는 평론집 『문학원론(文學原論)』을 1960년 춘조사(春潮社)에서 발행했으며, 그의 저서 『셰익스피어 예술론』과 더불어 학문적 성과를 보여준 이론서이다. 이것은 최재서 평론의 주조저류(主潮底流)를 이룬 기본적

---

26 노상래, 「백철의 자서전 읽기 – 일제 암흑기와 해방기를 중심으로」, 『국학연구론총』(제30집), 2022, 348쪽.

인 논리이다. 또한 문학을 가치 있는 체험의 기록이라 정의한 심리학적인 문학의 해석 방법이다. 이 경우, 체험은 아리스토텔레스(Aristotle, 기원전 384~322)의 「시학(詩學)」, 윌리엄 제임스(William James, 1842~1910)의 「심리학의 원리」, 리처드(I. A. Richards, 1893~1979)의 「문예 비평 원리」 등에 의거한 것이다. 그리고 감성과 이성의 조화(調化) 및 심화를 위해, 전공인 영국의 낭만주의 시인 존 키츠(John Keats, 1795~1821), 셸리(Percy Bysshe Shelley, 1792~1822) 등을 주축으로 한 18세기 낭만주의의 감성과 이것에 대립 및 상충(相衝)되는 신고전주의의 이성(혹은 지성)을 결합하려고 한 결정적인 저서다. 이런 관점에서 볼 때, 이 『문학원론』은 문학 이론의 균형을 취한 한국 유일의 개론서(槪論書)로 평가된다. 그러나 이 저서는 지나치게 심리학적 균형(equilbrium)에 치우쳐져 있고, 또 영문학 일변도의 이론에 집중되어 있다는 비판을 받고 있다.[27]

조연현은 《예술부락》 동인지 출간 이후, 30년 동안 하루도 잡지와 떠난 적이 없다고 고백한다. 문학잡지는 조연현의 일상이며 심지어는 운명이기도 하다. 1949년 《문예》, 1955년 《현대문학》을 비롯해, 〈문협〉 이사장 재직 시에도 기관지 《월간문학》을 발행하는 노력을 기울였다.[28] 이것으로 보아, 〈신석초 사신 2〉에서 보듯이 신석초에게까지 문예잡지를 구한 이유는 짐작이 간다. 다만 어떤 서적이나 잡지인지를 구체적으로는 파악하기 어려우나, 특히 『한국현대문학사』의 「제4장 근대문학의 전개」에 등장하는 《창조》, 《폐허》, 《백조》, 《영대》, 《조선문단》, 《문예공론》, 《해외문학》, 《조선문학》 등이 소개되어 있어 짐작되는 바이다. 조연현이 문학사 기술에 있어, 동인지를 중심으로 평가하기 전에 이미 「표

---

27 『국어국문학자료사전』, 2923쪽.
최재서와 고석규의 서구 문학론 비교 연구도 논의해 볼 수 있겠다.

28 문인들의 작품 발표 기회를 마련하기 위해 1968년 9월부터 발행했으며, 창간 당시 주간은 김동리, 편집장은 김상일 그리고 편집 위원은 〈문협〉 간부들이었다.

본실의 청개구리」에 놀란 김동인이 한국문학 초창기의 문예지에 관심을 보였다. 즉 "《창조》가 한국문학의 정립이라는 야망을 보여주었다면, 《폐허》는 당시 일본문단을 휩쓸고 있던 낭만주의와 상징주의를 제 마음대로 받아들여 이념의 무정부주의 상태를 연출하였고, 《백조》는 그도 저도 아닌 젊은 문인들의 모임이었다."라고 흥미로운 평가를 했다.[29] 여기에 더 많은 문예지를 참고하여 문학사를 기술하고 있음을 알 수 있다. 여기에는 첫째, 조연현이 문예잡지가 한국문학사에 끼친 영향을 누구보다도 잘 알고 있었다는 것. 둘째, 1920년대 문학사 기술의 근거가 동인지이기 때문에 그 중요성을 또한 알고 있었다는 것이다. 그래서 '한국문학의 야망'을 그린 김동인을 넘어서 각 문예지가 가진 장단점을 기술했다.

〈신석초의 사신 2〉를 통해 몇 가지를 생각해 볼 수 있다.

첫째, 문학사가의 안목을 보여준 『한국현대문학사』의 「제4장」은 한국 현대문학의 흐름을 근·현대에 발행한 잡지를 중심으로 기술했다는 점에서 잡지를 신석초에게 부탁한 것을 알 수 있다. 물론 조연현이 문예잡지 발행 및 주간으로서의 그 가치 또한 잘 알고 있었기 때문에 문학사 기술의 방향을 정했다.

둘째, 좌익 비평가 임화와 친일 문학론의 중심에 있었던 황해도 해주 출신의 최재서와 같은 이들을 평가하기 위해 신석초에게 서적을 구하려고 했다. 당연히 〈문맹〉의 임화와 〈문협〉의 정통파인 조연현의 시각이 드러나는 지점에서 소위 문학과 이데올로기의 논쟁에서 순수문학론을 의식하고 있다는 것이 된다. 최재서를 통해 친일 논란보다는 우익 이념의 비평적 인식을 함께 보여주려고 한 점에서도 이 사신 기록물은 사료적 가치가 있다.

---

29 최하림, 「술을 시대의 태양으로 삼았던 수주 변영로」(신경림, 앞의 책, 263~264쪽).

셋째, 신석초는 이육사의 「청포도」(《문장》, 1939년 8월호)를 가장 아끼는 작품이라고 말했다. 그리고 일제에 항거하며 17번 이상 감옥 생활에서 독립운동을 펼쳤던 민족시인 이육사와는 지음(知音)의 관계이다. 가장 가까이서 이육사의 항일 독립 투쟁과 시 창작의 고뇌를 지켜보았으며, 이육사가 겪은 시대적인 고통과 그 이면을 신석초가 가장 잘 알고 있다는 점을 눈여겨보아야 한다. 신석초는 1964년 7월호 《사상계》에 동고동락(同苦同樂)했던 이육사의 생애와 시에 관한 이야기를 남겼다.[30]

특히 이육사가 신석초에게 보낸 친필 엽서가 문화재청으로부터 국가 등록 문화재 등급을 받았다. 일제 강점기 시대에 이육사의 삶의 궤적과 함께 독립투사의 면모를 볼 수 있는 가치 있는 사신 자료라는 평가를 받는다. 민족시인 이육사의 사신 기록물인 친필 편지 2통, 엽서 2점에는 신석초와의 우정과 고향에 대한 그리움이 담겨 있다. 1930년 6월 6일에 이육사(본명: 이원록)가 친척에게 보낸 사신에는 당시의 근황과 잠을 청할 곳이 마땅치 않다는 한탄스러운 상황이 담겨 있다. 1931년 11월 친척에게 보낸 편지에는 고향에 대한 그리움이 녹아 있다. 이 사신 기록물의 가치는 국권 상실의 시대 상황과 이육사의 삶이 얼마나 치열했는지를 짐작할 수 있는 상징성에 있다. 이육사가 경주 옥룡암에서 답답한 현실을 직시하며 글을 보낼 때, 신석초에게 4통의 사신, 엽서 2통과 함께 시 작품이 아닌 전통적인 운율로 구성된 시조 2편(1948년 8월 4일)을 보낸다.[31]

신석초는 이육사가 비밀 결사의 일원으로 항일 투쟁에 참여했다는 사실을 아는 사람이 드물고, 지하 항일 운동가로서 혁명가적인 규율과 비밀을 누구보다도 잘 지켜내는 인물이었다고 평가했다. 신석초 역시

---

30 신석초, 「이육사의 생애와 시」, 《사상계》, 1964년 7월호.

31 김용직 엮음, 『이육사 전집』, 깊은샘(2004)과 《동아일보》(2004년 7월 28일) 참고.

일제의 어용(御用) 정책에 협력하거나 혹은 이용당하지 않았다.[32] 신석초는 이육사의 시에 대하여서는 '천재적인 빛깔'을 보여준다고 극찬했다. 1935년경부터 1945년 중국 북경에 이육사가 옥사(獄死)할 때까지 밤낮으로 동행하면서 짧았던 10년 교우(交友) 관계로 지냈다(《현대문학》, 1962년 12월호)고 밝혔다. 두 문사가 같이 있지 않으면 한 사람의 안부를 물을 정도였다고 한다. 이육사는 활달(豁達)하고 사교적이었지만, 신석초 자신은 보수적, 내향적이어서 구태여 모르는 세계를 천착(穿鑿)하지는 않는 성격이라고 말한다. 여기서 이육사의 「편복(蝙蝠)」이라는 작품에 얽힌 일화가 있다. 「청포도」와 「광야」를 애송하는 작품이지만 퇴고(推敲)가 되지 않았고, 이육사가 낭송한 「편복(蝙蝠)」의 작품을 가장 중량 있는 작품으로 꼽았다. 그러나 그의 유작은 아직 발견되지 않았다.

넷째, 이들의 문학적 운명 가운데에는 위당 정인보(鄭寅普, 1892~?)[33]가 있었다. 위당 정인보의 행보는 자연스럽게 육사와 석초에게 영향을 주었다. 조용훈은 신석초가 1935년(27세), 정인보를 만나 고전과 전통에 눈뜨는 계기가 되었다고 밝혔다. 그리고 1937년(29세), 《자오선》 창간호에 「호접」, 「무녀의 춤」 등을 발표하면서 이육사와 함께 동인으로 활동했다. 《자오선》은 1937년 11월에 창간된 시 전문지로 서정주, 김광균, 이육사, 신석초, 이상, 함형수(咸亨洙, 1914~1946), 오장환(吳章煥, 1918~1951) 등이 참여했다. 특히 이들 가운데 서정주, 오장환은 이용악(李庸岳, 1914~?)과 함께 1930년대 시단의 3대 천재, 또는 삼재(三才)로 불렸다.

---

32 조용훈, 「제4부 생애와 문학」, 『신석초 연구』, 역락, 2001, 237쪽.

33 항일기의 한학자·교육자. 자는 경업(經業). 호는 담원(薝園)·미소산인(薇蘇山人)·위당(爲堂). 이건방의 제자. 1912년 상해로 건너가 신채호·박은식 등과 함께 동제사를 조직하여 교포의 정치적·문화적 계몽 활동을 주도. 1936년 연희전문학교 교수로 한문학·국사학·국문학 등의 강좌를 담당. 1947년 국학대학 학장에 취임. 1948년 대한민국 수립 후, 행정부의 감찰위원장. 1950년 7월 31일 서울에서 공산군에 의하여 납북되었다. 저서로 『조선사 연구』, 『양명학연론』, 『담원 시조집』 등을 남겼다.

불굴의 의지를 가진 두 시인이 1935년 처음으로 조우(遭遇)한 곳은 바로 위당 정인보 자택이었다.[34] 그 구체적인 상황은 이렇다. 1935년 봄에 육사는 위당 정인보 집에서 신석초를 만나 가까운 사이로 발전했다. 정인보가 『다산문집』을 간행하기 위해 준비하고 있었는데, 이 일로 《신조선》사와 관계를 맺었고, 이육사는 신석초와 함께 편집을 맡았다. 다시 그는 《신조선》 잡지의 편집 일에 손을 대기도 했고, 이 때문에 1934~1936년 사이에 발표된 14편의 글 가운데 7편을 《신조선》에 발표하기도 했다.

이런 가운데 우정이 깊어 갔고, 그래서 1943년 신정을 맞아 둘이 눈을 밟으러 청량리에서 홍릉으로 나갔다가 "가까운 날에 북경엘 가려네"라는 이육사의 다짐을 털어놓을 만큼 친밀한 사이였다.[35] 신석초와 이육사의 만남은 치열한 시 정신으로 승화되었다. 창씨개명의 홍보물이 나붙던 시기에 이육사는 「절정」이라는 시를 남겼다. 이육사의 딸 이옥비는 북경으로 떠나기 전 종로의 '화신백화점'에서 아버지를 만났고, 이후 신석초를 만났던 이육사는 북경으로 가 독립투사 이병희(李丙禧, 1918~2012)를 만났다. 북경에서 어머니와 큰 형의 첫 제사로 1943년 7월 고향에 돌아왔으나, 서울에서 붙잡혀 짚으로 된 용수갓을 쓰고 북경으로 압송되었다. 북경의 추운 겨울, 지하 감옥에서 1944년 1월 16일 모진 고문으로 40세에 사망하게 된다. 죽음 당시에 만년필 한 자루와 「광야」를 남겼다. 이육사의 지음이었던 신석초가 그의 유품을 세상에 공개했다.

두 시인은 역사의 숨결이 살아있는 경주와 부여를 답사한 것으로 알려져 있다.[36] 이들의 역사 기행은 역사의식과 무관치 않다. 그래서 작가의 창작 이면에는 공간의 의미를 해석할 필요가 있다.

---

34 김삼웅, 『위당 정인보 평전』, 채륜, 2016.

35 김희곤, 「평론가, 수필가, 시인의 삶」, 『이육사 평전』, 푸른역사, 2003, 191쪽.

36 신석초, 「이육사의 추억」, 1962년 12월 호.

Ⅲ. 신석초의 주변과 위치

신석초의 작품에는 '엄격성'이 내재해 있고, 이육사의 글씨체와 작품에는 '정신적 품격'이 있다. 그리고 이육사에게는 한국의 전통적인 강직함이, 신석초는 여기에 서구적 취향의 시 세계를 조화시킨 시인이었다. 그래서 신식초 시에는 '서구적 지성과 동양적 유연성이 융화된 작품을 남겼다.'고 한다.[37] 신석초는 일제 강점기에 이육사와 함께 시를 읊으면서 시대의 울분을 토했던 혹독한 시기를 견뎌왔던 시인이다. 그래서 이들 관계는 단순한 것이 아니라 민족과 한국의 정신적 가치를 지향하는 접점이 있음을 읽을 필요가 있다. 우선, 성장 환경에서 대대로 이어져 온 정신적 가치를 공유했다는 점을 기억할 필요가 있다. 신석초는 석북 신광수(申光洙)의 후손으로, 부친 신긍우(申肯雨)는 선비 품격과 개화 지식을 두루 갖춘 인물로 평가받는다. 이런 성장 환경에서 신석초는 한학 교육과 개화 신문물 교육을 동시에 받은 작가이다. 1931~1932년 도일 중 프랑스 시인 폴 발레리(Paul Valery)에 심취해 1935년 27세에 잡지《신조선》에 '石初'라는 필명으로「비취단장」,「밀도를 준다」를 발표하면서 시작 활동을 한다. 한국의 전통주의와 서구의 외래 정신을 적절하게 조화하는 시작 활동을 했다. 1959년 제2 시집『바라춤』을 출판하는 등 왕성한 시작 활동을 했으나, 1975년 장 출혈로 급사하게 된다.

신석초의 눈에 비친 이육사는 붓을 들면 글씨도 능하였고, 난초나 매화 절지 따위도 곧잘 그렸다고 회상했다.[38] 난(蘭)은 이육사의 절개와 의지의 표상이라 할 수 있다. 일찍이 이황은 특별히 난초를 군자와 같다고 하였고, 공자 또한 난초는 군자의 도를 닦고 덕을 세움에 곤궁하다고

37 김후란,「독특한 시 세계, 높은 품격」, 앞의 책, 42쪽.

38 김희곤,『이육사 평전』, 푸른 역사, 2013, 72쪽.

하여 절개를 바꾸지 않는다고 하였다.[39] 신석초는 붓을 들고 난을 그린 이육사의 삶으로부터 족히 영향을 받았을 것이다.

시집 『이육사 시고(李陸史 詩稿)』라는 한자의 글귀와 함께 시집 표지에는 굴하지 않고 고고(孤高)한 선비의 상징인 난초가 그려져 있다. 신석초가 기억하는 이육사는, 1943년 한시(漢詩)만을 발표한 이유를 일제가 한글을 사용하지 못하도록 하는 데에 기인한다고 신석초가 증언할 만큼 민족지사의 모습을 보았다.[40] 실제로 백철이《매일신보》베이징 지사로 있을 때, 일본 헌병대가 1943년 가을쯤 찾아와 육사의「청포도」에 대해 조사한 적이 있다고 회고했다.[41] 이때 백철은 친일 행위를 위장해 중국행을 했던 것으로 평가되고 있다.[42]

위당 정인보는 유교적인 전통의 가계에서 성장하면서 명문거족에서 학문과 문장력으로 가문과 혈통을 이었다는 점,[43] 1920년대 최남선, 이광수, 이병기, 주요한 등 기라성(綺羅星) 같은 문사들이 활동한 시대에 시조 300여 수를 창작한 당대 뛰어난 시조 작가라는 점, 상하이 동제사에 참여한 독립운동가라는 점 등은 이육사와 함께 신석초의 관계를 심도 있게 논의해야 할 과제로 남는다.[44]

---

39 도진순,「난과 검의 노래」,『강철로 된 무지개 - 다시 읽는 이육사』, 창비, 2018, 14쪽.

40 김희곤,「평론가, 수필가, 시인의 삶」, 앞의 책, 191쪽.(신석초,「이육사의 추억」,《현대문학》, 1962년 12월호, 239쪽 참고)

41 도진순,「난과 검의 노래」, 위의 책(백철,『(속) 진리와 현실: 문학자서전』, 박영사, 1976, 149쪽, 222쪽, 226~227쪽 참고), 22쪽.

42 노상래,「백철의 자서전 읽기 - 일제 암흑기와 해방기를 중심으로」,『국학연구론총』(제30집), 2022, 348쪽.

43 마르크스주의 국문학자인 김태준(金台俊, 1905~1950)은 필자와 신문사 교정자와 총독부 검열자 세 사람만이 읽을 것이며, 양반 가문의 자제라는 점을 들어 정인보 글이 난해하다는 혹평했지만 몰락한 양반 자제로 평생 월세와 전세를 벗어나지 못했다고 하며, 김태준조차도 문헌학적 깊이만은 인정을 했다. 그리고 양주동(梁柱東, 1903~1977)은 위당의 글은 난삽하나, 그 깊고 큰 뜻을 담고 있다고 평가했다(앞의 책, 222~223쪽.).

44 김삼웅,『위당 정인보 평전』, 채륜, 2016.

*** 참고문헌**

김병익, 「호와 필명의 애용」, 『한국문단사』, 문학과 지성사. 2003.
김삼웅, 『위당 정인보 평전』, 채륜, 2016.
김용직·손병희 편저, 『이육사 전집』, 깊은샘, 2004.
김윤식, 『임화 연구』, 문학사상사. 1989.
김후란, 「독특한 시 세계, 높은 품격」, 《문학사상》, 1995년 4월호
김희곤, 『이육사 평전』, 푸른 역사, 2013.
노상래, 「백철의 자서전 읽기 – 일제 암흑기와 해방기를 중심으로」, 『국학연구론총』(제 30집), 2022.
도진순, 『강철도 된 무지개 – 다시 읽는 이육사』 , 창비, 2018.
백　철, 『(속) 진리와 현실: 문학자서전』, 박영사, 1976.
신범순, 「집요한 거울의 불행 – 신석초 시의 고민」, 《문학사상》, 1995년 4월호.
신석초, 「이육사의 생애와 시」, 《사상계》, 1964년 7월호.
______, 「바다에서」, 『시와 시인의 말』, 창우사, 1986.
______, 「예술원의 구성」, 『해방 문단 20년』(한국문인협회 편), 정음사. 1966.
이성교, 『현대시인론』, 형성, 1994.
조용훈, 『신석초 연구』, 역락, 2001.
조연현, 『신석초의 '만가'』, 《문학사상》, 1969년 10월호.
황금찬, 『신석초 서거 20주년 추모 특집』, 《현대문학》, 1995년 5월호.

4 「36. 박목월(朴木月, 1916~1978)」

담백한 문체의 시인, 성실한 오용수 시인을 추천하다.

Ⅰ. 박목월 문학의 접근 방향

Ⅱ. 〈박목월의 사신 기록물〉 내용 분석

1. 정지용의 글씨체를 수용하다.

2. 늦깎이 오용수 추천과 창작 열정

Ⅲ. 박목월의 주변과 위치

* 참고문헌

Ⅰ. 박목월 문학의 접근 방향

정지용(鄭芝溶, 1903~1950)은 《문장》(1940년 9월호)의 선후평에서 '북에 김소월이 있었거니 남에 박목월이가 날 만하다.'고 했다. 그리고 '요적(謠的) 수사(修辭)를 다분히 정리하고 나면 목월 시가 바로 조선시다.'라고까지 평가했다.[1] 이러한 평가는 이태준(方仁根, 1899~1975) 발간 《문장》에서 밝혔다. 《문장》은 방인근(方仁根, 1899~1975) 간행의 《조선문단》과 함께 우리나라 문단 융성기를 이루었던 문예지이다. 그래서 한국문학사에서 문학잡지가 갖는 의미를 생각하지 않을 수 없다. 박목월이 창간한 《시문학》(1950~1951)은 해방 전후의 시 전문 잡지였고, 이와 함께 1973년부터 발간한 《심상》은 한국시사의 단면이라 할 수 있다.

김소월(金素月, 1902~1934)과 박목월(朴木月, 1916~1978), 두 시인의 작품은 독자들의 가슴에 영원히 남을 것이다. 「진달래꽃」(초간본, 매문사, 1925. 12)의 문학적 등식은 시인 김소월이라고 정의할 수 있다. 이 시집은 근대문학 작품 가운데 최초로 문화재로 등록되었다. 그리고 박목월은 1940년대 일제 강점기 한국 시단의 숨결을 이었던 청록파 시인으로, 독자들이 모두 기억하리라고 본다. 특히 「나그네」는 음악성이 높으며, 쉬운 우리말을 사용해 정겨운 느낌을 준 자유와 여유의 맛을 보여준 작품이라는 평가에 이의가 없다.

그는 1933년 《어린이》에 동시 「통딱딱 통딱딱」이 특선으로 뽑히면

---

1 이승원 편저, 「《문장》지 선후평 12」,『꾀꼬리와 국화』, 깊은샘, 2011, 361쪽.
"소월의 툭툭 불거지는 삭주구성조(朔州構成調)는 지금 읽어도 좋더니 목월이 못지 않이 아기자기 섬세한 맛이 좋다. 민요풍에서 시에 진전하기까지 목월의 고심이 더 크다. 소월이 천재적이요 독창적이었던 것이 신경 감각 묘사까지 마치기에는 너무도 '민요'에 종시(終始)하고 말았더니 목월이 요적 데생 연습에서 시까지의 콤퍼지션에는 요(謠)가 머뭇거리고 있다." 박목월의 시는 민요풍에서 현대시로 옮겨 가야만 조선시라는 의미로 해석된다(앞의 책, 361쪽).

서 아동문학의 창작 활동을 활발하게 했으며, 그리고 1946년에는《아동》을 편집, 발간했다.[2] 특히 아동문학가 강소천(姜小泉, 1915~1963)[3]과 함께 아동문학 발전과 확산에 크게 공헌하였다.

아동문학 못지않게 한국 시단에서 박목월의 시사적 의미는 '현재에도 존재해 있다.'라고 말할 수 있다. 1940년대 민족 암흑기를 뚫고 문학의 빛을 발산한 청록파 시인이었다. 39편의 『청록집』은 한국어와 한국 정서를 담아, 출판 당시 3집까지 완판될 만큼 대중들에게 인기를 얻었다. 여기에 박목월이 존재해 있었다.

1946년, 『청록집』 출판 기념식-박목월(왼쪽 앞줄 두 번째)

---

2 김용덕, 「목월의 동시 세계」, 『목월 문학 탐구』, 민족문학사, 1983, 230~251쪽.

3 〈작고 문인 사신철〉에는 1통 1장의 사신 기록물이 남아 있다.(2022년 10월 1일). 본명은 용률(龍律). 함경남도 고원(高原) 출신. 1930년 고원보통학교, 1937년 함흥 영생고등보통학교를 졸업. 1945년 고원중학교, 1946년 청진여자 고급중학교, 1948년 청진제일고급중학교 등에서 교직 생활을 하다가 1950년 월남. 1951년 문교부 편수관을 거쳐 1959~1963년 한국보육대학·이화여자대학교·연세대학교 등의 강사로서 아동문학을 강의. 1952년 어린이 잡지인《새벗》과《어린이 다이제스트》의 주간, 1953~1955년 한국문학가협회 아동문학분과위원장, 1960년 아동문학연구회 회장, 1962년 한국문인협회 이사, 『아동문학』의 편집 위원 등을 역임. 1931년《아이생활》·《신소년》에 동요「버드나무 열매」 등을 발표. 같은 해 동요「민들레와 울아기」가《조선일보》 신춘문예 당선된 이후, 1931년에「길가에 얼음판」·「얼굴 모르는 동무에게」·「호박꽃과 반딧불」·「봄비」, 1933년에「닭」 등을 발표(〈한국민족문화대백과〉, 〈한국학중앙연구원〉에서).

자연 귀의를 노래한 박목월, 기독교적 세계관을 담은 박두진(朴斗鎭, 1916~1998), 불교적 세계관을 「승무(僧舞)」로 승화시킨 조지훈(趙芝薰, 1920~1968), 모두 《문장》을 통해 정지용이 추천한 시인들이다.

오세영은 1940년대 문학 공백기에도 순수 문학 혹은 민족 문학 활동을 했고, 여기에 어용시(御用詩)에 참여하지 않고 순수시만을 창작했던 시인으로 김광균(金光均, 1914~1993)과 함께 박목월을 꼽았다.[4] 물론 박두진과 조지훈도 일제의 탄압을 피해 숨어서 시를 쓴 대표적인 시인이다. 그중 조연현과 박목월이 교유 관계가 있었다는 사실은 당시 순수문학론이라는 문학계의 소명 의식을 공유했기 때문에 가능한 것으로 보인다.

박목월은 6.25 전쟁으로 대구와 부산을 떠돌며 고통스러운 시대 상황 속에도 치열한 시 정신으로 창작 활동을 했었다. 박목월은 1년 가까이 제주도에 머문 적이 있었다. 1954년 가을부터 1955년 초여름 환도까지, 제주대학에서 강의하면서 지냈다.[5] 시대의 혼란 속에서도 오로지 시 창작과 시 정신에 대한 고뇌로만 시간을 보냈다는 황금찬 시인의 회고담은 박목월의 창작 활동을 증명하고 있다. 6.25 피난 중 대구에서 자주 만났으며, 강릉사범학교 재직 시에도 박목월의 문학 강연을 자주 부탁했던 황금찬은 목월과의 대화에서 시에 대한 그의 열정과 눈물을 자주 보았다고 한다. 이러한 그의 열정은 서울의 다방에서도 이어졌다. 늘 시를 생각하고 창작하고 고뇌하는 모습이었다. 그의 눈물이 시로 승화된

---

4 김재홍, 「7. 40년대의 시와 그 인식」, 『20세기 한국시 연구』, 새문사. 1989, 246쪽. 오세영은 첫째, 일제 어용시에 참여하지 않고 암흑기에 순수시만 창작했던 시인은 윤곤강, 이병기, 김광균, 변영로, 박목월 등, 둘째, 일제 어용시 창작에 가담하면서 한편으로 순수시를 쓴 시인은 서정주, 임학수 등, 셋째, 일제의 탄압을 피해 숨어서 시를 쓰다가 해방 이후에 이를 발표한 시인은 윤동주, 허민, 박두진, 조지훈, 박남수 등(246쪽)으로 구별하였다. 한국시문학사에서 윤동주는 민족 저항 시인으로 명명하나, 이는 일본에서의 감옥 생활은 그의 사촌 송몽규와의 활동 때문으로 보면, 그의 창작 활동과는 거리가 있어 보인다. 즉 해방 후 작품을 본격적으로 발표했기 때문이다. 민족 저항 시인의 개념 규정에서 작가 활동과 작품 활동의 관계를 새롭게 규명할 필요가 있다.

5 제주대 국어국문학과 김동윤 교수 통화(2024년 3월 4일).

것이 아닐까 하는 이유는, 정지용이 그의 시를 추천하면서 '등울 서로 대고 돌아 앉아 눈물 없이 울고 싶은 리리시스트를 만나 처음으로 뵙니다그려. 어쩌자고 이 험악한 세상에 애련측측(哀憐惻惻)한 리리시즘을 타고 났습니까!'라고 평한 데서 찾을 수 있다(《문장》 선후평 5, 1939년 9월호).

Ⅱ. 〈박목월의 사신 기록물〉 내용 분석

박목월은 1946년 김동리, 조연현, 서정주, 유치환, 소설가 최태응(崔泰應, 1916~1998), 박두진(朴斗鎭, 1916~1998) 등과 함께 〈조선청년문학가협회〉을 결성하는 등 준비위원으로 활동하였고, 나아가 〈조선문필가협회〉를 조직하는 데 적극 참여하였다. 이런 일련의 문단 활동은 좌우대립기에서 우익의 순수문학론을 주창하는 조연현과 문학적 방향성이 같다는 의미이다. 순수문학론에 있었던 박목월은 조연현의 문단 활동과 궤를 같이했으며,[6] 또한 《현대문학》과도 가까운 거리에 있었다. 이와 방향성 때문에 청록파 중 유일하게 박목월만 〈작고 문인 사신철〉에 보관한 이유가 아닐까?

그리고 작가 최태응은 1939년 《문장》에 「바보 용칠이」와 「봄」 등을 발표한 소설가이다.[7] 황해도 은율 출생으로 8.15 해방 이후 단신으로 월남해, 1952년 「전우파」를 《평화신문》에 연재했었다. 이중섭(李仲燮, 1916~1956)과는 절친했던 사이로, 그의 집에 몇 달씩 머물기도 했다. 당시 이중섭이 스케치한 그림 몇 점을 그의 딸인 시조 시인 최은희가 최근

6 특히 조지훈(趙芝薰) · 이한직(李漢稷)과 함께 박목월은 1946년 1월에 조연현이 창간했던 《예술부락》에 적극 참여했었다. 종간호인 3호에는 조연현의 「순수의 위치 - 김동석론」, 최태응의 「창작여담(創作餘談)」, 박목월의 「무궁화」, 박두진의 「너를 만나면서」 등이 수록되었으며, 청록파들이 참여했다는 점이 눈에 띈다.

7 최태응, 『최태응 전집』, 태학사, 1996.
김효석, 「최태응 소설의 작중 인물 고찰: 결손인물형을 중심으로」, 《우리문학연구》(제30집), 2019(6월호), 261~289쪽.

부친의 유품을 정리하다 발견하여 〈국립현대미술관〉에 기증했다. 소설가 최태응 그리고 이중섭의 그림이 예술적으로 형상화된 어떤 접점이 있는지 궁금하다.

시인 김광섭(金珖燮, 1905～1977)과 김환기(金煥基, 1913～1974)처럼…

1. 정지용의 글씨체를 수용하다

〈작고 문인 사신철〉에는 엽서 1장과 원고지로 된 1통 2장의 사신 기록물이 남아있다. 다음은 박목월이 조연현에게 1971년 신춘에 보낸 엽서이다.

〈박목월의 엽서〉에는 다음과 같은 내용이 있다.

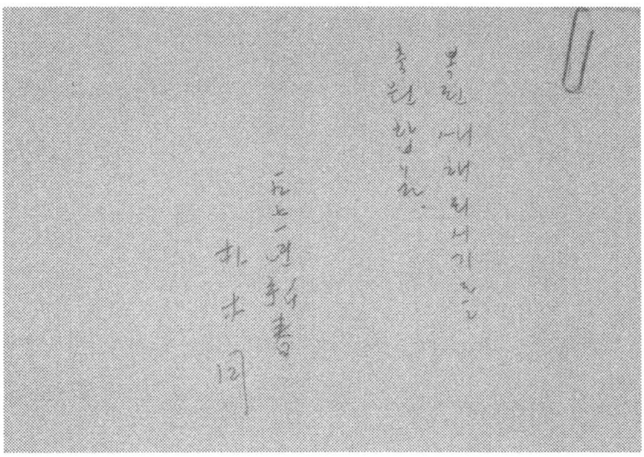

박목월의 엽서

복된 새해 되시기를

축원합니다.

一九七一年 新春

朴木月

—「전문」

1971년 새해에 조연현에게 보낸 안부 엽서로 짧은 문장으로 된 사신 기록물이다.[8] 수식어가 없이 단순하면서도 정갈한 글씨체의 사신이다. 정지용은 《문장》(1939년 5월호)에 시인 김수돈(金洙敦, 1917~1966)[9]을 추천하면서 '경상도에서 오는 시고(詩稿)는 흔히 조사와 철자에 정신없이 틀린다. 원고지도 좋은 것을 쓰시고 첫째 글씨를 잘 쓰셔야 합니다. 활자 직공의 은공 때문에 시인의 필적이 예술 노릇을 아니하여도 좋게 넘어가는 것이 유감입니다.'라고 지적했다. 시인에게 좋은 원고지에 글씨체는 잘 써야 하고, 시인 필적이 예술 노릇을 못 한다고 넘어가는 것은 유감이라는 점을 밝힌 것이다. 그래서 문단 활동과 관련이 없이 인사말만 적혀있는 박목월 글씨체를 보관한 것인가 보다.

그리고 1930년대 후반, 일제 강점기 시대에 일본어로 친일 문인들이 활동할 때, 오직 순수 국어로 시를 창작하기도 어려운 상황에서도 경상도 사투리 시어를 정확하게 써야 한다고 강조한 것이다. 경상도 사투리로 사상과 정서를 잘 드러낸 시인이 바로 박목월이라는 사실은 이때부터 가진 그의 창작 태도와 기법이었다. 그래서 김수돈 시에서 경상도 사투리가 가진 의미 연구도 관심을 가져야 할 것 같다.

경상도가 고향인 박목월의 엽서나 사신 기록물 2장을 확인해 보면, 특히 종결형 어미가 흐려지는 작가들의 사신 기록물과 달리 박목월의 글씨체는 아주 분명하다. 다른 작가들의 사신이나 김수돈의 사신 중 서술형 종결 어미 부분에 주목해 보면 확인할 수 있다. 김수돈은 1945년 3월 경남 공립 고등학교에서 미술 교사로 근무했던 오영수(吳永壽, 1914~1979), 박영한(朴榮漢, 1947~2006)과 함께 교우지 〈학교 소식〉을 만드

---

8 1971년 조연현은 아일랜드 펜클럽 〈세계 작가 대회〉에 한국 대표로 참가했으며, 한국 문인 협회 부이사장으로 피선되었으며, 3.15 문화상을 수상하게 된다. 왕성한 문단 활동과 노력의 결과로 관훈을 얻게 된다.

9 졸저, 『정릉으로 온 편지』(두 번째 이야기)의 「18. 김수돈 : 창원에서 정지용의 추천 시인을 찾다」 참고.

는 활동을 했다.

앞의 〈박목월의 엽서〉에는 '시인의 필적이 예술 노릇을 아니 하여도' 적어도 명쾌하면서도 정갈한 성품을 느낄 수 있다. 이것이《문장》의 일원이었던 박목월의 글씨체가 풍기는 사신 기록물로서의 가치이다.

2. 늦깎이 오용수 추천과 창작 열정

다음은 1통의 2장으로 된 사신 기록물이다. 〈박목월의 사신 1〉에는 다음과 같은 내용이 있다.

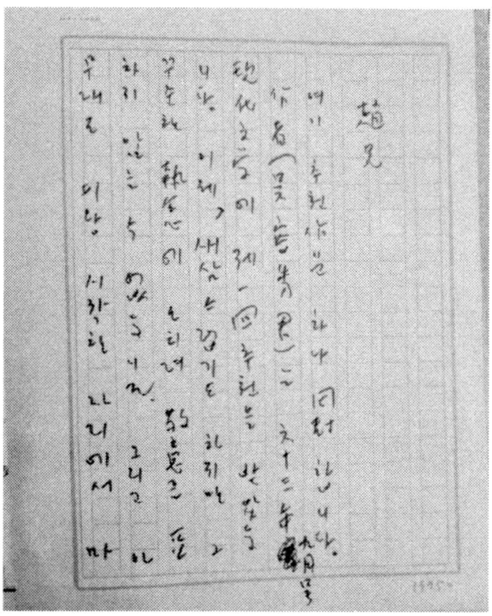
趙兄
여기 추천 作品 하나 同封합니다.
作品(吳容秀 君)는 六十三年 九月號
現代文學에 第一回 추천을 받았읍니다.

박목월의 사신 1

趙兄

여기 추천 작품 하나 同封합니다.

作品(吳容秀 君)는 六十三年 九月號 現代文學에

제 一回 추천을 받았읍니다.

이제, 새삼스럽기도 하지만 그 꾸준한 執念에 오히려
敬意를 표하지 않을 수 없음이라. 그리고
아무래도 이왕 시작할 자리에서

—「전문」 중에서

그리고 〈박목월의 사신 2〉에는 다음과 같은 내용이 있다.

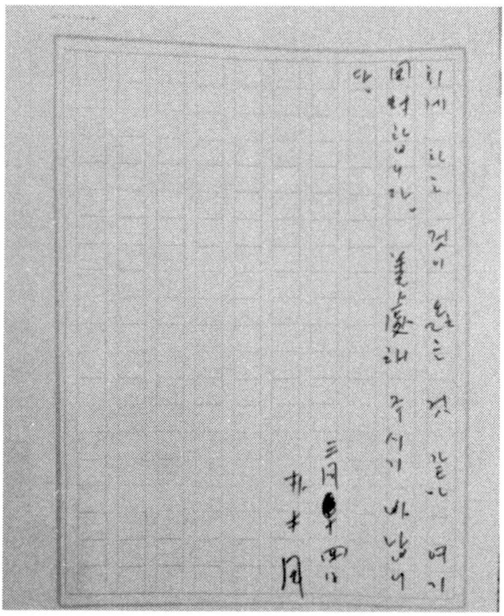
치게 하는 것이 옳은 것 같아 여기
同封합니다.
善處해 주시기 바랍니다.
三月 十四日
朴木月

박목월의 사신 2

(마)치게 하는 것이 옳을 것 같아 여기
同封합니다.
善處해 주시기 바랍니다.
三月 十四日
朴木月

—「전문」 중에서

정지용은 시선 활동도 한 1년 하고 나니 염증이 난다고 하면서 '시가 되고 아니 되기는 고사하고 한 달에 수백 통이 넘는 황당한 문자를 일일이 보아 넘기는' 고역과 함께 겉봉에 주소 성명도 쓸 만한 자신이 없는 위인이 당선에 요행을 바라는 심리가 사나이답지 못하다고 개탄하면서 자신의 시 추천 활동을 평가했다. 이런 시선의 안목을 가진 정지용이 박목월을 추천했으니, 그의 추천 활동 역시 정지용의 시선이 아닐까?

박목월은 1960년부터 《현대문학》, 《심상》, 신춘문예 등의 시 추천 및 심사 위원으로 활동했다. 특히 《현대문학》에서 추천한 대표적 시인으로는 허영자, 이승훈, 오세영, 유안진, 신달자 등이었다.[10] 그런데 박목월의 사신에 등장하는 오용수는 보이지 않는다. 추천된 시인들이 한국시사의 위치에 있다고 생각하면, 오용수의 시 세계와 평가를 통해 한국시사의 위치를 점검할 필요가 있어 보인다.

오용수가 박목월에게 1963년 9월호에 1회 추천을 받았다고 하면, 약관의 22세에 해당한다. 이때 신인 추천 심사위원 시 부분은 신석초, 박목월이었다. 여기에 오용수의 「포옹(抱擁)」이 1회 추천되었다. 그리고 새삼스럽게도 14년이 흐른 뒤, 36세 때인 1977년 6월호에 박목월이 오용수의 「화병(花甁)」을 추천한다. 따라서 박목월이 추천한 뒤에 《현대문학》에 수록된 것으로 보면, 이 사신 기록물은 1977년이며, 3월 14일로 특정된다.

정지용이 시를 추천하면서 '이십 전후로 서정시로 쨍쨍 울리는 소리가 아니 나서야 가망이 적다'(《문장》 선후평 5, 1939년 9월호)고 했으니, 적어도 박목월이 20대 초반의 시인을 추천했으니, 정지용이 생각한 '시인'과 다를 바는 없다. 다만 '서정시로 쨍쨍 울리는' 시를 창작했는가의

---

10 홍희표, 『박목월 시의 연구』, 문학아카데미, 1993, 35쪽. 이외에도 유승우, 신규호, 정문호, 이건청, 신달자, 김명배, 한기팔. 신협, 손석일, 조우성 등등이 있다.

문제는 남는다. 그리고 '새삼스럽게도' 14년이 지난 뒤, 다시 추천받고자 하는 오용수의 시작 활동에 박목월은 의아한 반응을 보인다. 다만 '그 꾸준한 집필에 오히려 경의(敬意)를 표한다.'는 점을 들어 박목월이 추천한다. 그래서 그에 대한 심도 있는 연구와 평가가 필요하다.

작품 추천이 한국 문단과 시 창작 과정에 미치는 영향 관계가 궁금하기도 하다. 정지용의 청록파 추천이 이를 시사하는 것 같다. 박목월을 추천한 정지용은 어떤 시인들을 추천했을까?

정지용은 조지훈(趙芝薰, 1920~1968)에게 '당신의 시적 방황은 매우 참담합니다.'(《문장》 선후평 5, 1939년 9월호)라고까지 꾸짖었다. 조지훈, 김종한(金鍾漢, 1914~1944)과 함께 추천평을 받은 황민은 '월광과 같이 치밀하고 엽록소같이 신선하고 꿈과 같이 미끄러운 시를 혹은 당신한테 기대해야 할 것인지도 모르겠습니다.'(《문장》 선후평 1, 1939년 4월호)라는 기대감을 드러내는 평가를 받았다.

김수돈을 1회 추천한 이후에는 '시류와 상투에 급급하시는 당신을 어떻게 책임지겠습니까'(《문장》 선후평 2, 1939년 5월호)라고까지 힐난(詰難)하는 정지용이었다. 김수돈과 함께 조정순의 '서정시는 여자한테 맡길 것인 줄로 내가 주창하여 오는 터인데 당신이 바로 그것을 맡으실 분입니까? 어쩌면 여학생 태를 못 벗으셨습니까. 눈을 맞고도 붉은 동백꽃 같은 시심이 흐르기에 선하였을 뿐이니 다음에 비약하십시오.'라고 비판과 함께 격려하는 추천평도 썼다.

정지용의 극찬과 비판을 받은 추천 시인 중에는 한국시사에서 다소 소외되었던 시인들이 더러 있다. 박남수(朴南秀, 1918~1994)와 함께 추천된 '여성 특유의 심리적인 것'을 노래한 신진순(《문장》 선후평 7, 1939년 11월호), '비애의 장인'(《문장》 선후평 6, 1939년 10월호)의 김수돈 등이 대표적이다. 이처럼 정지용의 격찬과 비판 속에서 시문학사 뿌리를 내린 시인도 있었지만, 그렇지 못한 시인들은 시향을 품고 어디에 있는지 궁금하다.

박목월 역시 꾸준한 창작 활동을 하는 시인이다. 아들 박동규(朴東奎, 1939~)가 고등학교 시절에 본 풍경에 따르면, “밥상에 원고지를 펴놓고 시를 쓰고 있었다.”[11]고 할 만큼 시상과 함께 살았던 시인이었다. 1947년 박목월이 대구역을 떠나 서울 용산 원효로 3가로 올라온 이후에는, 시를 쓰고자 찾아온 이들에게 숙식을 제공하기도 했다. 대전의 박용래(朴龍來, 1925~1980)[12] 시인도 ‘시를 쓴다’는 이유 하나로 박목월 집에 묵었다. 박목월의 일상은 시의 일상이었다. 이런 풍경과 상황이 불편했던 아들 박동규에게 어머니는 ‘너의 아버지는 시인이잖니’라고 응수하곤 했었다.

박목월은 40년 시 창작 활동에서만 모두 9권의 시집을 남겼다. “세상을 떠나는 그날까지 시 창작을 성실하고 깊이 있게 지속해 갔다는 점에서 박목월의 인간적인 성실함과 시적 열정을 짐작할 수 있었다.”[13]는 점에서 오용수의 성실함을 추천한 하나의 근거로 볼 수 있다. 1975년 《심상》 신인상에 「해바라기 환상」으로 추천받은 권달웅(權達雄, 1944~)에게 박목월이 시인의 창작 태도에 대해 다음과 같은 내용을 담은 사신을 보냈다. “문학은 그것에 대한 성의와 꾸준한 노력으로 열어 가는 길. 한번 뜻을 정했으면 군의 모든 시간이 자기의 야심을 증명하는 순간이 되도록 힘을 써라.”[14]고 충언했다. 이와 같이 박목월이 지향하는 창작 태도를 오용수 시인에게서 분명히 볼 수 있다. 늦깎이 오용수 시인을 추천한 이유이다.

---

11 박동규, 「시 쓰는 이들의 무료 숙박소였던 집에서」, 《문학사상》, 1995년 5월호, 250쪽.

12 1955년 6월호 『현대문학』에 「가을의 노래」로 박두진(朴斗鎭)의 첫 추천을 받았고, 이듬해 「황토길」·「땅」을 발표함. 한성기(韓性祺)·임강빈(任剛彬)·최원규(崔元圭) 등의 시인과 함께 동인시집 『청와집(靑蛙集)』을 출간함.

13 홍희표, 앞의 책, 389쪽.

14 김원길 외, 『한국문인 서간집』, 한빛, 2019, 257쪽.

박목월이 《현대문학》의 조연현에게 추천한 시인들이 많았음에도 불구하고 오용수를 추천하려는 내용의 사신을 유일하게 보관한 이유는 무엇일까? 오용수의 시 세계를 공감한 박목월의 안목과 동시에 조연현만의 비평적 안목이 있었기 때문이라는 생각이 들 수밖에 없다. 그래서 오용수의 사신 기록물을 근거로 작품 연구와 이 연구를 통한 한국문단사와 한국문학사의 확장성을 염두에 둔 것이 아닌가 한다.[15]

〈박목월의 사신 1, 2〉를 정리해 보면, 다음과 같은 의미를 생각해 볼 수 있다.

첫째, 박목월의 시인 추천 시각이 드러난다. 이는 박목월의 시작 태도와 상관성이 있다. 즉 박목월의 추천 기준 중 하나는 시인은 꾸준한 시작 활동과 분명한 글씨체를 써야 한다는 것이다. 이는 분명, 정지용으로부터 받은 영향일 것이다.

둘째, 박목월이 추천한 시인인 만큼 문학적 역량은 충분하며, 나아가 한국시사의 확장성에서도 오용수 시인은 깊은 검토 대상으로 삼아야 한다.

Ⅲ. 박목월의 주변과 위치

1939년은 문예지의 성좌로 불렸던 《문장》을 주재한 이태준(李泰俊, 1904~1978)과 최재서(崔載瑞, 1908~1964)가 발행한 《인문평론》이 창간되었던 시기였다. 《문장》은 비록 2년 만에 폐간되었지만, 박목월이라는 걸출한 시인을 배출한 문예지라는 가치를 빠뜨릴 수는 없다. 이는 이광수와 방인근이 주도한 《조선문단》의 추천제를 이어, 《문예》 그리고 《현

15 제3의 관점: 사신 기록물에 등장하는 작가 및 창작 활동을 분석하고 연구하는 관점(졸저, 『작가 사신 연구 방법론』, 105~109쪽).

대문학》의 추천제로 역량이 뛰어난 문인을 배출한 조연현 안목을 눈여겨 볼 수밖에 없다. '험악한 현실 속에서 문학을 지키는 교두보 노릇을 한, 특기할 문학사적 공적(백철)'[16]을 쌓은《문장》의 의미를 조연현은 충분히 감식(鑑識)했기 때문에, 동란 전후의 험악한 현실 속에서도《문예》와《현대문학》두 잡지를 주도했다. 조연현은 문예지를 통한 신인 추천제의 통로와 가치를 누구보다도 잘 알았다.

다만《현대문학》의 위상과 권위를 세우는 추천제의 부작용은 있었다. 신춘문예로 등단한 박봉우(朴鳳宇, 1934~1990)를《현대문학》의 서정주가 다시 추천하기로 했으나. 이루어지지 않아 김현승이 항의하는 사신 기록물이 남아 있다. 몇몇 작가들은 신춘문예로 등단한 후, 다시《현대문학》에서 추천받아 재등단하는 작가도 있었다.[17] 그러나 1962년「생명연습」으로《한국일보》신춘문예로 등단한 김승옥(金承鈺, 1941~)은 끝까지 등단 작가로 남았다. 1950년대는 작가들이《현대문학》에 작품이 게재되어야 추천 관문을 통과한 것처럼 인식되었다. 흡사 '고등고시' 같았다고 했을 정도였다.[18]

문예지 추천제의 장점에도 불구하고 문단 권력을 형성한다는 비난을 피할 수는 없었다. 조연현 사단이니, 김동리 사단이니 하는 소리가 문단계에서는 파다하게 소문이 나 있었다.

---

16 김병익,「《문장》과《인문평론》」,『한국문단사(1908~1970)』, 문학과 지성사, 2003, 218쪽.

17 이성교,「1950년대《현대문학》출신들과 명동 풍경》」,『문단유사』, 한국문인협회, 2002, 71쪽.

18 1960년 서울대학교 불어불문학과에 입학, 재학 중이던 1962년《한국일보》신춘문예에 당선, 1962년 영화 〈이차돈〉으로 영화감독 데뷔, 5년 후 1967년 영화 〈안개〉로 영화 시나리오 각본가 데뷔함. 대표작「서울 1964년 겨울」로 제10회 〈동인 문학상〉을 수상. 1976년「서울의 달빛 0章」으로 제1회 〈이상 문학상〉을 수상함.

순천 문학관에서, 소설가 김승옥과 함께[19]

박목월의 시적 가치 중 하나는 모국어를 정갈한 시어로 활용했다는 점이다. 그리고 그의 시 정신은 문학사적으로 김소월(金素月, 1902~1934)과 김영랑(金永郞, 1903~1950)을 이어 향토적 서정성이 강하다는 점이다. 박목월의 시적 영향이 1950년대 박용래(朴龍來, 1925~1980), 박재삼(朴在森, 1933~1997), 신경림(申庚林) 등으로, 1960년대는 허영자(許英子), 오세영(吳世榮)은 등에까지 미친다고 보면 그의 시사적 공과는 무시할 수 없다. 다만 그 공과에 비해 『육영수 여사』를 집필한 것은 사회, 역사적 의식의 결여라는 논란을 피할 수가 없다.[20]

그리고 김경린(金璟麟, 1918~2006)과 김수영 등 후반기 동인들은 청록파를 향해 '자연 친화적인 시 세계로 몰입해 일제 강점기 시대의 엄혹한 현실을 외면'했다는 혹평을 내렸다. 후반기 동인의 비판에는 시의 시대성과 역사성이 존재하느냐와 시인의 책무성이 무엇인가라는 시의 본

---

19 김승옥에 대한 필자의 인상기는 다음과 같다. '병마로 만들어진 침묵, 그 침묵 속에는 수많은 언어가 살아 있었다.'

20 홍희표, 앞의 책, 266~269쪽.

질에 대한 고민을 청록파에게 던진 것이다.

황금찬은 박목월에게 2통의 사신을 보냈다고 하고, 전영택(田榮澤, 1894~1968)에게는 사신을 받았다고 한다. 주지하다시피 박목월과 조지훈의 사신 교환에서 「나그네」가 탄생한 것처럼 이들의 사신 속에는 문단사와 문학사의 비밀이 있을 것이다.

*** 참고문헌**

김병익, 「《문장》과 《인문평론》」, 『한국문단사(1908~1970)』, 문학과 지성사, 2003.
김원길 외, 『한국문인 서간집』, 한빛, 2019.
김재홍, 『한국현대시인연구』, 일지사, 1986.
문덕수, 『한국 모더니즘 시 연구』, 시문학사, 1981.
박동규, 「시 쓰는 이들의 무료 숙박소였던 집에서」, 《문학사상》, 1995년 5월호.
박철석, 『한국현대시인론』, 학문사, 1981.
이숭원 편저, 『꾀꼬리와 국화』, 깊은샘, 2011.
이 탄, 『한국 대표 시인론』, 문학아케데미, 1995.
이성교, 「1950년대《현대문학》출신들과 명동 풍경》」, 『문단유사』, 한국문인협회, 2002.
오세영, 『20세기 한국시 연구』, 새문사, 1989.
정태용, 『한국현대시인연구』, 어문각, 1976.
정창범, 『박목월 평전』, 민연, 2020.
정창범 외, 『목월 문학 탐구』, 민족문화사, 1983.
홍희표, 『박목월 시인 연구』, 문학아카데미, 1993.

5 「42. 장만영(張萬榮, 1914~1975)」

과감한 성격의 소유자, 애수(哀愁)의 미(美)를 추구한 이미지스트

Ⅰ. 장만영의 사신 접근 방향

장만영(張萬榮, 1914~1975) 시인은 특히 이미지즘 계열에서 정지용(鄭芝溶, 1903~1950), 김광균(金光均, 1914~1993),[1] 장서언(張瑞彦, 1912~1983) 등과 함께 1930년대 시문학사의 모더니즘 시인의 자리에 놓인다.[2] 장만영은 1932년 《동광》 5월호에 「봄노래」로 김억(金億, 1896~?)의 추천을 받아 등단했다. 특히 《동광》은 주요한(朱耀翰, 1900-1979)이 주재한 잡지로, 소설 분야 이광수와 시 분야는 주요한과 김억(金億, 1896- ?)이 맡아 신인들을 추천했다. 〈작고 문인 사신철 뭉치〉의 박화성(朴花城, 1903~1988)이 「하수도 공사」로 이광수의 추천을 받았다.[3] 이 잡지는 1926년 5월에 창간되어 1927년 8월 제16호를 내고 휴간 후, 1933년(통권 40호)에 종간되었다.[4]

그리고 장만영은 1948년 출판사 〈산호장〉을 경영하면서 김기림(金起林, 1907~2000), 박인환(朴寅煥, 1926~1956)과 같은 문인들의 시집을 출판해 주었다. 이후 《신천지》와 학생 문예지인 《신문예》의 주간을 맡기도 했다. 이러한 그의 출판 이력이 문인들의 출간 도서 표지와 체재(體裁)에 대해 평가하는 남다른 식견을 보여 주었다.

---

1 김해성, 「한국적 주지시의 모색시관 – 김광균론」, 『한국현대시의 이해』, 서문당. 1983, 185~193쪽.

2 오세영, 「4. 한국 모더니즘 시의 전개와 그 특질」, 『20세기 한국시 연구』, 새문사, 1989, 132쪽. 오세영은 한국 모더니즘의 전개를 다다이즘 계열, 초현실주의 계열, 이미지즘 계열, 네오 클래식 계열 등으로 나누었다. 그리고 박철석은 1930년대 시의 주류를 순수 서정시를 지향하는 시문학파, 위트와 풍자, 문명비판과 도시 감각을 노래한 모더니즘, 생명 탐구에 열을 올린 생명파, 순수시를 지향하면서도 독특한 운율성을 노래한 유파 등으로 정리했으나, 장만영은 깊이 있게 다루지 않았다(「제4장 1930년대 시문학 연구」, 『한국현대시인론』, 민지사, 1998, 241~263쪽.).

3 졸저, 「3. 사신 내용 심화 단계」, 『작가 사신 연구 방법론』, 월인, 2023, 138~154쪽.

4 원고 압수로 제3호를 발행하지 못했다. 그래서 실제로는 통권은 39호가 된다. 1954년 9월 《동광》의 후신으로 《새벽》을 창간했는데, '새벽'이란 제호는 '동광'의 우리말의 의미이며, 이후 1961년 1월까지 통권 52호까지 발간되었다.

김광균, 신석정(辛夕汀, 1907~1974)[5]과 함께 1930년대 이미지스트로 각인된 시인 장만영의 대표작 「달, 포도, 잎사귀」는 이미지즘의 특성을 단적으로 보여준 작품이다.[6] 또한 미래 지향성과 함께 노장(老壯)사상의 세계를 시에 담았다는 평가를 받는 작품이다. 김용직(1932~2017)[7]은 장만영의 시에 대해 당대 모더니즘의 틀을 활용한 '전원형 모더니스트'라는 평가를 내놓았다. 이처럼 그는 대표적인 모더니스트 시인들의 시력과 다른 지점이 있음에도 불구하고 연구자들의 관심에서 벗어나 있었다.[8] 특히 전경과 풍물 묘사를 구체화하는 대표적인 시인이었음에도 시문학사에 소외된 모더니스트라는 점을 평가한 연구자도 있다.[9]

장만영 문학에 영향을 끼친 시인은 김억과 신석정이다. 김억은 장만영을 사사했고, 시적 영향을 끼친 신석정을 소개했다. 장만영은 신석정의 시를 읽고 전북 부안으로 사신을 보냈고, 이에 신석정은 즉시 답신했다. 물론 장만영과 신석정이 주고받은 사신 기록물을 통해 창작 영향과 문단 이면을 볼 수 있어 이에 대한 연구도 이루어져야만 두 시인에 대한 문학적 이면과 가치를 밝힐 수 있다.

이육사 옆에는 신석초가 있었듯이 장만영 역시 신석정을 건너뛸 수는 없다. 신석정은 중앙불교 종무원 불교사에서 만해 한용운(韓龍雲, 1879~1944)을 만났다. 거만 무쌍하면서도 다정한 만해를, 사무적이고

---

5 1930년 상경하여 중앙불교 전문강원 박한영 문하에 1년 남짓 불전을 연구하며 회람지 《원선》을 편집하기도 했다. 시작 활동은 1924년 4월 19일 자 《조선일보》에 소적이라는 필명으로 「기우는 해」를 발표하면서 시작됐다. 그 뒤 1931년 《시문학》지에 시 「선물」을 발표해 그 잡지의 동인이 되면서부터 본격적인 작품 활동을 전개했다. 1939년에 첫 시집 『촛불』에 이어 1947년에는 제2 시집 『슬픈 목가』를 간행함.

6 최동호, 「성숙에의 동경과 고독감」, 『한국대표시 평설』, 문학세계사, 1983, 219쪽.

7 1961년 《자유문학》에 「우리 현대시에 나타나는 두 양상에 대하여」를 발표. 『한국현대시사』, 『임화문학연구』, 『한국근대시사』 등이 있음. 현대문학상, 도남국문학상, 대한민국문학상, 만해대상 학술부문 등 수상. 대한민국학술원 회원.

8 김용직, 「전원형 모더니즘 – 장만영론」, 『한국현대시사』(2), 한국문연, 1996, 372쪽.

9 한영옥, 「장만연론 – 풍물과 동심의 세계」, 『한국의 이미지스트 시인 연구』, 푸른 역사, 2010.

쌀쌀한 주요한, 정중하고 다정한 스님 같은 춘원 이광수 등에 대한 인상기를 남겼고, 특히 만해 한용운은 조국 광복을 위해 '굳은 신념과 높은 지조로써 일생 동안 한 발짝도 후퇴한 적이 없는' 지사로 극찬했다.[10]

특히 낙원동의 〈시문학사〉(박용철 주간)에서 명주 두루마리의 정지용과 화가 이순석(李順石, 1905~1986), 이하윤(異河潤, 1906~1974)을 처음 만나 폭음할 만큼 문학적 소통에 대한 갈증이 컸다.[11] 장만영은 신석정과 함께 해마다 백천 온천을 방문하면서 정지용, 김기림, 김광균, 서정주, 이봉구 등과 활발하게 교유했었다.

신석정의 문학적 역량은 장만영의 시를 통해서도 나타났다.[12] 우선 장만영의 시적 영향을 끼쳤던 김억의 민요적 서정성에서 벗어났다. 둘째, 의식면에서 신석정의 특징적 단면을 이룬 것은 전원 취향, 목가적 세계[13]였는데, 자연 속에 파묻혀 고향에서 지냈던 장만영은 전원 풍경을 자연스럽게 시적으로 수용하게 되었다.

신석정의 처제를 소개받은 장만영은 혼인했다. 장만영은 신석정의 동서가 되고, 시인 최승범(崔勝範, 1931~2023)[14]은 신석정의 사위이다. 한 집안에 세 시인이 활동한 가운데 장만영의 전집(『장만영 전집』)은 탄생 100주년 기념으로 출간되었다.[15]

---

10 신석정, 「시인으로서의 만해」, 『신석정 다시 읽기』, 이회, 2001, 298쪽.

11 신석정, 「나의 문학적 자서전」, 『신석정 다시 읽기』, 331쪽.

12 김용직, 「3. 전원형 모더니즘- 장만영론」, 『한국현대시사』(2), 한국문연, 1996, 371쪽. 신석정, 「못 다 부른 목가」, 『난초잎에 어둠이 내리면』, 지식산업사, 1974, 177~278쪽.

13 김용직, 「Ⅲ. 전원형 모더니즘-장만영」, 앞의 책, 371쪽.

14 1952년 전북대 초대 문리과대 학장. 시조 시인 가람 이병기(1891~1968)에게 배웠고, 1958년 《현대문학》에 소설가 김동리(1913~1995)의 추천으로 시조시 「설경」, 「소낙비」로 등단. 1969년 지역 동인지 《전북문학》을 창간.

15 탄생 100주년으로 국학자료원에서 『장만영 전집』을 출간. 초애 장만영 시인은 한국시문학사에서 전원과 고향에 대한 그리움의 정서를 이미지와 감각을 통해 탁월하게 시화(詩化), 1930년대 이미지즘의 적확한 이해와 조소적(彫塑的) 깊이를 가진 시인으로 평가된다. 탄생 100주년을 맞아 출간된 전집은 장만영 시인의 시집 8권 외에도 미발표 시, 수필집과 번역시, 일기 10권을 추가하는 등 문학사적 의의와 가치를 지닌다(2023년 10월 24일, 자료 검색).

Ⅱ. 〈장만영의 사신 기록물〉 내용 분석

이제 장만영의 사신을 들여다볼 차례이다. 먼저 1통 1장의 사신 기록물이다.

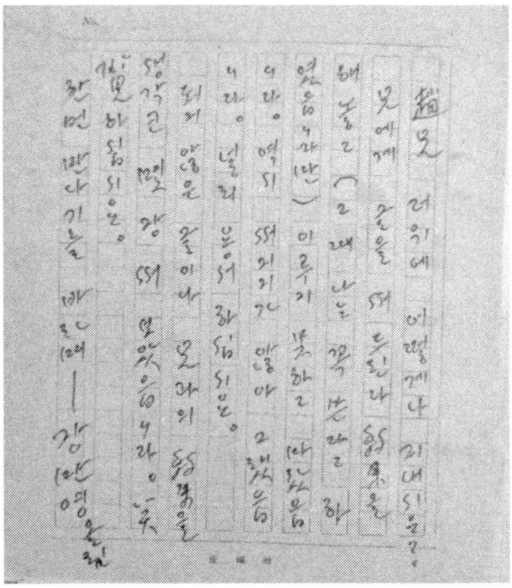

장만영의 사신 1

〈장만영의 사신 1〉에는 다음과 같은 내용이 있다.

趙兄 더위에 어떻게나 지내시는

兄에게 글을 써 드린다는 約束을 해 놓고

(그때 나는 꼭 글을 쓴다고 하였읍니다.)

이루지 못하고 마랐읍니다. 역시 써지지가 않아

그랬읍니다. 널리 용서하십시요.

되지 않은 글이나 兄과의 約束을 생각코 몇 장 써 보았읍니다.

閱覽하십시요.

한번 만나기를 바라며　　　-장만영 올림

—「전문」

〈장만영의 사신 1〉에는 원고 청탁 약속이 늦었지만 '써지지도 않는 글을 보내나니' 이해해 달라는 사신 내용이다. 작가들이 겪는 창작의 고통 때문에 원고 청탁에 쉽사리 응하지 못하는 경우가 다반사(茶飯事)였다. 장만영 역시 창작의 고통뿐만 아니라 작품에 대한 엄격성과 시적 고뇌가 느껴지는 사신이다.

〈장만영의 사신 1〉에는 다음과 같은 의미가 내재되어 있다.

첫째, 작가의 창작 고통을 엿볼 수 있다. '써지지 않아 그랬읍니다.'라는 절절한 육성의 느낌이 육필에 그대로 묻어나 있다. 물론 편집자에게 미안한 마음을 가진 만큼 창작 고통의 시간이 녹아 있다고 보아야 한다.

둘째, 이러한 창작 고통에서 빚어진 작품의 창작 과정과 문학 세계를 규명할 수 있는 이유를 찾을 수 있다.

〈장만영의 사신 2〉에는 다음과 같은 내용이 있다.

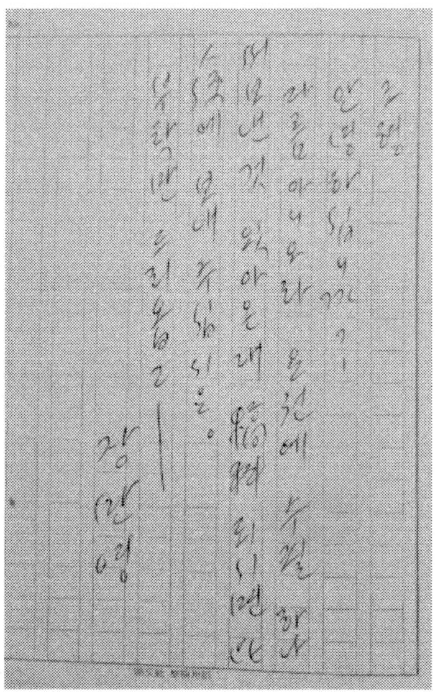

장만영의 사신 2

조형

안녕하십니까?

다름이 아니오라 요전에 수필 하나 써 보낸 것이 있사온대 稿料되시면 此人便에 보내주십시요.

부탁만 드리옵고-

장만영

—「전문」

장만영은 수필가로도 좋은 글을 많이 썼다. 그래서 시인이기도 하지만 수필가이기도 하다. 8권의 시집 외에 수필집 『그리운 날에』(1965)를 출간했었다. 간간이 쓴 수필 원고를 《현대문학》에 보낸 것이다. 원고에 대한 대가를 받는 것은 당연하지만, 게재일에 따라 고료 지불이 지연될 수 있어 작가들이 요청하는 일은 다른 작가들의 사신에도 빈번하게 나타나 있었다. 여느 작가와 마찬가지로 해방 전후, 작가들은 글 쓰는 행위를 생계 수단으로, 하나의 업(業)으로 생각하는 시대였기 때문에 고료는 작가의 일상생활의 삶과 직접적인 관련이 있었다.

〈장만영의 사신 2〉는 장만영이 《현대문학》 수록 원고료를 부탁하는 내용이다. 《현대문학》에 발표된 작품 목록을 정리하면 다음과 같다.

연번	제목	발표 연월일	기타
1	「촛불 아래서」	1955년 10월호(통권 10)	○
2	「희언일동」	1960년 10월호(통권 70)	○
3	「문학 소녀의 편지」	1961년 10월호(통권 82)	○
4	「죄와 벌부터」	1962년 6월호(통권 90)	
5	「불안한 연대의 박인환」(특)	1962년 12월호(통권 96)	○
6	「곤강을 생각한다」(특)	1963년 1월호(통권 97)	
7	「타작 중의 타작」	1963년 6월호(통권 102)	
8	「교우단편기」	1963년 9월호(통권 105)	○
9	「서민정신의 바탕」(특)	1964년 9월호(통권 117)	○
10	「사기사(詐欺師)」	1965년 9월호(통권 129)	○
11	「엉터리」	1966년 5월호(통권 137)	

위의 자료로 추정컨대, 이 사신 기록물은 대략 1955년에서 1966년 사이에 장만영이 조연현에게 발신한 것으로 추정된다. 사신에는 구체적인 발신 연도나 사건이 드러나 있지 않아 발신 연도를 확정하는 것에는 한계가 있다. 〈장만영의 사신 2〉에서 특정 계절이나 사건을 연상해 구체적인 발신 연도를 추정하기 어렵고, 그의 문단 활동과 창작 활동 등을 탐색하는 데에도 한계가 있다.

다만 〈장만영의 사신 1〉에는 계절을 암시하는 '더위'라는 표현을 참고한다면, 발신 월일은 대략 7~8월을 지나 《현대문학》에 게재했다고 볼 수 있다. 그래서 '글을 써 드린다', '꼭 글을 쓴다', '되지 않은 글', '閱覽'이라는 글귀로부터 추정하건대 시 작품보다는 수필 작품으로 볼 때 가능하다. 그렇다면 이에 해당하는 발신 연도를 〈기타〉에 표시(○)했다.

당대 작가들의 '가난의 현상학'을 상징하는 원고료에 대한 이야기를 빠뜨릴 수 없어 짚고 갈 부분이다. 방인근(方仁根, 1899~1975)의 사신에서 보듯이 그 가난의 절절함이 결국 염상섭이 말한 것처럼 '문학 업'으로 살아야만 하는 현실에 대응하는 방식으로 창작에 매진하는 길로 들어서게 된다. 그래서 원고료는 '작가의 궁핍'과 '현실의 궁핍'을 벗어날 수 있지만 창작의 고통으로 이어지는 수단이기도 했다. 조연현은 「방인근 선생의 편지」를 통해 문인들의 어려움을 절절하게 적었다. 경제적 곤란함에 닻을 놓고 묶여 있는 염상섭과 달리 장만영은 목가적인 여유로움이 있는 것 같다. 조연현은 돈은 인격의 예속물이어야 하지만 인격을 유지하는 데도 돈이 있어야 한다는 것이 얼마나 모순된 인간의 비극인가라고 읊조린 적이 있다.[16] 사실 돈이 작가들로 하여금 작품을 낳게 하는 현실적인 동인이 되기도 한다.

다만 장만영이 부유한 집안이었다는 점에서 보면, 일상의 자구책으

16 조연현, 「돈과 인격」, 『문학과 사상과 인생』, 문학세계사, 1982, 224쪽.

로 고료를 달라고 한 것보다는 창작의 대가로 보인다. 장만영은 '산호장이라는 호화스러운 출판사'를 운영했고, 회현동 자택에는 '좋은 문학 서적이 가득 찬 호화스러운 서재'을 가지고 있었다.[17] 그리고 집안에서 온천을 운영했는데, 이것에서도 경제적 생활의 넉넉함이 짐작된다. 그래서 때때로 김억을 찾아뵙고, 필요할 때는 다소간 생활의 편의를 제공하기도 했다.[18]

〈장만영의 사신 2〉와 관련해 몇 가지 생각을 정리했다.

첫째, 가난으로 삶을 영위했던 당시 문인들의 원고료는 '생활의 현상'을 보여준다. 사실 체면을 구기는 것보다는 생활의 어려움에서 벗어나는 것이 급선무였다. 이에 반해 장만영의 원고료 요구는 예의를 지켜 부탁하는 당당한 태도를 보인다. 그래서 그의 삶의 태도는 아마도 늘 당당한 모습이었을 것이다.

둘째, 시 작품 평가와 함께 수필 문학을 탐구해 그의 문학 세계를 입체적으로 정리할 수 있겠다. 전원적이며 목가적인 그의 시 세계가 현실적인 삶의 여유와 연결되는 것은 아닌지도 고려해 볼 수 있겠다.

다음 〈장만영의 사신 3, 4, 5〉는 1통 3장이다.

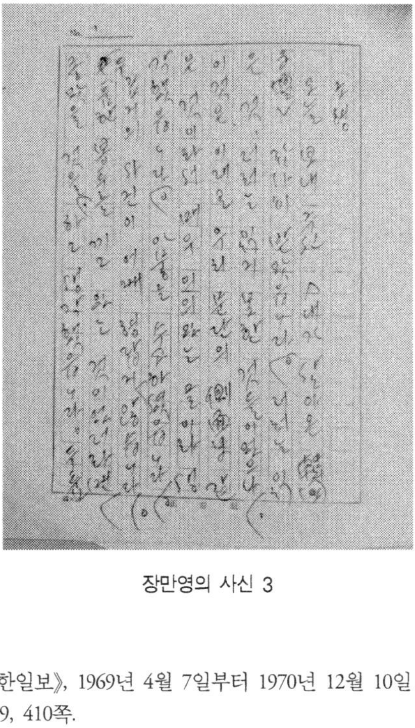

장만영의 사신 3

---

17 강진호 엮음 / 조병화, 「명동시절」(《대한일보》, 1969년 4월 7일부터 1970년 12월 10일 참고), 『한국문단이면사』, 깊은샘, 1999, 410쪽.

18 김용직, 앞의 책, 369쪽.

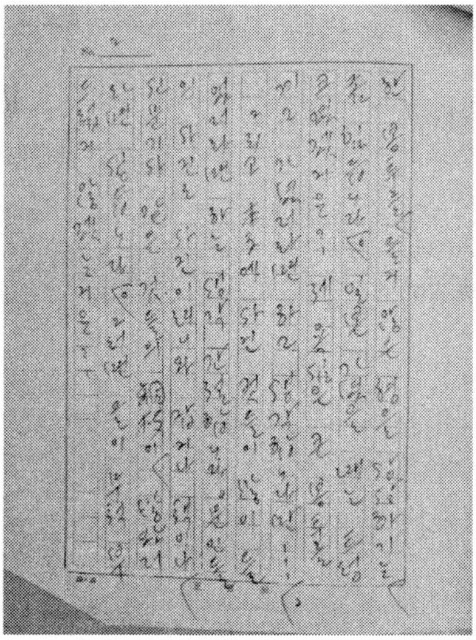

장만영의 사신 4

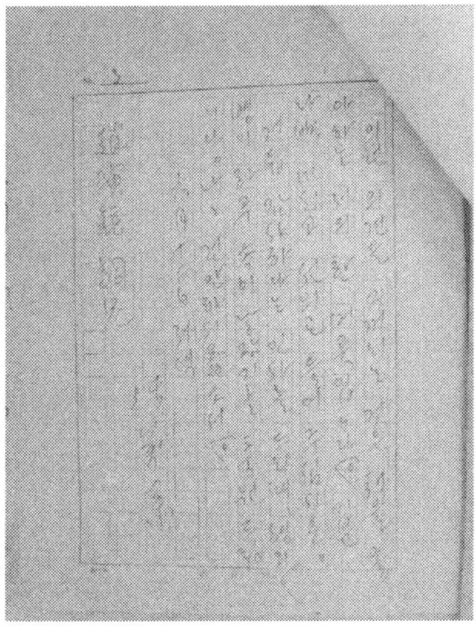

장만영의 사신 5

우선 〈장만영의 사신 3〉에는 다음과 같은 내용을 읽을 수 있다.

> 조형
>
> 오늘 보내 주신 『내가 살아온 韓國 文壇』 감사히 받았읍니다.
> 더러는 읽은 것, 더러는 읽지 못한 것들이었으나,
> 이것은 이대로 우리 문단의 側面史 같은 것이라서
> 매우 의의있는 글이라 생각했읍니다.
> 잡지의 사진이 어째 형답지 않읍니다.
> 두툼한 봉투를 끼고 있는 것이었더라면 좋았을 것을,
> 하고 생각했읍니다.
>
> —「전문」 중에서

아래 책 표지에서 보듯이, 책명은 『내가 살아온 한국 문단』으로 1968년 6월, 대한교과서(주)에서 인쇄하고 현대문학사에서 발행되었다.

『내가 살아온 한국 문단』 앞표지

『내가 살아온 한국 문단』 뒤표지

따라서 〈장만영의 사신 3, 4, 5〉의 발신 연도는 1968년 6월 12일 저녁으로 특정할 수 있다.

〈장만영의 사신 3〉에는 다음과 같은 의미를 읽을 수 있다.

첫째, 『내가 살아온 한국 문단』이 문단측면사의 가치를 지닌다는 것에는 공감하나, 책 표지에 등장하는 형(조연현)에 대해서는 다소 문제점이 있지 않느냐고 지적한다. '사진이 어째 형답지 않습니다. 두툼한 봉투를 끼고 있는 것이었더라면 좋았을 것'이라고 큰 아쉬움을 나타냈다. 여기서 책 표지의 시각적인 디자인 효과를 지적한다. 아마도 장만영이 이미지스트 시인으로 규정되는 것과 연관성이 있다는 생각이 든다.

둘째, "더러는 읽은 것, 더러는 읽지 못한 것들이었으나, 이것은 이대로 우리 문단의 側面史 같은 것이라서 매우 의의 있는 글"이라고 평가했다. 이것은 조연현의 저작들에 나타나는 공통점이기도 하다. 창작보다는 재수록의 문제를 지적한 것이다. 1960년대 후반에는 《현대문학》의 위상이 상당히 높아져 있었고, 이로 인해 문단의 균형추를 가진 조연현의 출간 도서의 내용과 표지화에 대해 거침없이 생각을 드러내는 성격을 보인다.

〈장만영의 사신 4〉에는 다음과 같은 내용이 있다.

> 두툼한 봉투를 들지 않은 형의 모습을 상상하기는 좀 힘듭니다.
> 일본 가셨을 때는 트렁크였겠지요?
> 제 욕심은 큰 봉투를 끼고 가셨더라면 하고 생각합니다. —
> 그리고 本文에 사진 컷 들이 많이 들었더라면 하는 생각이 간절합니다.
> 문인들의 사진도 사진이려니와 잡지나 책이나
> 신문 기사 같은 銅版(구리 조각의 평면에 그림이나 글씨를 새긴 인쇄 원판. 구리판.)이 많았더라면 싶습니다.
> 그러면 글이 무척 부드럽지 않겠는지요?
>
> —「전문」 중에서

〈장만영의 사신 3〉에서는 책의 본문에 대한 시각적 이미지를 강조한 사진이나 동판이 있었으면 좋았다는 점을 강조하고 있다. 이는 곧 그가 시의 풍경을 그리는 시인이라는 것과 무관하지 않다는 생각이 든다. 아마도 원고를 담은 두툼한 봉투가 창작 고통의 증거로 역작(力作)과 조화를 이룰 수 있다는 점을 강조한 것처럼 보인다. 아님, 국내외 활발한 문단 활동을 하는 모습을 보여주었으면 좋았다는 의미일 수도 있다. 물론 이와 같은 판단의 바탕에는 〈산호장〉 출판사를 경영했기 때문에 볼 수 있는 안목일 수도 있다.

『내가 살아온 한국 문단』이 흥미로운 것은 앞면에 조연현의 전신사진과 뒷면에는 자신의 운명을 같이한 《문학예술》, 《문예》, 《현대문학》 창간호의 표지가 박혀 있다는 사실이다. 『내가 살아온 한국 문단』은 1967년 2월부터 1968년 1월까지 《현대문학》에 연재된 원고를 제목만 바꾸어 출간한 책이다.

〈장만영의 사신 4〉에는 다음과 같은 의미를 읽을 수 있다.

첫째, 출판과 편집의 방향성을 평가한 것으로 보인다. 이러한 예를 박인환에서 찾을 수 있다. 6.25 전쟁통에 대구의 다방에서 가끔 만났지만, 박인환이 얼마나 궁핍한지를 알 수도 없었고, 다만 형식적으로는 어울렸다고 한다. 장만영은 이때 출판업자나 인쇄업자들과 많은 시간을 보냈다.[19] 장만영이 〈산호장〉 출판사를 운영하면서 박인환의 유일한 시집인 『박인환 선시집』(1955)을 출판하려는 간곡한 부탁을 받아들였다는 사실에도 출판과 편집의 시각이 드러난다. 이보다 앞서 김경린이 장정한 조병화(趙炳華, 1921~2003)의 첫 시집 『버리고 싶은 유산』을 1949년 7월 5일 발행했었다. 이처럼 좋은 시인들의 시집을 발행하는 경험을 쌓았었다.

둘째, 본문에 많은 시각적 자료를 제안한 이유는 책 전체가 부드러워진다는 효과 때문이다. 조연현의 역저를 받은 작가들은 대체로 감사하다는 등의 인사를 담은 답장을 보내는 것에 비해 장만영은 조연현의 책에 대한 문제점을 구체적으로 제시하는 과감한 성격의 소유자로 보인다.

〈장만영의 사신 5〉에는 다음과 같은 내용이 있다.

> 이런 의견을 지껄이는 것은 책을 좋아하는 저의 한 버릇입니다.
>
> 기분 나빠 마시고 선의로 들어 주십시요.
>
> 거듭 감사하다는 인사를 드리며,
>
> 형의 병이 하루 속히 낳았기를 축원드립니다.
>
> 건안하시오소서.

---

19 장만영, 「박인환의 회고 – 불안정한 연대의 시인」(1962년), 『시인 박인환과 문학과 그 주변』, 근역서재, 1982, 186~188쪽 참고.

六月 十二日 저녁

張萬榮

趙演鉉 詞兄

—「전문」 중에서

〈장만영의 사신 5〉에서 '책을 좋아하는 버릇'에 기대어 자신의 의견을 피력한 것으로 보인다. 직설적인 성격이면서도 다독가인 장만영의 모습도 보인다. 글에는 사람의 성격과 인품이 보인다는 점을 되새기게 한다.

박인환은 책을 무척 좋아해서 무슨 책이든지 닥치는 대로 가지고 가곤 했다. 모더니스트의 스승인 김기림을 따랐던 김규동(金奎東, 1925~2011)[20]은 자신이 근무했던 신문사의 문화부에는 심심찮게 책이 들어왔는데, 박인환은 나한테 와서 그것들을 가끔 약탈해 갔을 만큼 책을 매우 좋아했다고 한다.[21] 장만영이 박인환 집에 방문했을 때, 그의 서가에 대한 이야기를 언급한 적이 있었다. 박인환은 「서적과 풍경」이라는 시도 남겼다. '서적(書籍)은 황폐(荒廢)한 인간(人間)의 풍경(風景)에 광채(光彩)를 띠웠다.'로 시작되는 이 시는 6.25 당시의 '멋쟁이'로만 알려진 것과는 다르게 지식인 박인환의 표상과 정신세계를 그린 작품이다.[22]

〈장만영의 사신 5〉에는 다음과 같은 의미를 읽을 수 있다.

첫째, 장만영은 책의 소중함을 아는 시인이며, 다독가이다. 작가의 소양과 성격을 보여준 사신 기록물이기 때문에 그의 시 창작 태도과 수필 문학에도 연관이 있어 연구가 필요하다.

---

20 1950년대에는 박인환, 김차영, 조향, 이봉래, 김경린과 함께 '후반기' 동인을 결성해 서정 기조의 기존 문단에 충격을 주었고, 이후 전후 문학의 흐름을 이끌었다. 이후 쉬르레알리즘에 경도하여 시론을 저술하고 영화 평론에도 적극 참여했다.

21 김규동, 「박인환론」, 『박인환 시집』, 범우사, 1986. 18쪽.

22 이동하 편저, 「서적과 풍경」, 『박인환 평전』, 문학세계사, 1983/1993, 234쪽.

둘째. 장만영은 조연현의 건강을 걱정할 만큼 유대감이 있다. 하지만 그는 인간적인 감정보다는 출판업자의 시각과 자신의 문학 세계를 투영하여 조연현의 출판 도서를 구체적으로 평가했다.

Ⅲ. 장만영의 주변과 그 위치

장만영은 동시대의 작가들과 달리 '거의 한글만 표현하는 노력'을 기울이는 시인이었다. 다른 작가들의 사신 기록물을 비교해 봐도 알 수 있다. 장만영이 1914년에 출생한 시기로 보면 한자어와 일본어를 주로 사용한 시대였다. 더구나 그는 할아버지의 유교적 유습으로 인해 신식 교육을 두 번이나 받을 기회를 놓쳤지만, 스스로 일본에 유학하여 신식 문물을 배워 적극적인 삶을 살았다. 이러한 그의 성장 과정에서 배운 한문 교육과 일본의 교육 활동으로 보면, 한자어와 일본어를 충분히 구사하는 표현을 쓸 수 있었다. 이 지점에서 그의 시 창작 태도와 문학 세계를 검토할 부분이 있다.

장만영은 자신의 시 창작론을 다음과 같이 밝히고 있다. "시는 애수(哀愁)적인 미(美)요, 그 미(美)는 뭐라 형용키 어려운 〈애수(哀愁)〉를 지니고 있는 것이 사실이다."[23] 이러한 평가는 1960년에 장만영 자신의 시론을 단적으로 밝힌 것이다. 이 시론에 따르면, 장만영의 시 세계는 1960년 전후로 나누거나 아니면 영속성으로 작고까지 일관되었는지를 검토해 볼 만하다. 자신의 이러한 시론에 부합하는 작품으로 김소월(金素月, 1902~1934)의 「진달래꽃」, 「산유화」, 「금잔디」, 이상화(李相和, 1901~1943)의 「마돈나」, 노천명(盧天命, 1911~1957)의 「남사당」, 「길」, 김영랑

23 장만영, 「애수적 미의 추구」, 『나의 시 나의 시론』, 한국시인협회 편, 신흥출판사, 1960, 139쪽.

(金永郞, 1903~1950)의 「모란이 피기까지는」, 서정주의 「국화 옆에서」, 김광균의 「설야」, 신석정의 「임께서 부르시면」 등을 꼽았다. 이러한 점으로 볼 때, 1960년까지 그의 시 세계는 애수의 미를 추구했다고 단정할 수 있다. 그래서 그의 전 생애에 있어 시 세계의 변화와 지속성을 검토할 근거가 되는 것이다.

장만영은 자작시 해설집 『이정표』(신흥출판사, 1958)[24]를 통해 그의 시 세계와의 간극을 볼 수 있는지도 검토할 수 있다. 그리고 장만영의 눈으로 볼 때, 서정주, 김광균, 신석정 등과 같은 시에서 자신이 주장한 시론이 반영되었다고 한다면, 자신의 시관으로 작품을 정확하게 표현했는가도 검토할 부분이 있다. 이는 한국시인 연구이 과제이기도 하다.

장만영 사신 연구에서 신석정과 주고받은 작가들의 사신 역시 연구의 대상이며, 또 다른 발신자와 수신자의 관계에서 사신 연구가 가능할 것이다.

---

24 박두진은 자전적 시론 「영(永) 시대적인 것과 당(當) 시대적인 것의 대립」(『한국 현대 시론』, 1970년 초판/ 1990년 출간)을 통해 자신의 시론을 밝혔다. 송욱은 자신의 시집 안에서 자신의 시적 변화 시기를 밝혔다. 김춘수는 제자에게 보낸 사신에서 자신의 문학 세계를 밝혔다.

*** 참고문헌**

국효문, 『신석정 연구』, 국학자료원, 1998.
김규동, 「박인환론」, 『박인환 시집』, 범우사, 1986.
김용직, 「장만영론」, 『한국현대시사』(2), 한국문연, 1996.
김해성, 「한국적 주지시의 모색 시관」, 『한국 현대시의 이해』, 서문당. 1983.
박철석, 『한국 현대시인론』, 민지사, 1998,
방민호, 「박인환 산문에 나타난 미국」, 『한국현대문학연구』, 한국현대문학회, 2006.
신석정, 『난초잎에 어둠이 내리면』, 지식산업사, 1974.
오세영, 「4. 한국 모더니즘 시의 전개와 그 특질」, 『20세기 한국시 연구』, 새문사, 1989
이동순, 『시와 시인 이야기』, 월인, 2001.
이동하 편저, 『박인환 평전』, 문학세계사, 1983.
장만영, 「박인환의 회고 – 불안정한 연대의 시인」(1962년), 『시인 박인환의 문학과 그 주변』, 1982.
______, 「애수적 미의 추구」, 『나의 시 나의 시론』, 한국시인협회 편, 신흥출판사, 1960.
______, 『이정표』, 신흥출판사, 1958.
조연현, 「돈과 인격」, 『문학과 사상과 인생』, 문학세계사, 1982.
최동호, 「성숙에의 동경과 고독감」, 『한국대표시 평설』, 문학세계사, 1983.
한영옥, 「장만영론 – 풍물과 동심의 세계」, 『한국의 이미지스트 시인 연구』, 푸른 역사, 2010.
문예운동 편집부, 「작고 문인 집중 조명 – 장만영의 문학과 생애」, 『문예운동사』, 문예운동, 2018.

3. 1950년대 동·서양 비평적 시각과 지역 비평계의 촉수(觸鬚)

1950년대는 대체로 모더니즘 문학론으로 비평 지도가 형성되었다. 이에 대한 본격적인 논의는 유종호(柳宗鎬, 1935∼)로부터 줄곧 이어져 왔다. 여기에 실존주의 철학과 함께 문학론까지 가세하면서 실존주의 문학론이 또한 이 시기의 화두(話頭)가 되면서 수많은 비평가와 작가들이 목소리를 높였다.[12] 그래서 1950년대 현대문학비평사에서는 모더니즘과 실존주의 문학론이 전개되었다고 정리할 수 있다.[13] 물론 현장 비평가로서 조연현 역시 프랑스 유학파인 서울대 불문학과 교수인 정명환(鄭明煥, 1929∼2022)[14]과 실존주의 논쟁에 가세했었다. 서구 문학론이 득세하던 시기에 한국문학의 비평적 감각의 촉수를 가진 고석규도 실존주의와 알베르 카뮈(Albert Camus, 1913∼1960) 연구에 몰두했었다.

또 하나의 비평사적 줄기는 1950년 후반기부터 수용되기 시작한 신비평이었다. 여기에는 백철(白鐵, 1908∼1985)과 김종길(金宗吉, 1926∼

12 김윤식, 『한국현대문예비평사』, 서울대출판부, 1982.
김용직 외, 『한국문학사』, 한국예술원, 1982.
전기철, 『한국전후비평의 전개 양상에 대한 고찰』, 서울대박사학위논문, 1992.
배경열, 『한국 전후 실존주의 소설 연구』, 태학사, 2001.

13 김명인, 「제4장 1950년대 모더니즘 문학론」과 「제5장 1950년대 실존주의 문학론」, 『한국현대문학비평사』, 소명, 2000.

14 『송욱평전』과 『조연현 평전』을 집필하면서 정명환 교수를 인터뷰했다.

2017)이 앞장섰다. 백철은 I. A 리차즈를 적극 수용했으며, 김종길은 T. S. 엘리엇을 찾아가 만날 만큼 적극적이었다. 이러한 비평사적 흐름의 1950년대, 부산에서 치열하게 서구 문학론을 탐구했던 고석규는 한국문학비평사에서 제외되었다.

서구 중심 문학론이 한국 문단을 지배할 때, 1950년대 동양적 시각의 문학론을 강원도 지역에서 탐구했던 김종후를 검토해 보면, 고석규와 함께 한국문학비평사에서 소외되어 있었다.[15] 그렇지만 1980년대 중반, 김용직 교수는 1950년대 신진 비평가인 고석규를 거명했었다. 이후 김윤식에 이어 연구가 집중되고 있다. 이후 문학사적 시간인 『고석규 평전』과 작가 공간인 〈고석규 비평 문학관〉이 한국문학사의 입구에 들어섰다. 이에 비해 김종후는 여전히 한국비평문학사에서 오리무중(五里霧中)처럼 보인다.

6.25 동란 후, 한국 문학과 비평계는 새로운 세계에 대한 변화가 필요한 시기였다. 그 첫 번째가 작가들의 작품 발표 지면이 확장되었다는 점이다. 단연 《문학예술》, 《현대문학》이다. 여기에 고석규와 김종후의 평론이 발표되기 시작했다. 둘째, 신진 비평가의 등장인데, 고석규와 김종후는 비평사에서 주목받지 못했다.[16] 이 당시 동양 방법론을 탐구하고 비평적 안목을 가진 김종후는 괄호 밖의 비평가였다. 셋째, 실제 비평과 작가론 영역에서 벗어나 다양한 문학 연구 방법론으로 확대되었다.[17]

위의 세 가지 현상에서 두 비평가의 존재가 새롭게 조망되어야 할

---

15 특정 공간에서 작가들의 창작 활동은 지역 문학의 자기장을 형성하기 때문에 검토의 필요성이 있다. 가령 계용묵의 1.4 후퇴의 제주 체험과 문학 활동은 제주문학사의 초석이 되었다는 점에서 의미가 있는 것과 같은 경우다.
김동윤, 「전란기의 제주문학과 《제주신보》」(영주어문(제9집), 2010년 2월)와 「계용묵과 제주 체험과 문학」(영주어문(제10집), 2006년 8월) 참고.

16 김용직은 실존주의 논쟁에서 조연현, 손우성, 정명환, 김붕구, 고석규 등을 거명했다(「11. 8.15 해방 이후 한국비평의 형성, 전개」, 『한국근대문학론고』, 서울대출판부, 1985, 237쪽.).

17 김용직, 「11. 8.15 해방 이후 한국비평의 형성, 전개」, 위의 책, 234~237쪽.

이유가 있다. 즉 고석규의 서구 문학론과 김종후의 동양적 시각의 문학론 비교는 1950년대 한국문학비평사의 확산과 단절을 볼 수 있는 대표적인 비평가들이다. 이들의 비평적 시각을 점검할 수 있는 계기가 바로 이들이 남긴 사신 기록물 때문이다. 이 장에서는 이들의 사신 기록물을 분석하고 연구해 1950년대 비평론을 재론(再論)하는 계기를 만들고자 한다.

「6. 고석규(高錫珪, 1932~1958)」

서양적 시각의 비평추를 확산(擴散)하다

Ⅰ. 고석규 문학의 접근 방향

비평은 손끝으로 쓰는 것이 아니라 발로 쓰는 것이라고 김윤식(金允植, 1936~2018)은 말한 적이 있다.[1] 필자는 2005년 울산에서 출발해 조연현의 문학 공간인 서울 정릉을 찾아가 『조연현 평전』을 썼고, 또 2022년 발로 찾아가 17년 만에 고석규(高錫珪, 1932~1958)의 사신 기록물을 발굴했다.

비평의 이단아(異端兒) 송욱(宋稶, 1925~1980)과 비운의 요절 비평가 고석규를 25년 전에 운명처럼 만났던 필자는 『송욱평전』(2000)을 먼저 정리했으나, 고석규에게는 다가가지 못했다.[2] 굳이 이유를 말하자면, 부산 지역 연구자들이 고석규 전집을 출판해 그의 비평론을 전개하고자 노력하고 있었기 때문이다. 여기에 아둔한 필자의 시각까지 덧붙일 필요는 없다고 판단했다. 그런데 시간이 흘러 조연현의 정릉 자택에 보관된 사신 기록물 열람하고부터 고석규의 비평 문학에 집중할 운명의 시간이 왔다고 생각했다.

해방 전후와 1950년대 남북 좌우 이데올로기가 난립하던 문단 상황에서 어떤 활동을 했는지를 검토할 비평가가 고석규이다. 왜냐하면 해방 전후의 연속선상에 있는 1950년대 비평 활동의 시간적 위치와 부산 지역이라는 문단 활동의 공간적 위치가 교차하는 지점에 존재하기 때문이다. 그가 활동했던 1950년대 비평문학사에서는 민족문학론과 서구 문학론의 침윤(浸潤)으로 실존주의(實存主義)와 모더니즘의 화두(話頭)를 외면할 수 없었다는 점도 함께 검토되어야 한다.

---

1 권영민, 「김윤식론」, 『한국 현대 비평가 연구』, 강, 1996, 374쪽.

2 졸저, 『송욱 평전』의 〈머리말〉과 『작가 사신 연구 방법론』의 〈머리말〉 참고.
필자는 실존주의와 엘리엇의 논의에 적극적이었던 송욱을 연구해 『송욱문학연구』(동아대학교, 1998학년도 박사학위 논문)를 출간했다.

1950년대의 비평계는 실존주의 문학론과 엘리엇(Thomas Stearns Eliot, 1888~1965)을 정점으로 하는 모더니스트들의 논의가 압도적인 비중을 차지하고 있었다.[3] 이런 논의에 엘리엇과 까뮈(Albert Camus, 1913~1960), 사르트르(Jean-Paul Sartr, 1905~1980)의 문학 작품도 함께 논의의 대상이 되었던 시대였다. 고석규는 부산에서 이런 논의를 천착(穿鑿)하고 있었던 비평가였다. 비평가는 문학 현장에 있어야 한다는 명제를 보여준 비평가였다. 문학 현장이란, 작가들의 현실적 삶의 현장이며 사회적, 시대적 변곡점에 치열한 언어로 재구성한 작가와 호흡하는 공간이다. 여기에 비평가는 작품 평가와 문학 사상, 문학사조의 흐름을 체계적으로 파악할 수 있어야 한다. 이러한 지점에서 그가 남긴 비평문(『여백의 존재성－고석규 유고 평론집』, 지평, 1990)을 들여다보면 이러한 결론에 부합한다.

* 실존주의 논의
「불안과 실존주의」
포올케 작의 『실존주의』 번역서
* 모더니즘 논의
「모더니티에 관하여」
「모더니즘의 감상」
「모던이스트 운동은 종식되다」
* T. S 엘리어트 및 까뮈론
「T. S 엘리어트의 인간적 경위」
「신뢰적 극작가 T. S 엘리어트」
「T. S 엘리어트 관건」
「알베르 까뮈의 문체론」

3　최유찬, 「1950년대 비평 연구(1)」, 『1950년대 문학의 연구』, 평민사. 1991, 15쪽.

위의 비평 목록에서 보듯이 그는 1950년대 비평문학사의 흐름을 간파(看破)하고 있었다. 모름지기 비평가란 국내외의 현대문학과 비평의 세계사적 흐름에 대한 인식이 날카로워야 한다는 점을 고석규는 보여준다. 물론 국내의 문단 상황에 둔감해야 한다는 의미는 결코 아니다. 해방과 함께 1950년대의 비평계는 박헌영(朴憲永, 1900~1955)의 정치 노선을 지지했던 임화(林和, 1908~1953)와 김남천(金南天, 1911~1953)의 〈조선 문학 건설 본부〉와 〈전조선 문필가 협회〉의 김동리(金東里, 1913~1995)의 '생의 구경'과 조연현(趙演鉉, 1920~1981)의 '생리 문학론'으로 대립했던 시기였다.[4] 이러한 국내 문단 상황에서 고석규의 비평 시각을 볼 수 있다는 점에서 검토가 필요하다.

작가의 거주 공간과 창작 공간에 따라 문단 형성의 계기가 될 수 있다. 고석규는 서울 중심 중앙 문단과 지방인 부산의 비평계에서 균형추(均衡錘) 역할을 한 비평가였다. 한국문학사가 1910~20년대 사이 일본 동경에서 김동인, 염상섭, 전영택, 김일엽(金一葉, 1896~1971)[5] 등에 의해서 문단 지형도가 형성되었다가, 1930년대부터 줄곧 경성과 명동이 한국 문단의 중심이었다. 그리고 6.25 동란으로 많은 문인들이 대구, 부산으로 피난했다. 이때 부산과 대구 문단이 자연스럽게 형성되었다. 특히 비평의 불모지 부산에서 고석규의 존재는 지방 문단에서 비평계가 형성될 수 있는 기회가 외부로부터 만들어졌다.

---

4 이에 대한 구체적인 논의는 「3. 민족문학론의 새로운 모색」(『우리 문학 100년』, 현암사, 2001, 249~251쪽)을 참고. 임화 중심의 문화 건설 중앙 협의회(1945년 8월 15일 발족)에서 일제 잔재 소탕, 봉건 문화 잔재와 반민주주의적 지방주의 문화 요소 청산을 실현하는 방안으로 문화 전선 확립과 인민적 기초 완성에 두고 있음. 이에 대한 구체적인 논의는 이원조의 「민족문학론」에서 구체화되면서 문학 작품과 문학론이 활성화됨. 이후 핵심 세력은 월북으로 1948년 한설야 중심의 문학 이념이 북에서 공인되자 임화는 완전히 축출됨. 이에 대항하여 자주독립과 진정한 문학 정신의 옹호에 김동리와 조연현이 앞장섰다. 조연현의 「문학과 사상」과 김동리의 「문학과 인간」은 해방 이후 비평사적 업적으로 평가됨.

5 나혜석, 김명순과 함께 1920년대 대표적인 신여성 작가.

고석규의 부친은 해방 직후 고향인 함남 함흥을 떠나 이미 월남해 을지로 2가에 소아과 병원을 개업했었다. 어머니와 동생을 북에 두고, 6.25 전쟁으로 군에 입대했으며, 전쟁터에서 부상으로 제대하면서 1952년 부산대 국어국문학과를 입학하게 된다. 1952년 대학 1학년 시절, 동인지《시작품》에 시를 발표했으나. 동인들로부터는 평론 활동을 권유받았다. 당시 유행이었던 모더니즘에 몰두하여「모더니즘에 대하여」를 발표하면서 본격적으로 비평 활동을 이어가게 된다. 동인으로는 손경하, 송영택(宋永擇. 1933~), 조영서(1932~2022), 천상병(千祥炳, 1930~1993) 등이었다. 후에 김춘수(金春洙, 1922~2004)도 참여하였다.[6]

특히 그는 윤동주(尹東柱, 1917~1945)의「별 헤는 밤」을 지독히 읊조리며, 윤동주의 시를 모두 외우다시피 했다. 그래서 그는 윤동주 연구에 길을 열었다. 그리고 당시 시의 문법이었던 서정주(徐廷柱, 1915~2000)도 탐닉했다.[7] 동인이었던 부산 출신인 송영택은 '한국문학의 중심에 서고자 했던 꿈을 가지고 열정적인 비평 활동'을 했다고 평가했다. 그러나 발표 지면 확보가 어려웠다. 이런 상황에서《현대문학》의 원고 청탁은 하나의 통로였으나 이에 부응하지 못했다. 그가 26세에 요절함으로써 부산 지역 평단을 활성화할 수 있는 기회마저 사라져 버렸다.

서울 중심이 아닌 부산 지역에서 전광석화(電光石火)와 같은 비평 활동을 보여준 비평가는 고석규이다. 그는 함경도 함흥 출생이지만, 월남 후 부산대학교에서 시와 비평 활동을 시작했었다. 월·납북 작가 중 카프 계열에서 임화(林和, 1908~1953)와 충돌했던 한설야(韓雪野, 1901~?)도 같은 고향이다.

---

6 천상병과 김춘수, 서정주의 사신 기록물도 〈작고 문인 사신철 뭉치〉에 따로 보관되어 있다. 물론 이에 대한 후속 연구도 필자의 몫이라고 생각한다.

7 송영택,「감상과 야심 속에 간 고석규」(《부산대학보》, 1961년 4월 17일),『고석규 문학의 재조명』, 세종출판사, 2000, 486쪽.

사실 해방 전후 시기에는 작품성보다 이념이 중요시되었던 시대에 비평의 가치가 좌우되는 경우가 많았다. 그러나 해방 전후와 6.25 동란으로 빚어진 좌우 이데올로기 시기에 비평계의 활로 모색은 필수적 상황이라 할 수 있다. 그 경로에 서구 모더니즘과 실존주의 수용은 당연한 귀결이었다. 이에 부응한 비평가들이 논쟁의 목소리를 높였다. 고석규는 이 서구 문학론에 천착(穿鑿)했지만, 1950년대 평단에 야망과 고민을 앞세워 나서기도 전에 요절하는 비운을 맞았다.

수신자의 관점에서 보면, 조연현이《현대문학》이라는 문학 매체를 통해 문단 지배력을 강화했다고는 하나, 창작 분위기를 전국적으로 확산시키면서 문인들과 교유했다는 점에서 그리고 문단 지형도를 전국적으로 그렸다는 점에서는 또 다른 평가를 할 수 있다.《현대문학》출신 작가들이 전국적으로 분포했다.[8] 그만큼 문학 지형도가 그려졌고, 이를 통해 조연현의 문단 지배력이 강화되었다고 보아야 한다. 이러한 흐름에 고석규는 적절하게《현대문학》과의 관계를 유지하면서 부산 지역의 평단 확산에 일조할 수 있는 기회가 있었으나, 역시 그의 요절이 비평의 길을 가로막게 되었다.[9]

Ⅱ. 〈고석규의 사신 기록물〉 내용 분석

1957년 〈부산예술비평회〉를 조직, 같은 해에 평론「시인의 역설」을《문학예술》에 연재하면서 본격적으로 비평 활동을 하게 된다.《문학예

---

8 조연현,「《현대문학》 출신 문인들」,『남기고 싶은 이야기들』, 부름, 1981, 211～212쪽.

9 향파(向破) 이주홍(李周洪, 1906~1987)은 부산 문단의 터전을 닦았으며, 후배 소설가인 최해군(崔海君, 1926~2015)의《현대문학》진출을 적극 도왔다. 부산 문단과 중앙 문단의 균형적 관계를 유지하면서, 부산 문단의 활성화를 도모했다는 점에서 평가받을 만하다. 이주홍의 사신 기록물은 〈작고 문인 사신철 뭉치〉에 따로 보관되어 있으며, 이와 관련된 자료와 연구 방향을《부산일보》에 필자가 공개(「향파 이주홍· 고석규 미공개 편지, 세상에 나왔다」, 박종호 기자, 2024년 11월 7일)했다.

술》은 1954년 4월 1일 창간호를 낸 뒤 경영난으로 어려움을 겪게 되면서 극작가 오영진(吳泳鎭, 1916~1974), 박남수(朴南秀, 1918~1994) 시인의 노력과 열정에도 불구하고 재정난으로 1958년 33호를 끝으로 막을 내리게 된다. 이 잡지의 지향점 가운데 "한국에 신문학이 발족된 이후로 가장 외국 문학을 많이 소개"[10]했다. 종간호까지 외국 평론을 거의 50%를 소개했던 문학 잡지였다. 1950년대 당시 비평 영역의 확대와 방법론을 모색하고자 했던 문단 상황을 첨예하게 이끌었다는 점을 평가할 수 있고, 이 평가 지점에 부산의 고석규가 서구 문학론을 탐색하여 발표했다는 점에서 의미를 찾을 수 있다.

1958년 「시적 상상력」으로 부산대학교 국문학과 대학원 석사 학위를 취득하게 된다. 그해 4월에 국문학과 강사에 발령받았으나, 19일 심장병으로 급사하게 된다. 그는 26세에 요절(夭折)했다. 1953년 발표한 그의 대표적 평론 「윤동주의 정신적 소묘」는 일제 암흑기 극복을 위한 실존적 몸부림으로 윤동주 시를 주목해 비평의 길을 찾았다는 평가를 받는다. 이처럼 그는 한국시 비평에 주목할 만한 논의를 내놓기 시작했었다.

김윤식은 「고석규의 정신적 소묘」, 「1950년대 한국 문예비평 3가지 양상」 등의 평문을 통해 진작에 고석규를 주목했다.[11] 고석규는 평론가로 촉망받았으나 심장마비로 급사해 부산 평단에 1막을 내리게 되었다. 고석규의 문학적 위치를 가늠할 수 있도록 문학 활동을 정리한 전집 발간으로 그를 새롭게 조망할 수 있음은 다행스러운 일이다. 특히 그의 평론을 묶어 정리한 『여백의 존재성 - 고석규 유고 평론집』(지평, 1990)은 엮은이들이 비평 원론, 실제 비평 그리고 외국 문학과 번역문 등으로

---

10 원응서, 「문학예술」, 『해방문단 20년』, 한국문인협회, 정음사. 1966, 177~178쪽.

11 필자가 박사학위 논문 선정 작가로 송욱과 고석규 가운데 결정하는 과정에서 고민이 많았다. 고석규는 부산에서 연구하는 분위기였으나 송욱은 전혀 관심을 두지 않은 것 같았다. 사실 작가 연구에 대한 깊은 관심은 소설에서 서울대 김윤식, 시에서는 서강대 김학동가 주목할 저술을 남긴 것으로 판단된다.

나누어 한눈에 볼 수 있도록 편집했다.

발신자인 고석규의 사신 기록물 연구를 통해 고석규가 지향하는 비평관을 탐색하고자 한다.

고석규의 유고 평론집, 『여백의 존재성』

고석규의 사진

1. 「시적 상상력」과 《현대문학》

'한국 비평 문학을 리이드' 할 꿈을 가진 고석규는《현대문학》의 원고 청탁에 자신의 창작 원고를 보내지 못했다. 대신 「시적 상상력」을 보낸다. 이런 전말의 내용을 담은 사신 기록물 1통 2장을 들여다볼 차례이다.

〈고석규의 사신 1〉에는 다음과 같은 내용이 있다.

趙 先生 貴下

今日 雲書 받았읍니다.

日前에 보낸 原稿 請託書을 받긴 하였으나

身患으로 此日彼日 되었읍니다. 現在론 도저히 創作할 수 없는 形便입니다.

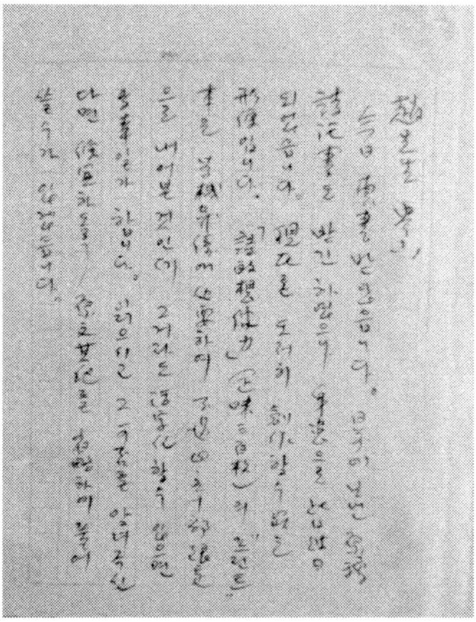

「詩的 想像力」(正味 三百枚)의
"프린트"本은 學棧保係[12]에 必要하여
不過 四 五十部 限定으로 내어 본 것인데
그거라도 活字化할 수 있으면 多幸일가 합니다.
읽으시고 그 可否를 알려주신다면
修定하도록 原文 其他를 省略하여 풀어 쓸 수가 있겠읍니다.

—「전문」 중에서

〈고석규의 사신 1〉에는 일전에 보낸 원고 청탁서를 받았으나, 자신의 병환으로 차일피일(此日彼日) 미루게 되었다는 이유와 함께 현재로선 도저히 창작할 수 없는 형편이라는 내용의 사신을 조연현에게 보낸다. 대신에 「시적 상상력」(정미[正味]: 예비지를 보태지 아니한 정량의 용지)의 원고 300매를 프린트해 보내니, 활자화될 수 있는지 가부(可否)를 알려달라는 내용이다.

〈고석규의 사신 2〉에는 다음과 같은 내용이 있다.

請託에 應하지 못하는 自身의 逃避策인 것 같으나
이 점 諒知하셔 善處있길 바라겠읍니다.

총총

12 학잔보계(學棧保係):「詩的 想像力」를 학문의 바탕으로 깔아 자신이 보전하여 잇고 싶다는 의미로 해석이 됨.

二月 二十一日

高錫珪 上

—「전문」 중에서

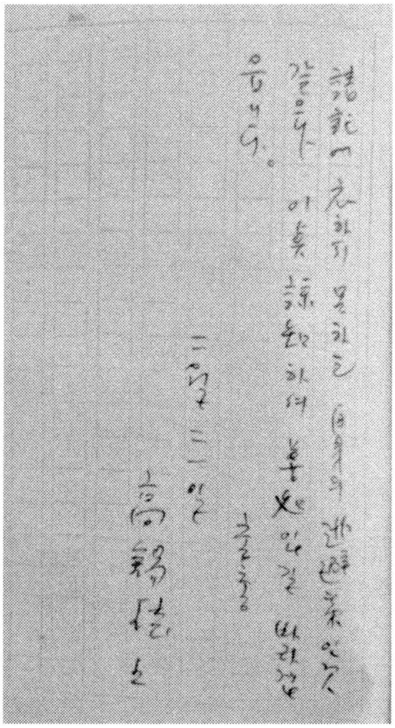

그리고 〈고석규의 사신 2〉에는 〈고석규의 사신 1〉에 이어지는 원고 청탁에 응하지 못한 점을 선처해 달라는 내용이 적혀 있다. 《현대문학》에 보내고자 한 원고는 심환으로 인해 창작이 어려워, 자신의 부산대 석사학위 논문 「시적 상상력」를 원고지 300매로 보낸다.

조연현에게 보낸 사신 기록물은 1958년 2월 21일 자로 특정할 수 있다. 1953년 3월 부산대 국어국문학과를 졸업하고 1958년 4월 19일 26세로 작고했기 때문에 「시적 상상력」은 유고작이 되었다. 이 유고는 1958년 6월부터 11월까지 《현대문학》에 연재되었다.[13] 여기에는 아리스토텔레스의 「시학」, 윈체스터의 「문학 비평의 제원리」 그리고 리처즈의 「문예 비평의 원리」 등과 같은 서구적 시각을 근거로 비평을 체계화하려고 시도했다.

〈고석규의 사신 1〉과 〈고석규의 사신 2〉를 통해 두 가지를 생각해 볼 수 있다.

첫째, 고석규의 건강이 극도로 악화되어 더 이상 비평 활동을 할 수 없다는 개인적인 고통뿐만 아니라 비평의 불모지인 부산 지역 평단을 활성화할 수 있는 자극제가 사라졌다는 점이다.

13 남송우, 이상일, 〈고석규 연보〉, 『고석규 문학의 재조명』, 세종출판사. 2002.

둘째,《현대문학》의 원고 청탁으로 보낸 평문「시적 상상력」은 그의 비평적 안목과 문학 비평에 접근하는 비평 철학을 담았다는 점에서 의미가 있다.

2.「시적 상상력」과 비평사적 위치

고석규의 비평사적 위치는 윤동주(尹東柱, 1917~1945) 연구에 있음은 두루 아는 바이다. 1950년 단신으로 월남해 부산에 정착하면서 윤동주의 동생 윤일주를 만난 계기로 윤동주의 시 세계에 몰입하게 된 것이다.[14] 이후 1953년「윤동주의 정신적 소묘」를 필두로 하여 서구 문학론의 탐구 과정에서 얻어진 결과물인「시적 상상력」은 그의 비평관을 이해하는 데 있어 중요한 비평문이다. 석사학위 논문이기 때문에 나름 체계화되고 객관적인 문학 비평 탐구서라고 할 수 있다. 이를《현대문학》의 원고 청탁에 보낸 것이다.

고석규의 사신 기록물은 결국 발신자의 관점에서「시적 상상력」에 대한 비평 세계를 검토할 수 있다. 이 평문은 학위 논문으로 완성되었고, 또한 한정 프린트 본으로 발간되었음에도 고석규 사후,《현대문학》에 분재(1958년 6월부터 11월)되었다는 점에서 수신자인 조연현의 시각이 또한 검토가 필요하다. 아마도 비평계의 지역 균형과 함께 서구 문학론을 섭렵(涉獵)한 신진 비평가에 대한 조연현의 기대감이 드러난 것이 아닌가 한다.[15]

우선 유고집『여백의 존재성 – 고석규의 유고 평론집』에 수록된「시

---

14 남송우,「윤동주와 고석규의 인연과 운명」,『윤동주 시 다시 읽기』, 불휘 미디어, 2024, 232~244쪽 참고.

15 고석규와 동시대의 비평 활동을 했던 김윤식과 함께 비평사적 위치를 점검하는 것도 의미가 있다.

적 상상력」의 목차를 정리하면 그의 비평적 세계관을 찾을 수 있을 것이다. 이 논의는 1950년대 문학비평사에서 그의 위치를 가늠하는 일이기도 하다.

- 목 차 -

서언

지각과 언어

고정상상과 자유상상

공상과 상상력

고전주의 대 낭만주의

종합적 체험

결언

목차의 순서에 따라 그의 비평론을 검토하면 다음과 같다.

〈1. 서언〉은 「시적 상상력」의 도입부다. 고석규는 현대시를 '현대의 상황을 반영하며 비판하기 위한 시인 자신들의 언어활동을 지칭하는 말'로 정의했다. 여기서 고석규는 '반영'과 '비판'에 주목했다. 구미문학의 경향으로 보면 반영은 수동적 기능이며, 이에 대해 능동적 기능이 가중되면서 현대시의 구성은 논리적이며 의미적인 데로 기울어지면서 종합적 체험이 발전되는 것이 오늘날의 상식이라는 입장이다. 여기서 종합적 체험의 도달점이 그가 주장하는 시적 상상력임을 밝히면서 그 범주를 주관적으로 밝히겠다는 내용이다. 즉 반영의 기능은 고전적인 감성에 의하여 지배되는 대신 비판은 고전적인 지성에 의하여 지배된다는 것이다. 고석규가 정의하는 '종합적 체험을 바탕으로 한 시적 상상력'은 결국 현실의 상황을 반영하여 비판하는 언어활동이라는 의미로 해석된다.

흔히 모더니즘 시, 존재 탐구의 시, 순수 서정시가 전후시의 세 측면으로 혼재하여 시인마다 추구하는 시의 방향성을 상실한 시대[16]에 고석규의 비평적 고뇌가 컸다. 특히 1950년대 모더니즘 계열의 시인들이 전통적인 서정시에 반기를 들면서 시의 영역을 구축한 점을 고석규는 상당히 주목했다. 고석규가 활동했던 1950년대 전후의 현대시는 방황 일로에 서 있다고 진단했다. 현대시가 무엇을 추구하는지에 대한 고민이 컸던 비평가였다. 현대시의 추구로 작용했던 지성의 과오는 무엇이며, 지성의 추방이란 가능할 것인가? 과연 어떤 방법이 현대시의 당면 과제를 해결할 수 있을까? 이러한 과제를 해결하려는 과정에서 자신의 비평철학을 정립하려는 치열성을 보여주었다.

1930년대 모더니즘이 공론화에 그친 점은 바로 현대시의 제반 이론과 보조 학설을 총체적으로 파악하여 체계화하려는 비평사적인 시도에 불과했기 때문이다. 그래서 작품 분석에 대한 이론 정립보다는 비평 원리론에 입각한 냉철한 반성이 선행되어야 한다는 것이 그의 비평관이었다. 이 지점에서 고석규는 현대시 분석에 대한 이성적이며 체계화된 비평 이론으로 시적 상상력을 내세웠다. 이러한 시적 상상력을 문학론 탐구의 출발점이자 근간으로 삼았다는 점에서 윤동주 연구와 함께 주목해야 한다.

〈2. 지각과 언어〉는 그가 내세운 시적 상상력에 대한 구체적인 비평관이라 할 수 있다. 그는 여기서 아리스토텔레스가 모방론(模倣論)을 주장했지만 사실은 사이비(似而非) 모방론에 머물렀다고 혹평한다. 즉 아리스토텔레스의 『시학』은 고전주의적 경전으로 추대할 수 없다는 입장이다. 그래서 시인은 모름지기 모방자(模倣者)가 아니라 남들이 못 보는

---

16 이승원, 「민족의 시련과 서정시의 맥락 – 광복 이후 1959년까지의 시 경향」, 『한국문학 50년』, 문학사상사, 1995, 83쪽.

깊은 인생의 체험을 남들에게 전해 주며 또한 보여줄 수 있는 사람이라는 개념으로 정의한다.

즉 '육안'이 아니라 '심안'의 존재가 시인이라는 관점이다. 심안은 현실에서 보는 육안보다 기억 속에서 보는 심안이 더 매력적이며, 이는 느끼는 것이 아니라 기억 속의 감정이 되살아난다는 것이다. 문학 특히 현대시는 현실과 자연의 모방론이 아니라 당대 사회 현실의 이면을 깊이 볼 수 있는 '심안'의 가치를 높이 평가했다. 여기서도 고석규가 현대시의 당면 과제를 어떻게 돌파하는지 비평가 입장에서 구체적으로 제시했다.

〈3. 고정상상과 자유상상〉은 〈2. 지각과 언어〉에서 다루었던 서구 문학론에 이어 리차즈(I. A. Richards, 1893~1979)의 『문예 비평의 원리』를 언급하면서 시적 체험과 과정 그리고 종류를 한 눈으로 볼 수 있도록 정리하고 있다. 즉 음악 치료에 치중되는 청각 상상력과 언어에 치중되는 분절 상상력을 합쳐 고정 상상력으로 다루었으며, 고정상상은 기호화된 악보나 문자를 통하여 직접적으로 전달되는 상상인데 비해 자유상상은 시각적 현상에 가까운 것으로서 악보나 문자의 여러 가지 결과에 있어서 이해되는 간접적인 상상을 의미한다는 것이다. 이는 비평가 고석규가 리차즈에 대한 수용 의사가 강하며, 또한 자신의 비평적 태도를 객관화시키려는 도구로 판단한 것으로 보인다.

"비평가 리차즈는 베르그송(Henri-Louis Bergson, 1859~1941)이 간과했던 정서 문제를 새로이 환기함으로써 지각과 기억에 대한 표현이라는 문학적 관심을 회복하는 길을 열었다."라는 점에서 심리학에서 수사학 혹은 시학으로 넘어오는 길잡이 역할을 했다는 점을 고석규는 주목했다.

이처럼 서구의 두 비평가를 비교 분석해 정리할 만큼 서구 문학론에 대한 체계적인 식견을 20대 중반에 갖추었다는 점을 평가할 수 있다. 1950년대가 모더니즘 시대라고는 하나 이를 수용하고 비평의 잣대로 나름 체계화한다는 것이 결코 쉬운 일이 아니기 때문이다. 그리고 리차즈와 함께 베르그송을 비교하는 관점에서도 리차즈를 긍정적으로 평가했다. 이는 리차즈 비평론의 가치를 고석규는 평가했다는 입장이다.

리차즈의 『과학과 시』(1926)가 기계 문명의 지성적 방법인 〈과학적 세계관〉과 원시적 감정적인 〈마술적 세계관〉의 균형이 필요한 입장을 피력하게 된다. 여기에 부합하는 T. S. 엘리엇의 장시 「황무지」(1922)를 소개할 뿐 두 세계관이 상호 대위되는 과정에 있어서 해결책을 제시하지 못했다고 지적한다.[17] 물론 고석규는 〈과학적 세계관〉에 도전할 수 있는 〈마술적 세계관〉의 현대적 의의를 명백하게 해야 한다는 입장이다. 그는 시적 상상력에서 〈지각〉과 〈기억〉을 강조하면서 리차즈의 시론에 대한 분석과 대안으로 제시한 시적 상상력의 의미로 〈과학적 세계관〉과 〈마술적 세계관〉의 균형을 강조했다.

시인이면서 비평가였던 1930년대 김기림(金起林, 1908~?)과 1950년대 송욱(宋稶, 1925~1980) 등 여러 명의 비평가들이 리차즈를 깊이 있게 다루었다는 점에서도 한국 비평계의 일반적인 수용 현상으로 볼 수 있다. 그래서 리차즈 수용에 있어 1930년대 김기림과 1950년대 동시대의 비평가 백철, 송욱과 고석규의 수용 양상을 비교해 검토할 필요성 있다. 물론 이들과 함께 한국비평문학사에서 리차즈의 이론 수용과 비판이라는 체계적인 논의도 필요해 보인다.

〈4. 공상과 상상력〉에서는 공상은 망상과 같은 의미이며, 상상력 이전의 무질서란 심리 상태로 통용되며, 서구 문학론에서는 상상을 견제하며 지배하는 보다 질서적인 개념이라는 것이다. 그리고 C. G. 융(Carl Gustav Jung, 1875~1961)의 설명에 따른 공상과 상상력을 비교하고 있

---

17 김용직, 「1930년대 김기림과 '황무지' – 김기림의 비교문학적 접근」, 『한국현대문학연구』(1호), 한국현대문학회, 1996, 261~278쪽.

다. 여기에 S. 프로이드(Sigmund Freud, 1856~1939)의 '환상적인 콤플렉스'까지 인용해 자신이 설정한 공상과 상상력을 설명하고 있다.

시에서 공상(Fancy)은 17세기 영국의 고전주의 시인 드라이든(John Dryden, 1631~1700)을 예로 들면서 엘리엇의 「형이상학적 시인들」의 '기상(conceit)'과의 관련성으로 쉽게 이해할 수 있다는 비평적 식견을 드러낸다. 효용이라는 목적을 위해 공상과 상상력이 필요하다는 엘리엇의 주장을 고석규는 수용했다. 즉 공상과 상상력의 비평 정신이 시 분석에 필요한 핵심 개념이라는 의미로 이해한 것이다. 여기에 코울릿지(S. T. Coleridge, 1772~1834)와 워즈워즈(William Wordsworth, 1770~1950)의 낭만주의를 구별하여 언급하고 있다.

이처럼 다양한 서구 문학론을 탐색하고 주체적으로 수용하려는 점을 평가할 수 있다. 다만 방대한 서구 문학론으로 자신의 비평적 개념을 적극적으로 정립하고 있으나 다소 추상적이고 관념적인 사고에서 나온 비평적 견해가 보인다는 점이다. 즉 비평적 개념을 치밀한 논증이나 구체적인 분석력을 바탕에 둔 객관적인 논지를 전개한 것으로 보기 어렵다는 점이 아쉽다.

〈5. 고전주의 대 낭만주의〉에서 고석규는 34세에 요절한 영국의 이미지즘을 위시한 현대시 방법론을 제시한 비평가 흄(T. E. Hulme, 1883~1917)을 소개하고 있다.[18] 그리고 코울릿지, 리이드(Herbert Read, 1893~1968) 등의 비평 개념어로 현대시의 문제를 접근하고 있다. 그리고 〈6. 종합적 체험〉에서 시인의 저항은 어떻게 길러져야 하는가에 대한 물음의 답을 찾고 있다. 〈7. 결언〉에서는 현대시의 난해성이며 현대시의 효용 가치도 결국은 종합적 체험인 상상력으로 말미암아 결정되는 것임을 확신하고 싶다고 결론을 맺는다. 고석규의 「시적 상상력」은 방향성을

---

18 김유중, 「T. E. Hulme의 예술철학」, 『모더니즘 연구』, 자유세계, 1993, 93~106쪽.

상실한 전후 현대시에 대한 비평적 접근을 서구 문학론에서 모색해 정리한 것이다.

고석규는 현대시의 방황을 진단하는 「방황하는 현대시 – 1957년을 넘기는 마당에서」라는 글을 발표했다. 여기서 그는 한국 시단을 아나크로니즘(annachronism: 진부한 전시대적인 사상이나 언동을 냉소적으로 가리킴)의 무서운 병증으로 진단했다. 이러한 아나크로니즘을 배격한 일군의 시인들은 김춘수(金春洙. 1922～2004), 전봉건(全鳳健, 1928～1988), 김수영(金洙暎, 1921～1968), 성찬경(成贊慶, 1930～2013), 박성룡(朴成龍, 1934～2002), 민재식(閔在植. 1932～) 등이며, 이들은 꾸준한 내면적 사색을 통해 현대적 상황에의 절실한 고발과 증언의 방향으로 나아갔다는 점에서 비평가의 비평 의식을 고조시켰다고 고석규는 주목했다. 즉 김춘수를 비롯한 일군의 시인들이 현대시의 방향을 찾으면서 동시에 이들이 현대시 비평 의식을 고조시켰다는 점을 주목한 데서 고석규의 비평관을 볼 수 있다. 즉 서구 문학론을 통한 비평적 체계를 세워 한국 시인들의 시적 방향성을 평가했다.

고석규는 기성 이념의 지배나 종교적 영향에도 편승(便乘)되지 않고 다만 부정과 회의, 그리고 비극과 반항의 현대를 열렬히 포착하여 분석하고 창작하는 실존적 방법론이 가장 명철한 현대시라고 판단했다. 여기서도 약간의 아류(亞流)나 사이비성(似而非性)이 동반되는 점을 경계해야 한다는 현대시의 방향까지 제시하는 패기를 보인다. 구체적으로 서정주의 모방 그리고 김현승의 기독교적 인생관과 신석정의 불교적 내세관에 대립하는 김춘수 등 일군의 시인을 언급했으며, 또한 현대시는 기성 시인들의 아류와 사이비성을 경계해야 한다고 냉철하게 진단했다.

현대시의 두 경향을 내용면에서는 현대적 사상을 취하고, 형식면에서는 정형적인 온건성을 유지하려는 부동의 절충주의가 있는데, 이런 경향으로 박남수(朴南秀, 1918～1994), 김구용(金丘庸, 1922～2001), 장서언(張瑞彦, 1912~1983), 송욱(宋稶, 1925~1980) 제씨들을 평가했다. 이처럼 현대시를 평가하고 정리할 수 있는 안목을, 20대임에도 불구하고 첨예한 현장 비평 의식을 보여주었다. 이러한 비평 의식은 그를 한국비평문학사에서 짚어야 할 이유 중 하나이다.

또한 현대시가 자기모순을 자각하고 반성하기 시작한 증거를 치열한 평론 활동에서 찾을 수 있다는 점에서 1950년대 비평가의 촉수(觸鬚)를 보여주었다. 그 비평 활동의 공과를 정리하면 다음과 같다.

첫째, 그의 비평관은 아리스토텔레스의 『시학』의 모방론, 윈체스터의 『문학 비평의 제원리』의 상상력의 삼단계 그리고 헉슬러(Aldous Leonard Huxley, 1894~1963)의 『심력』에 대한 문제 제기와 베르그송의 『물질과 기억』과 같은 문학론의 수용 태도에서 볼 수 있으며, 1950년대 당시로서는 서구 문학론에 대한 상당한 수준의 이해를 하고 있었다. 서구문학 전공자들에 의해 주도되었던 1950년대 비평계에 국문학 전공자로서 서구 문학론을 체계화하려고 노력했다는 점에서 평가해야 한다.

둘째, 서구 문학론을 주도적으로 수용했던 《문학예술》과 《현대문학》에 비평문을 발표했다는 점에서, 1950년대 후반의 비평문학사에 존재가 드러나기 시작했다고 평가할 수 있다. 한국문학이 1910년대부터 1950년 때까지 문학을 주도적으로 이끈 것은 문학 잡지였다. 특히 1950년대 '문학 잡지 시대'에 변화와 변곡점의 위치에 고석규가 등장했다는 점이다.

셋째, 서정주는 『화사집』을 통해 서구적 고뇌와 반성의 과정에서 고유 정서에 어쩔 수 없이 귀의하는 시 세계를 보여주고 있으며, 이러한 시 세계를 모방하는 현재 시단이 딱하다고 질타(叱咤)한다. 서정주의 시 문법을 현대시는 뛰어넘어야 한다는 의미이다.

넷째, 기독교적 인생관에 철저한 김현승, 박두진, 김남조와 불교적 내세관의 신석정을 종교적 심미성에 둔 그의 단순한 총평은 선뜻 공감하기 어렵다. 치열하고 고증적인 시평이 이루어지지 못했기 때문이다. 그리고 현대 시인들의 정신적인 안이성(安易性)과 판단력의 허위를 두루뭉술하게 평가한 점 역시 아쉽다. 그가 쓴 비평문의 곳곳에 이러한 현상이 전개되기 때문에 철저한 분석 비평을 볼 수 없다는 아쉬움이 남는다. 이는 1950년대 비평가의 촉수가 더 이상 활발하게 작동하지 못한 이유는 고석규의 요절(夭折)에 따른 후폭풍이 아닌가 한다.

다섯째, 고석규는 서구 문학론을 바탕으로 한 자신의 시론인 「시적 상상력」으로 1950년대 현대시의 문제점을 지적하나, 그의 시론이 단장취의(斷章取義)로 인해 난해(難解)하다는 점을 남겼다.

Ⅲ. 고석규의 주변과 위치

고석규는 1950년대 한국비평사에 거론될 수 있는 부산 지역의 평론가이다. 부산대학교 국문과에 입학해 요산 김정한(金廷漢, 1908~1996)에게 수학했던 젊은 비평가이다. 스승이었던 소설가 김정한은 고석규의 비평 세계는 미완성이라고 평가했으며, 고석규와 같이 대학 시절 하숙을 했던 김춘수는 "그가 더 장수하여 노력했다면 참으로 획기적인 성과를 거둘 수 있으며, 그의 평론은 한국평론계에 많은 시사가 될 것"[19]이라고 회고하면서 "한국 평론계는 한 사람의 진지한 아카데미상을 잃은 셈"이라고 평가했다.

고석규는 김춘수의 시에 관심(「R. M. 릴케의 영향」, 《국제신문》, 1958)을 보였다. 김춘수와 고석규는 《시작품》 동인 활동을 함께 했다. 가까이에서 본 김춘수는 고석규의 비평적 안목을 평가함과 동시에 부산 비평문학계의 위치를 통해 지역 문학의 활성화에 한몫을 담당할 수 있

---

19 김춘수, 「고석규의 평론 세계」, 《문학예술》, (『여백의 존재성』 재수록, 1990, 20~21쪽).

는 재목이었다고 평가했다.[20] 하지만 그는 불우하게도 심장병으로 28세에 요절했다. 고석규의 요절로 부산 지역 비평계에서 나아가 한국 비평계를 더 풍부하게 확장할 수 있는 기회가 사라졌다는 현실은 분명해 보인다.

비평가와 시인의 관계를 어떻게 볼 것인가는 문학에서 첨예한 논쟁거리이다. 이러한 논쟁에 하나의 답을 준 비평가는 고석규이다.[21] 적어도 현실의 문제를 시로 형상화하는 치열한 시인의 작품을 평가하고, 이를 해석하려는 이론 탐구와 이를 근거로 시의 방향과 비평의 방향을 제시하고자 노력한 그의 비평관에서 답을 찾을 수 있기 때문이다.

그는, 단지 사신 기록물 2장으로 서구비평문학론의 불을 던져놓고 한국비평문학사를 떠났다.

---

20 계용묵이 추천한 소설가 김학(金鶴, 1932~)은 함남 북청 출신으로 부산대학 국문학과를 졸업했다. 《현대문학》에 1956년 「전쟁은 끝나다」와 1957년 「종(終)」을 발표하면서 등단하였다. 이후 「원심력」(1958), 「인간 이전」(1959), 「하품」(1962), 「촌극(寸劇)」(1965) 등의 작품을 발표했다.

21 합천 출신의 문학비평가 권도현(1934~1976)은 1971년 38세에 사망했다. 그의 유작 모음집 『권도현 평론집』(문성출판사, 1976)이 출간되었다. 동시대의 지역 비평가로서 연구의 필요성이 있어 보인다.
그리고 고석규에게 아쉬운 것은 초현실주의(超現實主義) 시인으로 부산에서 오랫동안 활동한 조향(趙鄕, 1917~1984)에 대한 심층적인 논의가 없었다는 점이다. 주지하다시피 조향은 1950년대 실험파의 선두주자로, 초현실주의 기법으로 당대 사회 현실을 비판하고 부정함으로써 모더니즘의 비판과 저항 정신을 보여준 시인이다. 동시대의 현실 문제를 시에서 어떻게 추구할 것인가를 고민했던 고석규에게 던질 수 있는 과제로 보인다.

* 참고문헌

고석규, 『여백의 존재성 - 고석규 유고 평론집』, 지평, 1990.

______, 『고석규 문학전집』, 마을, 2012.

______, 『실존주의』, 책읽는 사람, 1993.

권도현, 『권도현 평론집』, 문성출판사, 1976.

김명인, 『한국현대문학비평사』, 소명, 2000.

김용직 외, 『한국문학사』, 한국예술원, 1982.

________, 『모더니즘 연구』, 자유세계, 1993.

김유중, 「T. E. Hulme의 예술철학」, 『모더니즘 연구』, 자유세계, 1993.

김윤식, 『한국 현대 비평가 연구』, 강, 1996.

______, 『한국현대문예비평사』, 서울대출판부, 1982.

김윤식 편, 『한국 모더니즘 비평선집』, 서울대출판부, 1991.

남송우, 『고석규 평전』, 국학자료원, 2022.

______, 「윤동주와 고석규의 인연과 운명」, 『윤동주 시 다시 읽기』, 불휘 미디어, 2024,

박상률 엮음, 『불교문학평론선』, 민족사, 1990.

배경열, 『한국 전후 실존주의 소설 연구』, 대학사, 2001.

송영택, 「감상과 야심 속에 간 고석규」(《부산대학보》, 1961년 4월 17일), 『고석규 문학의 재조명』, 세종출판사, 2000, 486쪽.

신형기, 「비평의 열림과 민족 모순의 심화」, 『한국문학 50년』, 문학사상사, 1995.

이승원, 「민족의 시련과 서정시의 맥락 - 광복 이후 1959년까지의 시 경향」, 『한국문학 50년』, 문학사상사, 1995.

장사선, 『한국리얼리즘 문학론』, 새문사. 1988.

전기철, 『한국전후비평의 전개 양상에 대한 고찰』, 서울대박사학위논문, 1992.

홍기종, 『고석규의 면모』, 책읽는 사람, 1993.

최유찬, 『1950년대 문학의 연구』, 평민사. 1991.

경남문인협회, 『경남문학사』, 1995.

2 「9. 김종후(金鍾厚, 1928~1958)」

동양적 시각의 비평추를 달다.

Ⅰ. 김종후 문학의 접근 방향

Ⅱ. 〈김종후의 사신 기록물〉 내용 분석

1. 동양적, 불교적 세계관의 침잠(沈潛)

2. 수학(修學) 정진과 문단 교유

Ⅲ. 김종후의 주변과 위치

* 참고문헌

Ⅰ. 김종후 문학의 접근 방향

작품의 특징과 작가의 문학 세계를 규명하는 과정과 그 과정을 통해 작가 세계를 정립(挺立)하는 것이 비평의 본질이다. 작품의 특성을 규명하기 위한 거시적인 관점으로 서구 문학론과 함께 동양 문학론의 접근이 필요하다. 특히 작품 세계의 정립을 증명하기 위해 그 시인만이 지닌 세계를 동·서양 문학론으로 접근할 때, 1950년대의 고석규(高錫珪, 1932~1958)와 김종후(金鍾厚, 1928~1958)의 비평관을 들여다볼 수 있다.

고석규가 서구 문학론의 접근으로 비평의 정체성을 규명하고자 했다면, 김종후는 동양 문학론으로 탐색했다. 1950년대는 세계에 대한 변화를 담을 문학 세계와 주체적이고 개방적인 문학 이론을 수용하는 시점이었다. 이때 동·서양 문학론에서 동양 문학론을 문학적으로 개방하고 주체적으로 수용하려는 탐구의 길목에 김종후가 있었다. 다만 두 비평가의 비평관을 지속성과 변화성으로 검토할 수 없는 현실적 상황은 운명적인 요절(夭折) 때문이다. 그래서 이들의 비평관은 미완의 상태인 셈이다. 김종후는 20대 약관(弱冠)의 나이에 교통사고로 사망한 강원도 속초(묘지는 고성군 토성면 성대리)에서 주로 활동한 지역 비평가이다.

동양 문학론은 전통성을 본질로 하며, 이를 근거로 현대문학을 비평적으로 접근한다면 이러한 문학 비평이 정체성을 가진 현대성이라 할 수 있다. 동양 문학론으로 한국문학의 이해와 분석 방법을 논의할 수 있는 출발점을 김종후에서 출발하고자 한다. 이러한 논의에서 김종후의 비평적 함의를 풀어 볼 수 있고, 〈작고 문인 사신철〉의 위치를 정한 조연현의 의도를 추정할 수 있다.

비평문학사에서 낯선 강원도 지역의 비평가 김종후[1]와 부산 지역의

1 최인희, 박기원 등의 사신 기록물이 남아 있다.

고석규. 1990년 초부터 고석규를 연구한 김윤식과 부산 지역 평단에서 고석규 전집을 출간하는 등 그의 비평론을 조망하였다. 그러나 비평문학사의 언저리에도 소개되지 못한 김종후는 함경북도 청진에서 1928년 출생했으며, 1949년 청진 교육대학을 졸업하고 함남 광천 고급중학교 교사로 근무 중 6.25 전쟁 발발로 월남하고, 이후에 서라벌 예술대학(1953~1956)을 졸업하였다.

김종후는 1956년 《현대문학》에 「작가의 패기 - 김동인론」, 「위기의 해결과 극복」 등을 발표하면서 평론 활동을 시작한다. 그는 현재까지 평론 8편, 수필 2편을 발표한 것으로 알려져 있다.[2] 특히 1956년부터 1958년 사이, 《현대문학》에 주로 비평문을 발표했으며, 이 시기에 오대산 월정사에서 수행과 함께 동양학 연구에 매진했다. 수행 과정에서 습득한 동양학을 바탕으로 한 동양 문학론을 현대문학의 비평론으로 접근하고자 노력했다.

사후 48년 만에 출간,
『김종후의 삶과 문학』(2006)

그러나 그는 단명했으며, 1950년대의 동양 문학론은 더 이상 실천 비평으로서 이어지지 못했다. 물론 그의 비평 세계 연구도 밝혀지지 않았다. 다행히도 그의 비평문을 모아 48년 만에 출간된 『김종후의 삶과 문학』(2006)의 서문에도 '눈 밝고 인연 있는 연구자들이 나타날 때 (김

2 이홍섭, 「전후 문학의 한가운데 선 민족문학론고 종합적 휴머니즘」, 『김종후의 삶과 문학』, 동숭동, 2006.

종후의 비평 세계 연구가) 가능할 것이다.'라고 선명하게 남아 있다. 사신 기록물의 발굴로 김종후의 비평 세계는 풀어야 할 숙제가 되었다. 그 숙제 해결의 방향을 김종후의 사신 기록물이 안내할 것이다.[3]

한국문학에 서구 문학론의 이론적 수용과 비판의 팽창 속에서 한국문학을 동양적, 불교적 접근법으로 비평 세계를 탐색하고자 했던 김종후는 1950년대에 주목할 만한 비평가이다. 그러나 그의 비평적 시각은 불교적, 유교적 시각을 집약하는 사상적 평문의 성격이 강하다는 평가를 받는다. 「동양의 휴머니즘 – 비교를 통한 시론」, 「노장사상의 현대적 의미」, 「장자론 – 문학적 견지에서」(유고) 등에서 그의 시각이 구체적으로 돋보인다.[4] 사실 그는 미 해병대 부대에서 통역 근무(1951~1952)를 했던 사실로 미루어 볼 때, 서구 문학 이론에 경도될 수 있었던 환경이었다. 하지만 그의 비평적 시각은 불교적, 동양적 세계관으로부터 출발했다.

그의 비평사적 의미는 두 가지 관점에서 볼 수 있다.

첫째, 불교적이며 동양적 비평론의 김종후를 통해 한국비평문학사와 지역비평사에 어떤 영향을 끼쳤을까에 대한 논의가 필요하다. 30세에 교통사고로 급사한 김종후의 비평적 삶의 방향이 1950년대라는 공유점 때문에 탐구할 필요가 있다.[5]

둘째, 만해 한용운(韓龍雲, 1879~1944)으로부터 서정주(徐廷柱, 1915~2000), 조지훈(趙芝薰, 1920~1968),[6] 신석정(辛夕汀, 1907~1974),[7] 송욱(宋稶, 1925~1980)[8] 등이 보여준 불교적 시 세계와 더불어 문학비평론에

3 부인 최옥분은 이미 고인이 되었고, 유일한 혈족인 김해련은 강원도 고성군 토성면에 거주(2023년 7월 현재)하고 있음.

4 『김종후의 삶과 문학』, 기념사업회, 동숭동, 2006.

5 김종후, 고석규와 더불어 김윤식의 비평 세계를 검토해 볼 필요성이 있다. 1950년대 당시의 비평 세계를 가늠할 수 있다는 점에서 의미가 있다.

6 조상기, 「조지훈의 불교시」, 『불교문학평론선』, 평론사. 1990.

7 우봉규, 「석정 시의 불교적 해명 – 신석정론」, 『불교문학평론선』, 평론사. 1990.

8 졸저, 『송욱문학연구』와 『송욱평전』(좋은날, 2000) 참고.

대한 확장적인 논의와 함께 불교 문학론 내지 동양 문학론의 정립과 논쟁이 또한 필요한 것으로 판단된다.

그의 비평 활동은 조연현이 주도한《현대문학》에서 태동했다고 볼 수 있다. 김종후는 월정사 수도원에 승복을 입고 부지런히 평문을 조연현에게 보냈다. 조연현은 김종후를 고심 끝에 추천했으며, 그가「김동인론」을 통해 순수문학론을 주창하고, 동시에 원고를 수정하여 두 번이나 찾아와 '침착하게 공부할 사람이라는 인상'을 받았기 때문이다. 조연현은 평문의 가치를 판단해 원고 수록을 결정하는 까다로운 비평가였다는 점을 다시 확인할 수 있으며, 순수문학론을 주창하고 또한 우익 문학계에 동조한다는 점에서도 평가한 것이다. 1950년대 첨예한 좌우 이데올로기 시대에 조연현의 문학적이며 정치적인 태도를 엿볼 수 있다.

이에 비해 고석규의《현대문학》의 원고 수록은 다른 방식이었다. 고석규는 이미 부산 지역에서 활발한 비평 활동을 전개했으며,「시인의 역설」을《문학예술》(1957)에 6회나 연재하고 있었기에 추천이 아닌 원고 청탁 형식을 취했다. 그래서 서구 문학론에 대한 수용과 비평의 감각을 '세계성'의 관점에서 조연현이 고석규를 판단한 것이다. 이미 김종후가 평문을 발표했던《현대문학》의 장으로 끌어들인 것이다.

《문학예술》은 1년 정도 앞서 1954년 4월 1일 창간했으며, 오영진(吳泳鎭, 1916~1974) 주간, 편집은 박남수(朴南秀, 1918~1994)가 맡았다. 이때 창간호의 표지를 김환기 화백이 맡았다. 운영이 어려워 장준하(張俊河, 1915~1975)의 도움이 있었기에 가능했다. 하지만 박남수와 오영진이 고군분투했으나. 1958년 종간되었다.[9]

조연현은 김종후의 죽음으로 비평적 생명이 중단된 것에 대해 공허함도 한층 더 깊다고 애도를 표했다. 〈작고 문인 사신철〉에 등장하는 작

9 원응서,「문학예술」,『해방문단 20년』, 정음사, 1966, 274쪽.

가 가운데 비교적 소량의 평문을 남겼지만, 조연현이 소중히 보관한 데에는 평문의 가치 평가와 함께 인간적인 유대감이 컸던 것으로 보인다.

특히 해방 전후해 한국문학계는 비평의 불모지로 여겼던 조연현은 그의 비평적 삶을 이어 줄 후학 겸 비평가들이 필요했다. 그래서 비평가 고석규와 김종후를 선택한 것으로 판단된다. 1950년대를 비평의 시대라고 지칭하기에는 사회적인 상황과 문학계와 학계가 안정화되지 못했지만, 문학 비평의 지속과 확대라는 비평문학사의 방향에 대한 조연현의 염원이 두 평론가의 존재에서 확인할 수 있다.

여기에 비평가 후예로 보이는 합천 출신 권도현(權道鉉, 1930~1976)의 검토도 필요하다. 그는《현대문학》에도 평문을 발표했다. 단 1장의 사신도 남아 있지 않다. 조연현 가족까지도 왕래한 사이이다. 가까운 만큼 사신 왕래보다는 직접 왕래로 교유 관계를 유지했을 것이다. 그러나 김종후 그리고 고석규와 함께 1950년대 비평사에서 논의해야 할 자리에 그가 필요해 이름을 적는다. 조연현은 유작『권도현 평론집』(1978)의〈서문〉을 썼다.

Ⅱ.〈김종후의 사신 기록물〉 내용 분석

〈작고 문인 사신철〉에는 2통 2장이 보관되어 있다. 삶과 비평이 무엇인가에 대한 문학적 성찰과 창작 활동 의지를 보여주는 사신 기록물 1통 1장과 인연의 소중함을 담은 1통 1장이다.

1. 동양적, 불교적 세계관의 침잠(沈潛)

〈김종후의 사신 1〉의 내용은 다음과 같다.

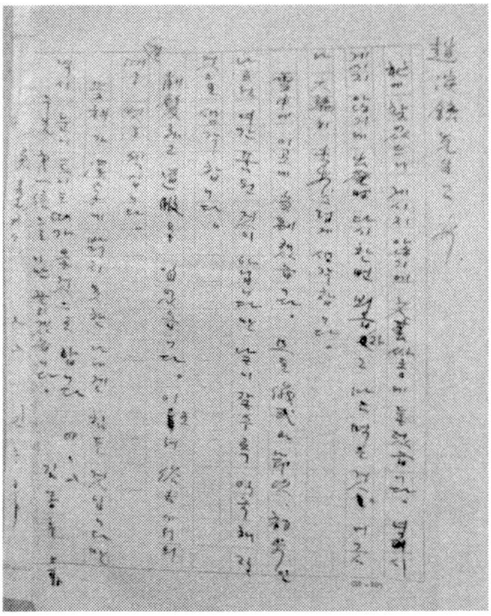

김종후의 사신 1

趙演鉉 先生님 前

社에 찾었드니 계시지 않기에 文藝싸롱에 들렀읍니다.

역시 계시지 않기에 出發時에 다시 한번 뵈옵자 그 마음 먹은 것

어긋나 大端히 未安스럽게 생각합니다.

雪中에 이곳에 當到했읍니다.

모든 儀式과 節次 初步인 나로선 여간 꿈된 것이 아닙니다만

날이 갈수록 익숙해질 것을 생각합니다.

削髮하고 道服을 입었읍니다. 이로서 俗界에서의 때를 벗을 셈입니다.

學科가 漢字에 밝지 못한 나에겐 힘들 것입니다만

역시 눈이 트이는 때가 올 것으로 압니다.

于先 제 一信을 이만 끝이겠읍니다.

四. 八

김종후

—「전문」

〈김종후의 사신 1〉의 발신 연도가 1956년 4월 8일자로 특정되는 이유는 그의 일기 〈1956년 4월 7일(토)〉에는 이날 오후 3시에 월정사[10]에 도착했다는 기록과 함께 식사 의식을 배우고 머리를 깎고 도복을 입었다고 〈4월 8일(일)〉에도 기록되어 있기 때문이다. 그의 불교적, 동양적 비평관의 토대가 오대산 수도원의 수학이었음을 밝힐 수 있는 단서이기도 하다.

비평은 작품에 대한 직관이 필요하기도 하나 작품을 감상하고 분석할 수 있는 인접 학문의 이해를 근거로 작품을 객관화하는 방법도 필요하다. 김종후에게 있어 수도원은 삶의 궁극을 찾는 도량이기도 하지만 동양적 비평론을 모색하는 문학적 공간이기도 하다. 그래서 오대산 수도원은 그의 문학적 공간으로서의 확인이 필요한 것이다. 월남 이후 김종후와 동향이었던 박용열(아동 시인)[11]도 오대산 수도원에서 동문수학했으며, 이때 지식인과 식견이 있는 자들이 모여 수학했을 만큼 높은 수준의 수도원이었다.

수도원 원장인 탄허(呑許, 1913~1983)[12] 선사는 고전과 역경에 능통했으며, 특히 사서삼경과 노장사상에 뛰어난 식견이 있어 함석헌(咸錫憲, 1901~1989)과 양주동(梁柱東, 1903~1977)이 수학했다고 한다. 김종

---

10 월정사는 1951년 1.4 후퇴 당시 대한민국 국군이 월정사를 불태우고 내려갔다. 북한군이 절에 머물 것을 우려했던 것인데, '청야전술'이라고 불렸으며 이는 전술적으로는 효과가 있었으나, 문화재 보존이라는 측면에서는 재평가가 필요하다. 모든 전각과 1948년 선림원지 터에서 발견되어 이곳에서 보관하던 국보 416호였던 신라시대 동종까지도 녹아 없어졌으며, 남은 거라곤 화강암으로 만든 석탑과 전각의 기단, 석조보살좌상 하나뿐이었다. 1977년 12월 25일부터 1978년 2월 21일까지 탄허 스님이 화엄법회를 열었다. 이 화엄법회는 탄허 스님이 연 특강이다. 당시 촉망받던 전국의 학승 67명이 참여하였다.

11 이후 속초에서 병원 의사로 근무했음. 2023년 7월 현재 고인이 되었으며, 셋째 아들이 속초에서 그의 유품을 관리하고 있다.

12 동양 고전 연구로 유명한 고승. 특히 유교와 불교, 도교에 대한 20종 80권의 책을 출간함. 고전에 대한 설명과 해석이 정묘해, 탄허의 동양 고전을 공부한 승려들이 꾸준히 배출된다고 함. 양주동 박사가 직접 절로 찾아가 장자 강의를 경청했다는 일화가 있음(2024년 2월 16일. 자료 검색).

후는 탄허 선사 수하에서 삶의 도량과 함께 동양 문학론의 토대가 되는 동양 경전을 읽는 노력을 기울였다.

1955년부터 발행하기 시작한 《현대문학》 사무실과 1950~1960년대 문인 집합소였던 '문예 싸롱'에도 조연현을 찾았지만 만나지 못하고 떠나야만 했던 김종후의 안타까운 심정이 드러나 있다. 이후 강원도 오대산의 눈 내리는 수도원에서 보낸 사신 기록물이다. 〈김종후 연보〉에 따르면, 1956년 3월(일기, 1956년 4월 7일(토) 오후 3시)부터 1957년 11월까지 수도원에서 수학하였으며, 이후 속초에서 사망한 1958년까지 평론 활동을 했다. 따라서 〈김종후의 사신 1〉은 1956년 4월로 특정된다. '雪中에 이곳에 當到했읍니다.'라는 내용과 연결된다.

이 외에도 사신 기록물에는 월정사에서의 의식과 절차가 초보라는 점, 삭발했다는 점, 대학에서 박물학과를 전공해 한자에 밝지 못했다는 점 등으로 보아도 입산은 4월로 보이기 때문이다. 〈1956년 5월 21일〉 일기에는 수도원 입학 후 한 달이 지난 즈음에 원장으로부터 '내일 서울 갈 승낙을 받다.'라고 기록되어 있다. 이로 보아 수도원 입학이 1956년 4월로 추산되며 이 또한 이 사신 기록물의 발신 연도로 확정할 수 있다.

수도원생 시절의 김종후

김종후는 오대산 수도원에서 불교적 세계관에 몰입하게 된다. 이러한 몰입은 비평 철학 정립을 위한 그의 문학 연구 방법론을 짚게 되는 대목이다. 그러나 그는 "學科가 漢字에 밝지 못한 나에겐 힘들 것입니다만 / 역시 눈이 트이는 때가 올 것으로 압니다."라고 했으나, 불경 공부와 한자 공부가 어렵지만 삭발하고 노력하면 될 것이라는 의지와 각오를 보인다. 그는 여기서 참선(參禪)만 한 것이 아니라 장자, 주역 등을 수학하면서 동양 문학론을 모색(摸索)했으나, 그 깊이를 가늠하기는 어려운 것이 사실이다. 그러나 주역, 과학과 불교도 재미있게 수학했다고 할 만큼 그는 열정적이었다. 동양적 비평론을 얼마나 체계화했는지에 대한 논의는 필요해 보인다.

불교와 동양학의 대가로 꼽히는 학승(學僧) 탄허 스님 수하에서 김종후가 스님이 되기를 요청받았다는 점에서 수행 정진 태도와 자세를 알 수 있다. 탄허 스님은 유교, 도교, 기독교를 회통해 불교적 입장에서 강의할 만큼의 학술적이며 불교적인 깊이를 통찰할 정도였다는 것이 문광 스님의 이야기이다. 문광은 탄허 연구에 조예(造詣)가 높다는 평가를 받는다. 탄허는 선과 화엄뿐만 아니라 유교와 노자 등 동양학을 두루 섭렵(涉獵)한 선승으로 후학을 양성했었다. 김종후는 탄허 스님의 문하생이었다. 다만 1955년 6월 조계사의 비구승과 대처승의 분쟁 여파로 오대산 월정사의 수도원도 영향을 받아 수도원의 유지가 어렵게 됨으로써 김종후의 수학 정진도 멈추게 된 것이다. 그러나 그는 중앙대 대학원에 진학하여 문학 연구에 매진하려고 했다는 점에서 비평의 열정을 볼 수 있다.

월정사의 선승으로서의 수행과 동양학 입문이 그의 비평관에 미친 영향을 짚어 볼 수 있다.

첫째, 1950년대 한국 비평계에 동양적 문학론의 접근과 시도를 평가하지 않을 수 없다. 서구 문학론의 유입이 현대문학 비평의 확산과 추이로만 한국비평문학사를 정리하는 경향을 다른 각에서 접근할 필요성을 제기했다는 점에서도 그의 동양적 비평 접근은 의미가 있다. 이것이 김종후의 한국비평문학사의 위치이며, 동시에 김종후를 추천한 조연현의 비평적 안목이다.

둘째, 오대산 월정사는 일상생활의 고달픔에서 벗어나기 위해 선택한 것으로도 보이나, 비평에 대한 실천적인 방향을 찾기 위해 김종후가 선택한 것이다. 그의 이력서에는 학교에 근무한 것으로 되어 있다. 물론 이는 직업과 경제적인 삶을 이어가기 위함이었다. 이보다는 자신의 비평 철학 정립을 위한 오대산 월정사의 선택을 주목해야 한다. 1.4 후퇴 때부터 유랑했으며, 5년 동안의 수련 기간은 그에게도 유용한 선택이었으나, 수도원 재정 상황이 여의치 않자 결국 2년 정도만 수학했었다.

셋째, 김종후는 서정주, 조연현, 안수길(安壽吉, 1911~1977) 등과 교유했으며, 공초 오상순과 교유하기도 했다. 〈1956년 5월 26일〉 일기에는 청동 다방에서 오상순을 만났으며, 이때 오상순이 남긴 〈청동 문학〉에도 글을 남아 있다. 〈청동 문학〉에 남긴 그의 글도 방계 자료인 만큼 찾아 연구할 필요가 있다. 오상순이 부산 범어사와 서울 조계사에 머물며 현실적 삶을 나는 공간으로 선택했던 것을 보면, 당시 작가들의 삶이 녹록지 않았다.

넷째, 한국비평문학사에서 서구 문학론의 이입과 영향에 대한 논의가 지속되었으나, 동양 문학론에 대한 검토는 미진한 것이다. 김종후의 사신 기록물 검토와 함께 이러한 논의를 확산한 연구가 이루어져야 한다.

〈김종후의 사신 1〉에는 김종후가 삭발하고 도복을 입고 수도하면서 속계의 때를 벗고 싶다고 적혀 있다. 《조선일보》(1955. 11. 11)에는 오대산 수도원에서 〈수도생 모집〉 공고를 보고 김종후는 참여했다. 이와 함께 〈수도생증〉(1956. 4. 1)이 남아 있는 것(『김종후의 삶과 문학』)으로 보아, 〈김종후의 사신 1〉은 1956년으로 특정할 수 있다. 여기서 그는 불교적, 동양적 세계에 몰입하고 탐구하는 2년 정도의 시간을 보냈다.

고석규가 1957년 시단 총평에서 신석정의 불교적 내세관을 짚었으나 구체적인 논의는 없었다. 1950년대 시단 분위기에서도 불교적, 동양적 세계관의 접근이 김종후의 비평으로부터 출발하지 않았을까라는 생각이 든다. 김종후의 사망 후인 1958년 《현대문학》을 통해 등단한 김운학(金雲鶴, 1934~1981)[13] 역시 불교 문학론에 앞장선 비평가이다. 그렇다면 1950년대 모더니즘이라는 서구 문학론과 함께 불교 문학론, 동양 문학론에 대한 논의를 거쳐 한국비평문학사의 새로운 정립이 필요하다.

〈김종후의 사신 1〉을 통해 읽을 수 있는 부분은 다음과 같다.

첫째, 작가의 사생활을 엿보기가 쉽지 않은데, 이 사신 기록물에서는 일상적 삶과 비평가의 창작 태도를 함께 볼 수 있다는 점에서 의미가 있다. 삭발하고 도복을 입고 불교 서적과 동양 서적 탐독을 통해 비평문학론의 체계를 정립하려는 김종후의 노력을 엿볼 수 있다.

둘째, 〈김종후의 사신 1〉에서 동양적 비평관을 통해 문학 방법론의 확장적인 연구를 고려해 볼 수 있다. 즉 만해, 조지훈, 신석정, 송욱 등에 대한 불교적 시관과 불교 문학론 혹은 동양 문학론의 정립과 논쟁은 김종후로부터 접근할 필요성이 있는 것으로 판단된다.

2. 수학(修學) 정진과 문단 교유

〈김종후의 사신 2〉의 내용은 다음과 같다.

---

13 해방 이후, 『신라 불교 문학 연구』, 『향가에 나타난 불교사상』 등을 저술한 승려. 불교학자, 평론가. 1958년에 평론 「삼매론(三昧論)」으로 《현대문학》 추천을 받음. 승려 출신으로 불교사상을 주제로 한 문학 비평 활동을 함. 1964년 고려대학교 국문학과를 졸업, 1966년 동국대학교 대학원 불교학과를 졸업.

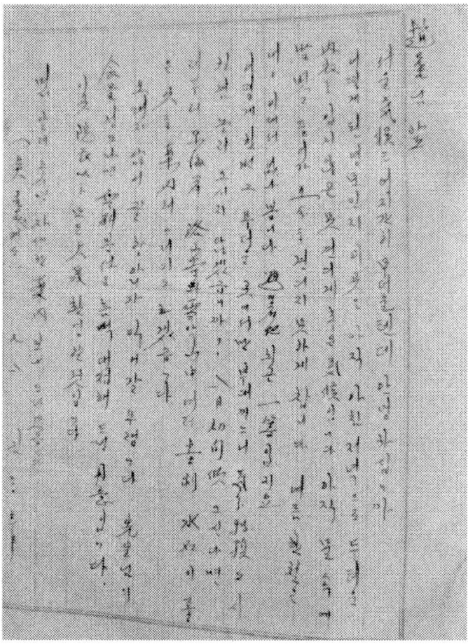

김종후의 사신 2

趙 先生님 앞

서울 氣候는 어지간히 무더울텐데 안녕하십니까

어떻게 된 영문이지 이 곳은

아직 아침 저녁으로 두터운 內衣를 입지 않곤

못 견디게 추운 氣候입니다.

아직 물 속에 발 벗고 들어가 조금을 견디지 못하게 찹니다.

여름 한 철은 내내 이래서 덥나 봅니다

避暑地 치고는 一等입지요.

어떻게 한번 그 무더운 곳에서만 부대끼느니

氣分 轉換도 시킬 겸 놀러오시지 않겠읍니까?

八月 初旬頃 오신다면 대부분

東海岸 洛山寺와 雪嶽山 中 여러 寺刹 水石이 좋은 곳을

案內해 드리기도 하겠읍니다.

오래지 않아 꿀 항아리가 익어갈 무렵이나 先生님의 食量 정도라면

無料 奉仕를 흠뻑 대접해 드릴 用意입니다.

이곳 院長 以下 모든 大衆 환영할 것입니다.

먼저 알려 주시면 자세한 案內 보내드리겠읍니다

七 . 八

김종후

—「전문」

〈김종후의 사신 2〉에는 추운 겨울 내의를 입어야만 생활할 수 있다는 오대산 월정사 수도원의 생활을 이야기하면서, 5년 동안 불교와 동양 철학을 연구하겠다는 김종후의 결의가 담겨 있다. 김종후의 이러한 결의와 실천 의지를 조연현은 후하게 평가했다. 단편적이며 부정확한 지식을 토대로 '단장취의(斷章取義)식 비평'을 일삼는 평단의 관행을 꼬집는 조연현의 생각이 김종후의 추천에 반영된 것이다. 여기서 조연현의 추천 이유를 더 짚어 본다면, 우선 좌우익 계열의 문학 이론적 투쟁에서 평론 분과의 세력 확보가 필요하다는 점을 고려해 볼 수 있다.

여름에 한 번 방문해 주십사 하는 인사말이 담겨 있다. 수도원 수학 기간인 1956년 7~8월 무더운 여름날로 보아 이 사신 기록물의 발신 연도는 1957년 7~8월로, 그리고 수도원 하산 전까지 포함해 1958년 이전으로 특정된다. 조연현에 대한 인간적인 예의를 다하는 삶의 태도가 묻어나 있다. 김광식에 따르면 조연현과 백철(白鐵, 1908~1985), 안수길 등의 작가들이 3~4회 정도 오대산을 찾았다고 한다.[14]

〈김종후의 사신 2〉를 통해 읽을 수 있는 부분은 다음과 같다.

---

14 김종후의 따님 김해련의 증언(2023년 7월 11일).

첫째, 수행과 동양 서적의 탐독으로 불교적, 동양적 세계관에 탐닉한 특정 공간을 파악할 수 있다. 설악산과 낙산사의 수행 생활과 공부는 그의 비평적 세계의 근간과 깊은 관련성이 있다. 다만 생존 시 보였던 그의 동양적 세계관과 분석이 어느 정도까지 접근했는지와 요절로 인한 비평 세계의 위치 또한 과제로 남는다.

문학적 스승 안수길과 불교 입문의 스승 탄허 스님

둘째, 조연현을 비롯해 당대 작가들과 문단 교유를 확인할 수 있다. 서라벌 예술대의 김동리, 서정주, 곽종원(郭鍾元, 1915~2001) 등은 1950년대 한국문학사의 위치에 있었다. 여기에 지도 교수였던 백철(白鐵, 1908~1985)도 있었다. 예술대학 학장은 염상섭(廉想涉, 1897~1963)이었다. 월정사를 찾은 서정주와 안수길은 김종후를 아꼈던 스승이었다. 김종후는 동양적, 불교적 세계관을 서정주에게서 영향받았음을 밝히고 있다. 물론 백철은 속초까지 내려가 김종후를 만날 정도로 기대했던 비평가였다. 김수영이 존경했다던 안수길은 김종후의 은사였다.

Ⅲ. 김종후의 주변과 위치

고석규와 김종후의 사신 기록물을 읽으면, 동양적 비평관과 서양적 비평관을 기저로 하는 두 비운의 비평가를 만나게 된다.[15] 고석규의 서

15 『고석규 전집』 5권이 있으나, 김종후는 사후 1권의 평전이 있다.

구적 비평 시각과 김종후의 동양적 비평의 시각이 비평사적 측면에서 들여다볼 여지가 있으나, 비운의 요절로 인해 지역 비평계의 영속성이 단절되었고, 그로부터 끝을 볼 수 없다는 아쉬움이 남는다. 1930년대 김기림(金起林, 1907~2000)과 1950년대 고석규의 모더니즘론이 어떤 접목과 차이가 있는지와 1950년대 동양적, 불교 문학론이 서구 문학을 전공한 송욱의 모더니즘론과 어떤 변별점이 있는지를 거시적으로 논의함으로써, 한국비평문학사의 위치 재정립을 위한 모색이 필요할 것이다.

6.25 전쟁으로 문인들의 아지트가 되었던 소위 '광복 문단'의 광복동 '금강 다방' 시대에 고석규, 부산의 시인 조향(趙鄕, 1917~1984)[16] 등도 빛을 발하지 못한 채 지역 비평계가 소멸되었다. 여기에 강원도에서 활동했던 지역 비평계에 김종후도 놓인다. 1950년대 서구 문학론과 모더니즘에 대한 치열한 논쟁에서 동양적, 불교적 세계관에 입각한 비평을 지향했던 김종후의 목소리가 사라졌다. 앞에서도 고석규가 언급했듯이, 불교적 내세관을 보여준 신석정[17]과 함께 김종후의 불교적 비평론을 검토할 필요가 있다. 두 비평가의 요절로 인해 한국비평문학사의 초석이 몇 개 사라졌다.

김종후의 사신에서 수신자 조연현의 관점[18]을 정리하면 다음과 같다.

---

16 조향은 해방 이후 「1950년대의 사면」, 「Normandy 항로 전야」 등을 저술한 시인, 학자. 1940년 《매일신보》 신춘문예에 시 「첫날밤」이 당선된 이후, 1946년 시 동인지 『노만파』를 창간. 1949년 이한직, 박인환, 김경린, 이상로와 함께 동인회 '후반기'를 구성함. 1955년 전위극단 '예술소극장' 대표로 표현주의 연극을 상연. 초기시는 주관적인 감정을 읊조리거나 센티멘털한 경향이 강한 서정시였다. '후반기' 동인으로 참여한 이후 문명에 대한 이중적인 시각과 전쟁의 폐허를 바탕으로 한 초현실주의적인 시를 발표.

17 신석정은 1930년 상경하여 중앙불교 전문강원 박한영 문하에서 1년 남짓 불전을 연구하며, 회람지 《원선》을 편집하기도 했다. 시작 활동은 1924년 4월 19일자 《조선일보》에 소적이라는 필명으로 「기우는 해」를 발표하면서 활동을 시작했다. 이후 1931년 《시문학》에 시 「선물」을 발표해 그 잡지의 동인이 되면서부터 본격적인 작품 활동을 전개했다. 1939년에 첫 시집 『촛불』에 이어 1947년에는 제2 시집 『슬픈 목가』를 간행하였다.

18 졸저, 『작가 사신 연구 방법론』 참고.

첫째, 1950년대의 비평 세계를 서구 지향성과 함께 동양적 문학 세계를 지향하는 '비평의 세계성'를 범주화하려는 의도를 조연현에게서 확인할 수 있다.

둘째, 근대 이후 서구의 위기와 절망에 대해 동양적 세계의 재발견과 재해석을 통해 20세기의 위기와 절망을 타개할 수 있는 탐구 과정에서 김종후를 주목했다는 점에서 조연현의 비평적 안목을 볼 수 있다. 그는 이 중요한 과업(科業)의 초두(初頭)에서 김종후가 요절(夭折)했음을 안타까워했다.

셋째, 비평계의 현장성에서 여전히 서구 비평론은 한국문학과 접목되면서 그 생명력을 유지하고 있다. 다만 비평계의 균형추와 다양성 측면에서 김종후의 비평 목소리가 서구 문학론처럼 지속성이 있어야 한다.

문학이 수행과 창작 활동이라면 문학적 삶이 인생이라는 등식을 보여준 비평가다. 그는 가고, 단지 사신 기록물 2장으로 동양 문학론의 불을 던져놓고 떠났다.

*** 참고문헌**

김운학, 「한국 현대시에 나타난 불교 사상」, 《현대문학》, 1964년 10월호.

______, 『불교 문학의 이론』, 일지사, 1981.

김종길, 『조지훈 연구』, 고려대 출판부, 1978.

권기호, 『선시의 세계』, 경북대 출판부, 1991.

민희식, 『불교와 서구 사상』, 산방, 1989.

박종석, 『송욱문학연구』, 좋은날, 2000.

______, 『송욱평전』, 좋은날, 2000.

박희선, 『선의 탐구』, 홍법원, 1982.

신현락, 『한국 현대시와 동양의 자연관』, 한국문화사, 1998.

송 혁, 『한국불교 문학론』, 동국대 출판부, 1986.

석지현, 『선시』, 현암사, 1975.

______, 『선시감상사전』, 민족사, 1997.

이원섭 외 엮음, 『현대문학과 선시』, 불지사. 1992.

오택근, 『신석정 연구』, 국학자료원, 2002.

홍신선, 『한국시와 불교적 상상력』, 역락, 2004.

기념사업회, 『김종후의 삶과 문학』, 동승동, 2006.

Ⅲ

〈작고 문인 사신철〉의 사료적 가치와 과제

1. 사료적 가치

한국문학사와 비평문학사에서, 그리고 문학사가로 짚고 가야 할 작가는 조연현이다. 또한 해방 전후로《문예》와《현대문학》을 통해 한국문단의 지형도를 형성하는 데 있어 그의 역할을 간과할 수 없다. 그리고 한국문단이면사와 한국문학사를 탐색할 수 있는 〈작고 문인 사신철〉은 그를 다시 읽게 하는 계기가 된다. 그래서 이 책에서는『조연현 평전』에서 다루지 못한 부분과 〈작고 문인 사신철〉의 소설가, 시인, 비평가를 연구해 〈첫 번째 이야기〉로 정리했다.

작가 연구는 작품뿐만 아니라 작가의 삶과 무관하지 않다. 이광수, 최남선부터 시작해 김동리, 서정주, 조연현 그리고 고은(高銀) 시인까지, 이들의 창작 활동과 삶의 행적을 떠올려 보면 쉽게 이해된다. 그래서 〈작고 문인 사신철〉은 작가의 삶과 의식 그리고 창작 활동 등이 담긴 사신 기록물 역시 작가 연구의 기초 자료이다.

그리고 전국에 산재해 있는 작가 문학관에 소장 중인 사신 기록물 연구가 필요하며, 또한 작가 전집의 보충편으로 사신 기록물의 수록과 연구가 필요하다. 이와 같은 사신 기록물의 구체적인 연구는 작가와 작품을 입체적으로 들여다볼 수 있다는 점이고, 전집류에 국한된 작가와 작품에다가 작가의 사신들을 보완해야만 전집의 가치가 생성된다. 이 때문에 작고 문인 사신 연구는 절실한 것이다.

〈작고 문인 사신철〉에는 소설가, 시인, 시조 시인, 시나리오 작가들의 사신과 납·월북 작가, 그리고 다양한 분야의 예술가들의 사신 기록물이 존재해 있다. 이들을 통해 1960, 70년대의 시대 상황의 흐름과 문학사의 변화, 작가들의 창작 동기 등을 탐색할 수 있다.

그 탐색을 정리하면 다음과 같다.

첫 번째, 문학사에서 소외된 작가들에 대한 조명이 필요하다. 가령 소설가 강석근, 조진대, 비평가 김종후, 그리고 최초의 여성 잡지《신여성》을 창간한 김일엽, 카프 활동을 했던 월북작가 한재덕 등등은 한국문학사의 위치 정립의 계기가 되는 작가들이다. 이들의 문학적 공과를 정리한다면, 한국문학사의 나이테는 늘어날 것이다.

두 번째, 자칫 작가들의 신변잡기(身邊雜記)처럼 느껴질 수 있으나 작가 정신이나 심리와 같은 내밀한 세계를 볼 수 있다는 점에서 가치가 있다. 김법린(金法麟, 1899~1964), 김일엽과 같은 독립지사와 교유했다는 점에서 친일 콤플렉스와 해방 전후 우익 계열 작가로 활약한 조연현의 의식을 들여다볼 수 있다.

세 번째, 작고 문인 사신 기록물에 따른 연구 풍토와 작가 연구 이론 부재의 원인에 대한 아쉬움이 많았다. 현재 전국 문학관에 보관된 작가들의 사신 기록물을 통해 새로운 작가의 모습과 문학 세계를 탐색할 수 있다는 점에서 연구의 가치가 있다. 작가 사신 연구 방법론[1]의 이론적 토대가 부족한 현실을 볼 때, 〈작고 문인 사신철〉은 사신 기록물 연구의 활성화를 꾀할 수 있는 사료적 가치가 있다.

네 번째, 〈작고 문인 사신철〉에 밝혀진 작가들의 개인사와 시대 상황이 문학 창작과 문단 환경의 변화에도 어떤 영향을 주었는지를 파악할 수 있는 결정적인 단서가 된다는 점에서 가치가 있다. 그리고 연구에 필요한 주변 인터뷰에서 얻어지는 양면성의 결론보다 정확하거나 보완하는 근거가 된다.

---

1 졸저, 『작가 사신 연구 방법론』, 월인, 2023.

다섯 번째, 현대문학의 결산으로 작가별 전집이 출판되지만, 사신 기록물 연구를 통해 작가와 작품 세계가 새롭게 밝혀진다면, 당연히 수정되어야 한다. 그래서 작가 전집은 끝나지 않았다는 명제가 만들어지는 것이다.

여섯 번째, 작가 전기 혹은 평전 집필 연구자들에게는 의견보다는 고증의 자료로 활용될 수 있다. 연구자의 추론과 의견이 작가의 모습을 드러내는 데는 한계가 있다. 그러나 사신 기록물은 작가의 내면 심리를 솔직하게 보여주기 때문에 객관적인 고증 자료가 된다. 작가 연구에 필요한 〈작가 연보〉와 〈작품 연보〉 작성 시 근거로 활용할 수 있다.

일곱 번째, 〈작고 문인 사신첩〉을 통해 조연현과 작가들의 인생관과 가치관을 볼 수 있다. 문단 중심의 생활로 인해 한쪽으로 치우칠 수 있는 작가의 인생관을 볼 수 있는 객관적인 자료로 활용된다는 점에서 사신 기록물은 주요한 기능을 한다. 물론 작가의 인생관이 투영된 작품 연구에도 도움이 되는 사신 기록물이다.

여덟 번째, 다양한 장르와 분야를 아우르는 〈작고 문인 사신첩〉의 작가들을 정리한 조연현의 문화·예술 분야의 관심과 소양을 간접적으로 볼 수 있다. 시, 소설, 희곡, 국어 학자, 구비문학, 독립운동가 등등에 이르기까지이다. 그리고 1950년대부터 1970년대까지 한국 문화 예술계의 판도를 볼 수 있다는 점에서 그 가치가 있다.

문화 행정의 일환으로 설립된 각종 문학관이 정치적으로 활용되었다는 점에서 부정적일 수 있으나, 문학관이 문학예술의 향취(香臭)를 향유하고 공유한다는 면에서는 고무적(鼓舞的)이다. 작가의 예술적 향취를 위해서는 개별 작가와 작품 연구뿐만 아니라 작가와 관련한 자료의 집적(集積)은 그야말로 중요한 작업이다. 작가와 작품의 총체적인 모습을 담으려면, 작가의 사신 기록물까지 연구가 이루어져 작가의 입체적인 모습을 담은 진정한 문학관이라 할 수 있다.

작고 문인들의 작품은 그 나름의 완성에 멈추었지만, 작가와 작품 세계 연구는 끝나지 않았다.[2] 작가 사신 기록물의 지속적인 연구를 통해 새롭게 조명되어야 하기 때문이다. 이 같은 연구는 그야말로 작가와 작품에 새로운 생명을 불어넣는 것과 같다. 그래서 〈작고 문인 사신첩〉은 작가와 작품을 읽는 새로운 텍스트이며, 그리고 한국문학사와 한국문단사를 새롭게 읽을 수 있는 사신 기록물이다.

---

2 작고 문인들의 사신을 연구하면서 작가들에 대한 인상기와 추도문(또는 애도문)을 조사할 필요가 있었다. 이를 통해 작가 연구 방법론의 한 범주를 설정할 수 있다는 판단이 들었다. 이를 염두에 두고 필자는 졸저인 『작가 연구 방법론』에 대한 확장적인 논의를 전개할 생각이다. 이는 작가 연구의 항목에서 확장적인 논의가 가능하다고 본다. 즉 오상순의 추도문이나 인상기는 1. 작가론의 자료가 된다는 점, 2. 추도 대상을 바라보는 시각 그리고 대상을 그리는 관점 등이 작가론의 근거가 되기 때문이다.

2. 남은 과제

〈첫 번째 이야기〉에서 해결하지 못했거나 빠뜨린 논의를 정리해 〈두 번째 이야기〉로 출간할 예정이다.

향후 이러한 연구가 진전되기 위한 과제를 정리하면 다음과 같다.

첫째, 기본적으로 사신 기록물의 표기, 표현법이 현재와 달라 한자어와 행초서를 판독하고 그 내용을 파악하는 것이 우선이다. 그리고 발신 연도를 정확하게 특정하지 못해 당시 문단의 주변 상황, 조연현과의 관계를 설정하는 데에 어려운 점이 많다. 문단 상황은 조연현과 문단 주변 인물들만 기억하는 일들이라 필자의 노력과 연구에도 한계가 있다.[3]

둘째, 〈작고 문인 사신철〉에는 작가라기보다는 예술가라는 고유한 영역이 있음에도 불구하고 작고 문인으로 분류하고 있다. 따라서 예술가들에 대한 전문적 식견 없이는 사신 기록물 연구에 어려움이 있었다. 사신 기록물의 가치를 제대로 밝히려면, 작고 문인의 높낮이를 들여다볼 수 있는 전공자들의 협력적 연구가 필요하다.

차후 여건을 만들어 연구를 진행하고자 한다. 검토할 작가는 다음 〈표〉로 정리했다.

---

3 작고 문인 사신 기록물을 동일한 방법론으로 연구를 진행하는 과정에서 중복되는 내용이 다소 있어, 이를 해결할 방법을 고민하고 있다.

장르	작가명 (기록물 통계)	특징	사신 내용		
			창작 관련	문학지 관련	안부, 기타
기자 및 작가 (1명)	12. 한재덕	12. 한재덕: 1927년 동경 지부 카프 발행지 《제3전선》 임화, 안막, 한재적, 김남천 등과 활동			
국문학자 (2명)	41. 양주동 43. 조윤제				
화가 (1명)	26. 김환기	**사신 여부 미확인**			
서예 (1명)	40. 허백련	40. 허백련: 동양화 10대가			
기타 (3명)	7. 김법린 27. 양재연 34. 김용배	7. 김법린: 승려, 독립운동가 27. 양재연: 송석하 사위) 43. 김용배: 철학		27. 양재연 (「호질(虎叱) 번역 잡지 수록)」	27. 양재연 (『여백의 사상』 감사, 1962) 12. 한재덕 (월북문인)

셋째, 위의 두 조건이 충족된 상태에서 〈작고 문인 사신철〉의 전모를 밝히고, 여기에 작가 간의 상호 연관성 연구도 함께 진행되어야 한다. 가령 일제 강점기의 엄혹한 시기에 모국어 작품집을 출판한 박목월과 계용묵에 대한 문학사적 의미를 파악할 필요가 있다. 단순히 모국어 사용에만 국한된 것인지 아니면 작품을 통해 민족 염원을 담았는지에 대한 치밀한 분석과 평가가 뒤따라야 하기 때문이다.

넷째, 〈작고 문인 사신철〉에는 작가 사신 기록물의 일부가 사라진 것으로 추정된다. 염상섭과 유치환의 경우, 조연현이 밝힌 사신 내용과 다르게 남은 사신 기록물에 차이가 있기 때문이다. 이의 발굴과 연구가 필요하다.

다섯째, 사신은 주고받는 것으로 전제할 때 의사소통이 가능한 것인데, 현재 논의된 사신은 수신자 조연현이 보관한 것뿐이다. 물론 이것만으로도 작고 문인들의 사신이 가지는 무게는 있지만 작고 문인들이 간직한 조연현 사신이 발견되면, 현재 작고 문인들의 사신들에 대한 정확한 내용 파악이 가능하며, 연구에 있어 고증의 가치를 지닐 수 있다.

여섯째, 〈작고 문인 사신철〉 외에 조연현이 보관한 〈작고 문인 사신철 뭉치〉를 분류하여 또한 같은 방향으로 연구가 이루어져야 한다. 여기서 수신자 사신만이 아니라 발신자의 사신을 견주어 탐구하는 상호 작용성 연구에서 내린 결과도 참고하여 한국문단사와 한국문학사를 정립해야 할 것이다.

조연현에 대한 엇갈린 평가에서 한 가지 짚고 가야 할 부분이 바로 〈작고 문인 사신철〉이다. 징검다리 없이 깊은 강을 건널 수 없는 것처럼 〈작고 문인 사신철〉은 문학사의 징검다리와 같은 역할을 할 것이다. 그래서 기존의 문학사에서 조연현의 문학과 삶의 모습이 새롭게 조명될 것이며, 문단이면사와 한국문학사를 새롭게 탐색할 수 있는 기초 자료이기 때문에 〈작고 문인 사신철〉을 반드시 짚어야 할 것이다.

*** 참고문헌**

강준만, 권성우 공저, 『문학권력』, 개마고원, 2001,

김동인 외, 『한국문단 이면사』, 깊은 샘, 1983.

김명인, 『조연현 – 비극적 세계관과 파시즘 사이』, 소명, 2004.

김병익, 『한국문단사』, 문학과 지성사, 2001.

김시태 편, 『잊혀진 작가와 작품』, 정음사. 1998.

김용락, 『민족문학 논쟁사 연구』, 실천문학사, 1997.

김용성, 『한국 현대시사의 사적 탐구』, 국민서관, 1973.

김용직·손병희 편저, 「옥룡암에서」, 『이육사 전집』, 길은샘, 2004.

김윤식, 『김동인 연구』, 민음사. 2000.

김재홍, 『한국현대문학사탐방』, 일지사, 1998.

김팔봉, 「한국문단측면사」, 『사상계』, 1956. 8~12.

박철석, 『한국현대시인론』, 학문사. 1981.

방민호, 『서울 문학 기행』, 아르테, 2017.

백　철, 『인간 탐구의 문학』, 장미사, 1983.

송희복, 『해방기 문학 비평 연구』, 문학과 지성사, 1993.

오세영, 『20세기 한국시 연구』, 새문사, 1991.

이기철, 『분단기 문학사의 시각』, 우리문학사, 1991.

이어령, 『한국 작가 전기 연구』, 동화출판사. 1980.

윤범모, 『시인과 화가 – 한국 문단과 화단, 그 뜨거운 이야기』, 다홀미디어, 2021.

이상진, 『한국근대작가 12인의 초상』, 옛오늘, 2004.

정광수, 『문학과 공사상, 그 역설적 논리』, 지성의 샘, 2007.

정용원 외, 『한국 문인 서간집』(1), 한국 PEN 경북위원회, 2019.

조영복, 『월북 예술가들, 오래 잊혀진 그들』, 돌베개, 2002.

조용만, 『30년대의 문화예술인들』, 범양사 출판부, 1988.

홍기돈, 「김동리와 문학 권력」, 『한국 문학 권력의 계보』, 한국출판마케팅연구소, 2004.

황정수, 『경성의 화가들, 근대를 거닐다 – 서촌편』, 푸른역사, 2022.

한국문인협회, 『해방 문학 선집』, 정음사, 1966.

___________, 『한국 문학 20년』, 정음사. 1966.

《문학사상》, 1986. 조연현 5주기 추모 특집 / 1991. 10주기 특집

부록

사신 기록물 연구 자료

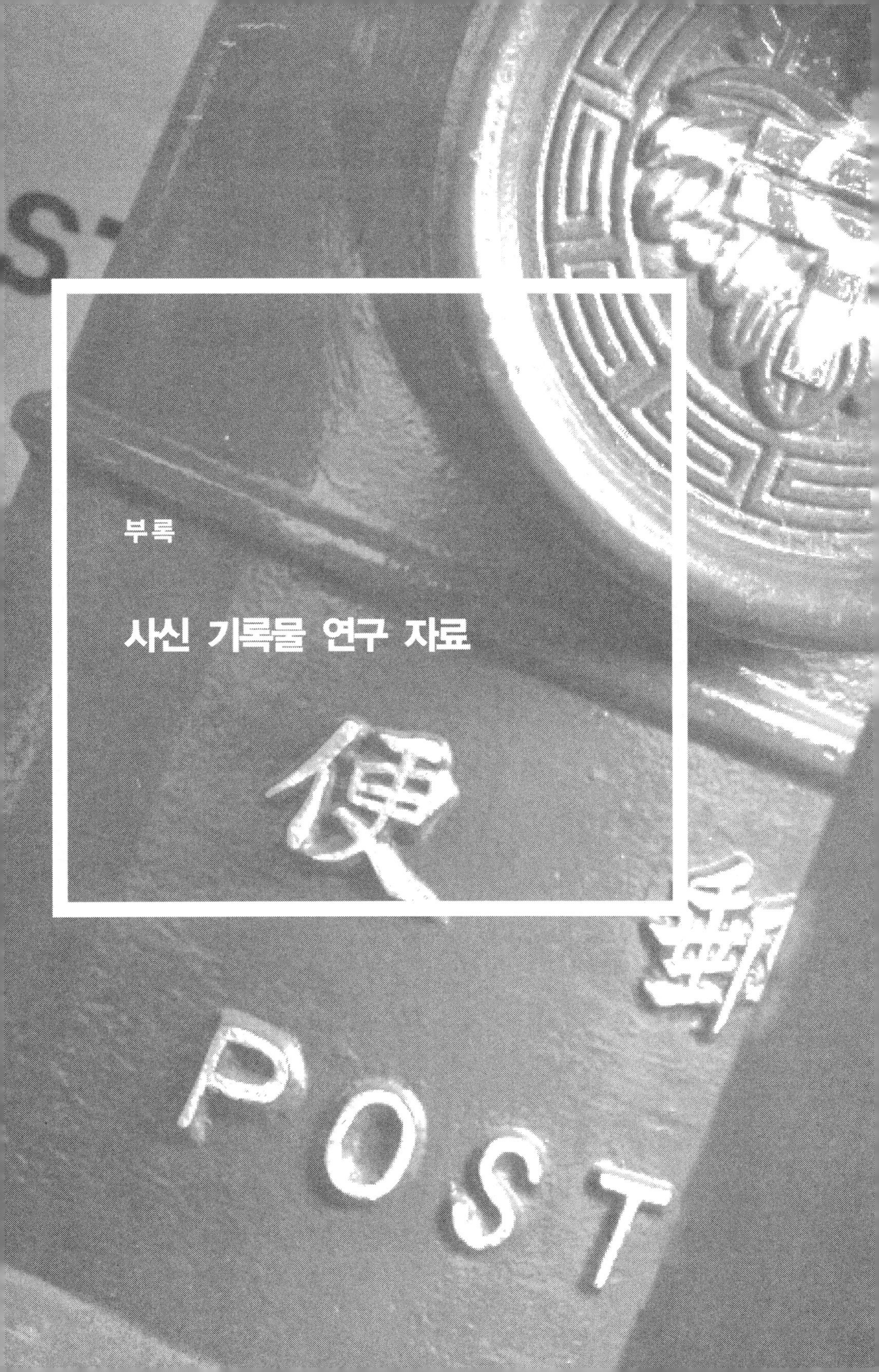

1. 1920년대 동인지 문예 시대의 소설가

1. 염상섭(廉想涉, 1897~1963)

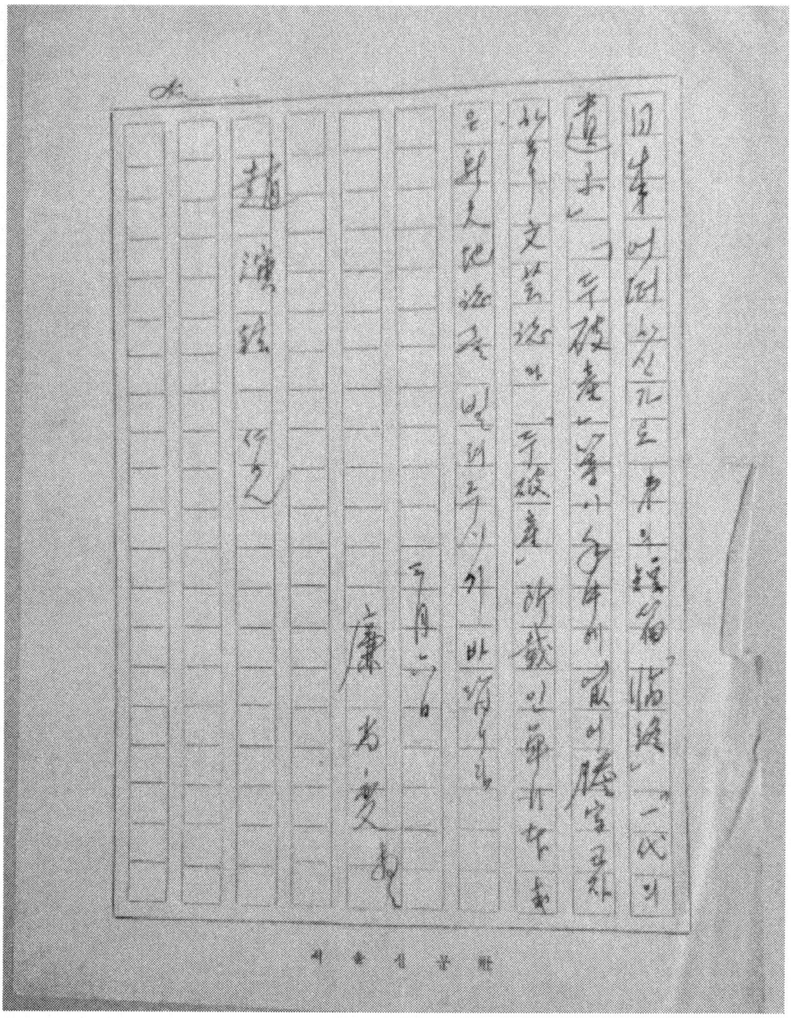

염상섭의 사신 1

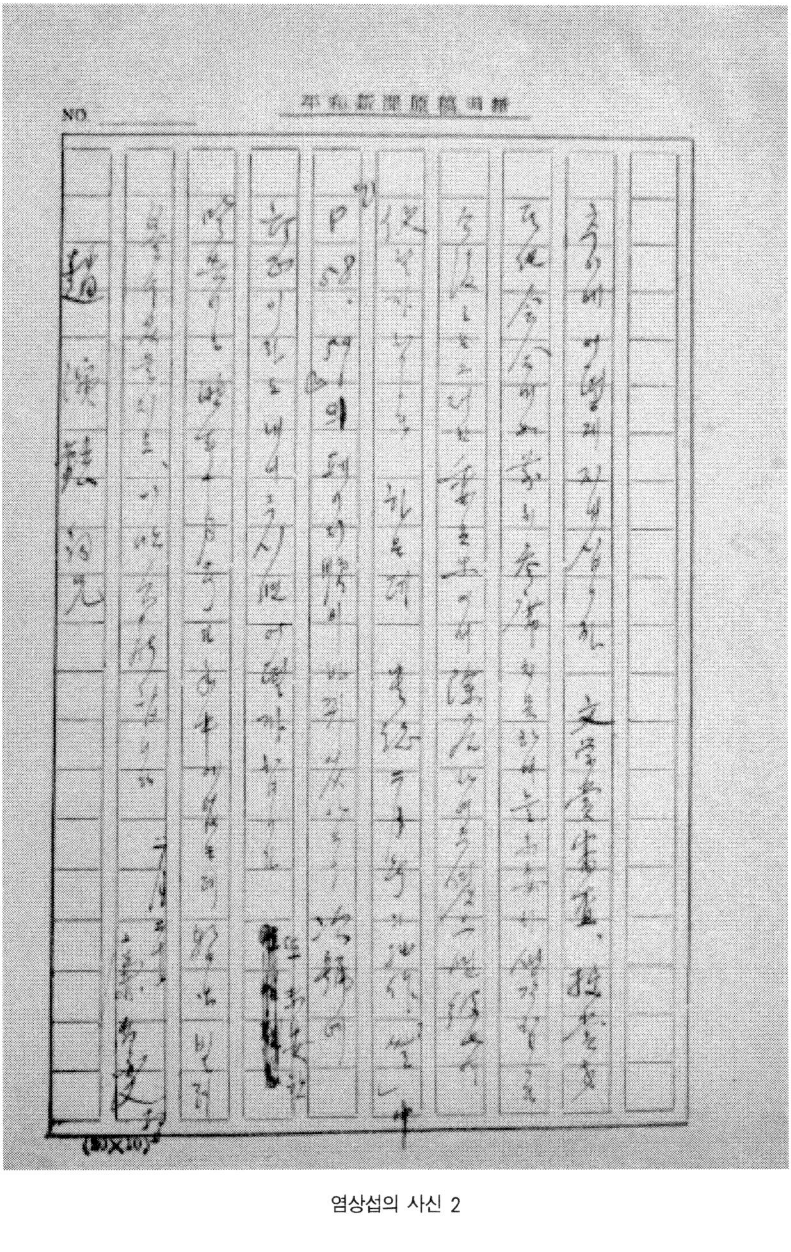

염상섭의 사신 2

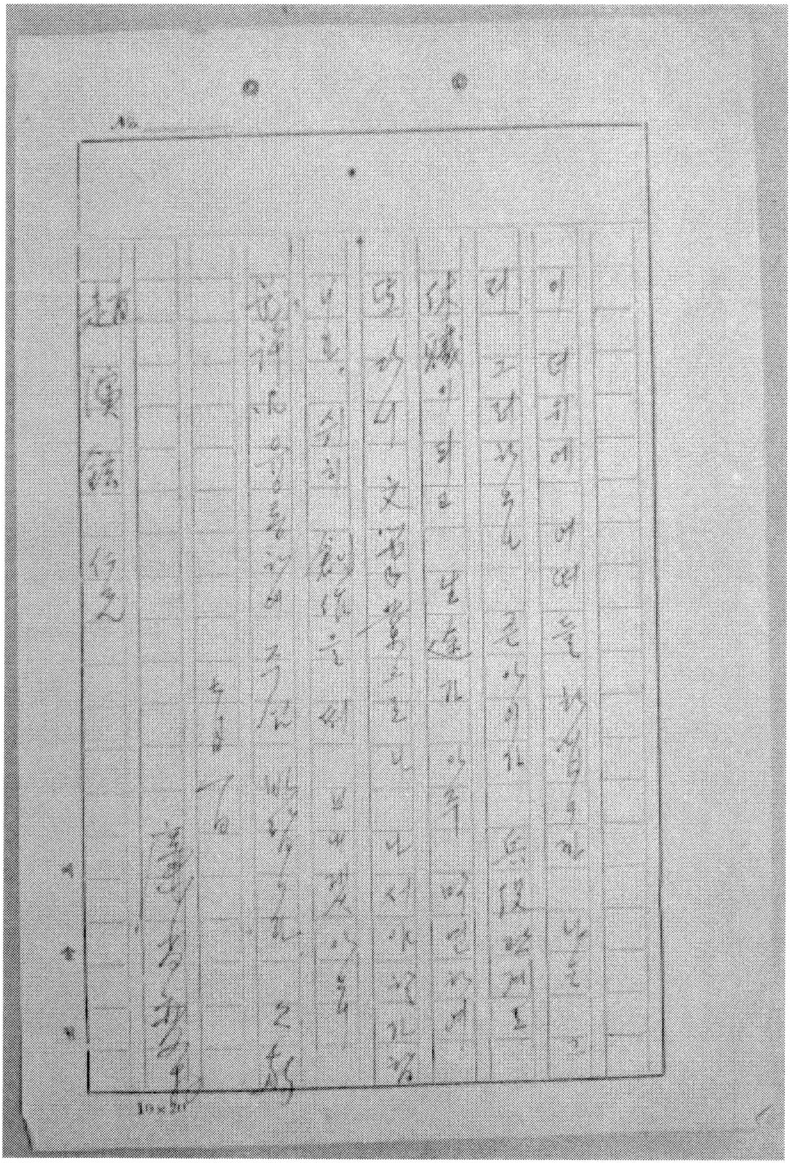

염상섭의 사신 3

5. 계용묵(桂鎔默, 1904~1961)

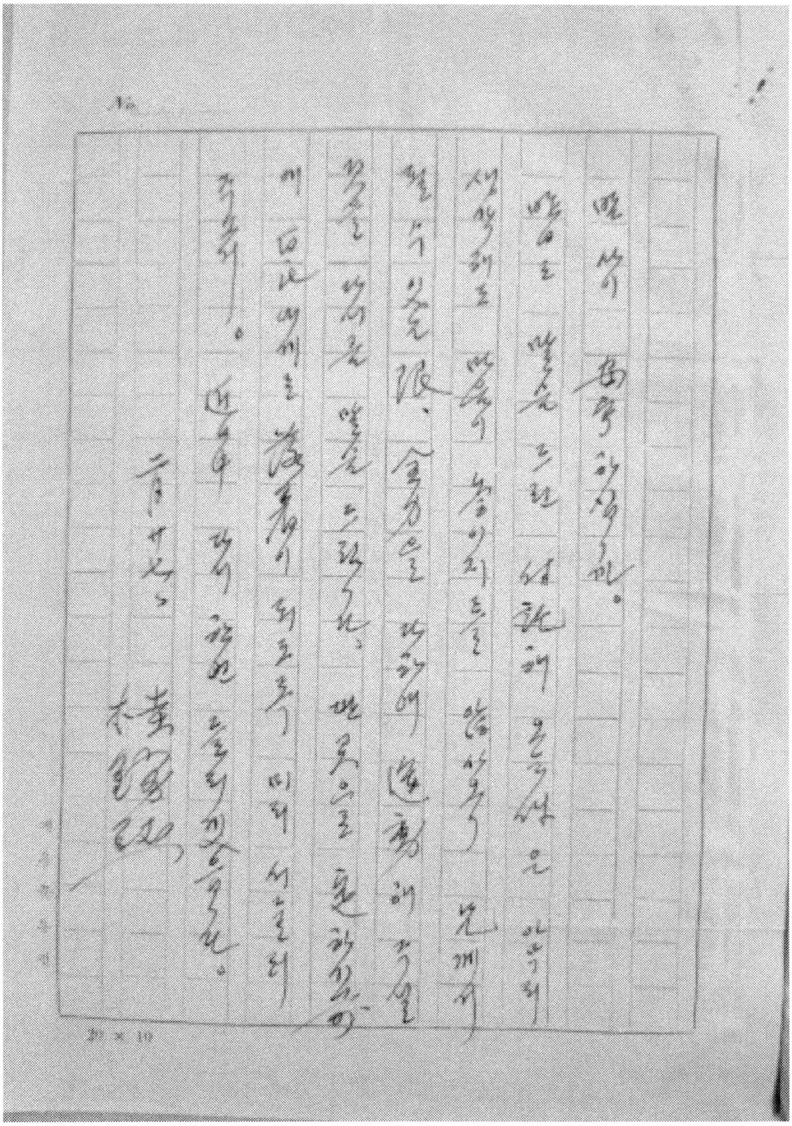

계용묵의 사신 1

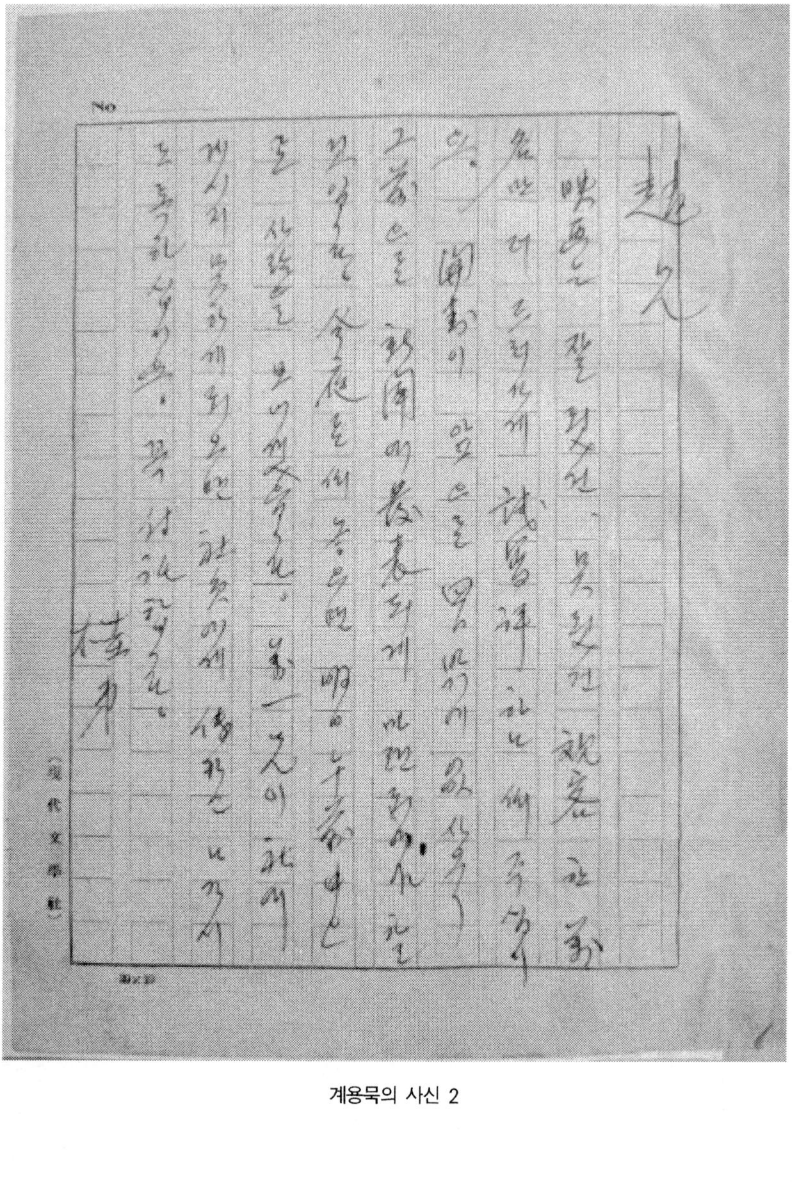

계용묵의 사신 2

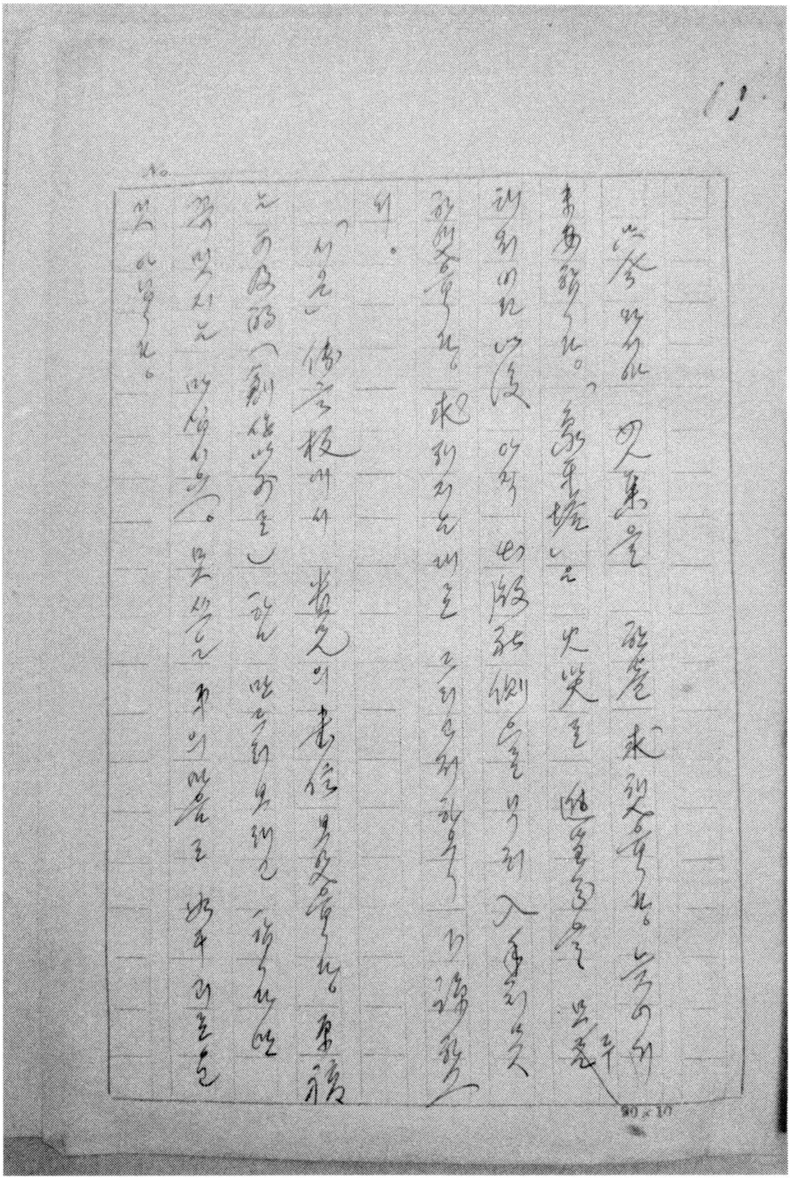

계용묵의 사신 3

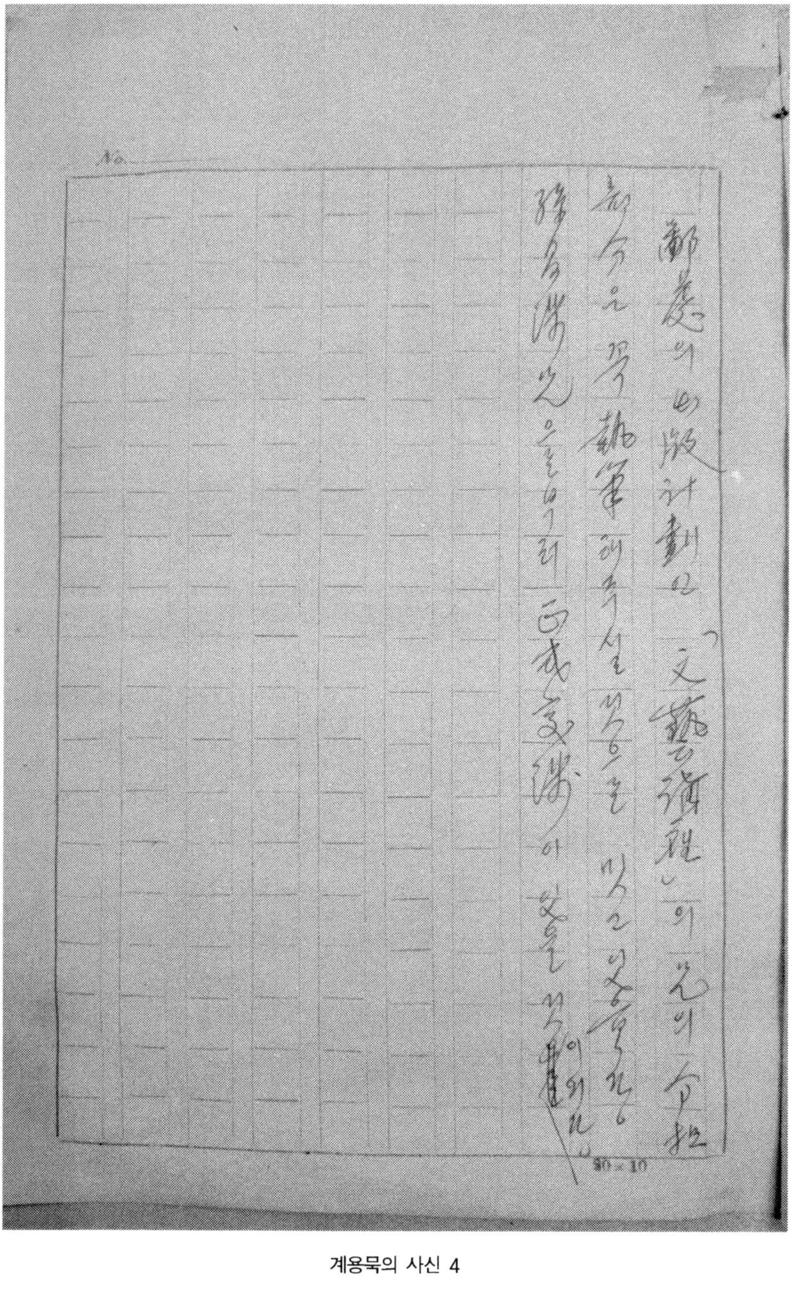

계용묵의 사신 4

15. 전영택(田榮澤, 1894~1968)

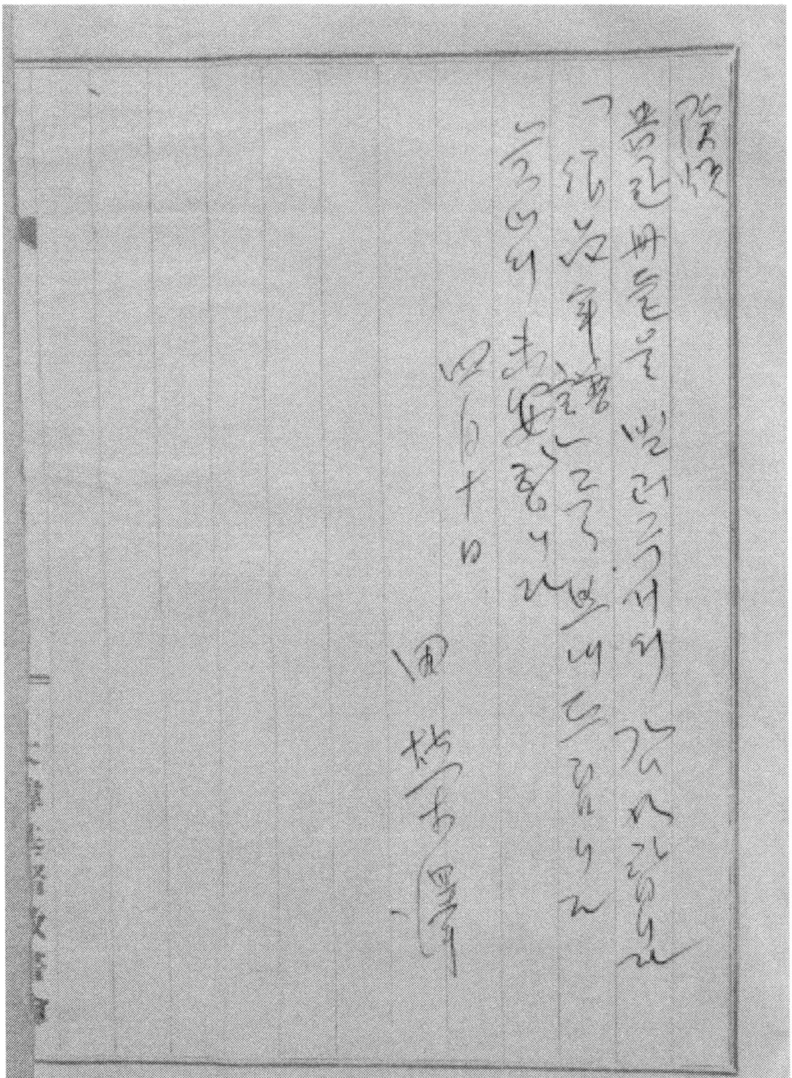

전영택의 사신

2. 해방 전후 개성파 시인

8. 오상순(吳相淳, 1894~1963)

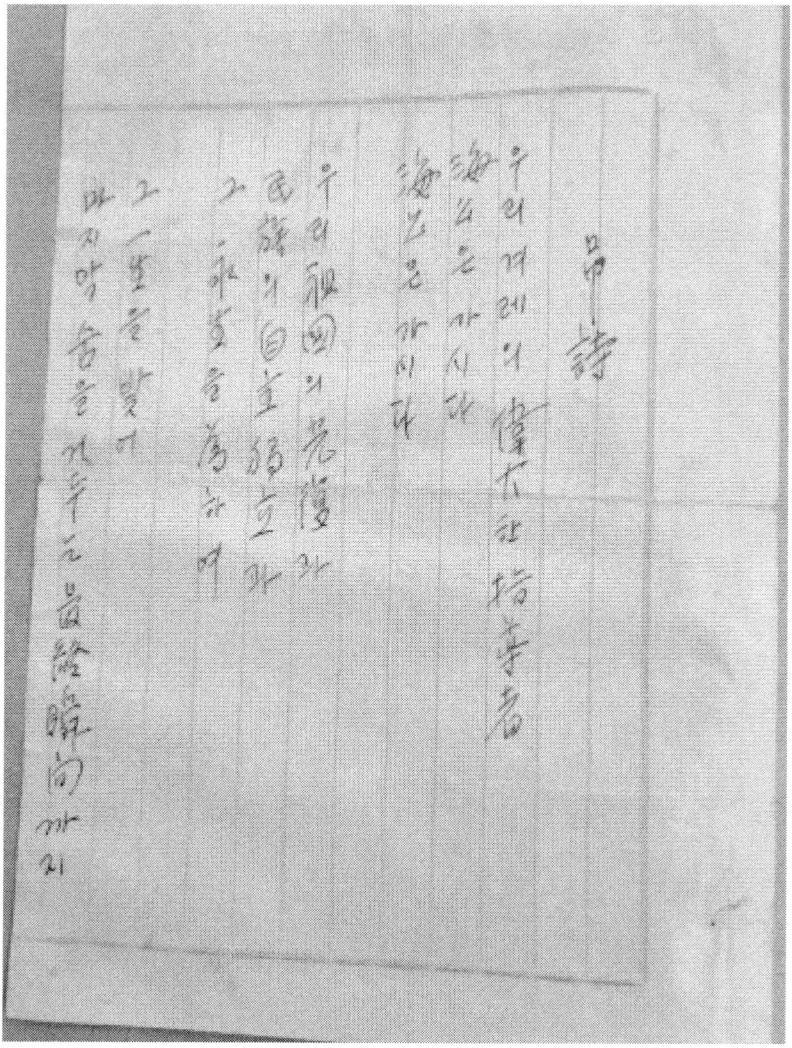

弔詩

우리겨레의 偉大한 指導者
海公은 가시다
海公은 가시다
우리 祖國의 光復과
民族의 自主獨立과
그 永生을 爲하며
그 一生을 바치어
마지막 숨을 거두는 最後瞬間까지

해공 선생 추도시 1

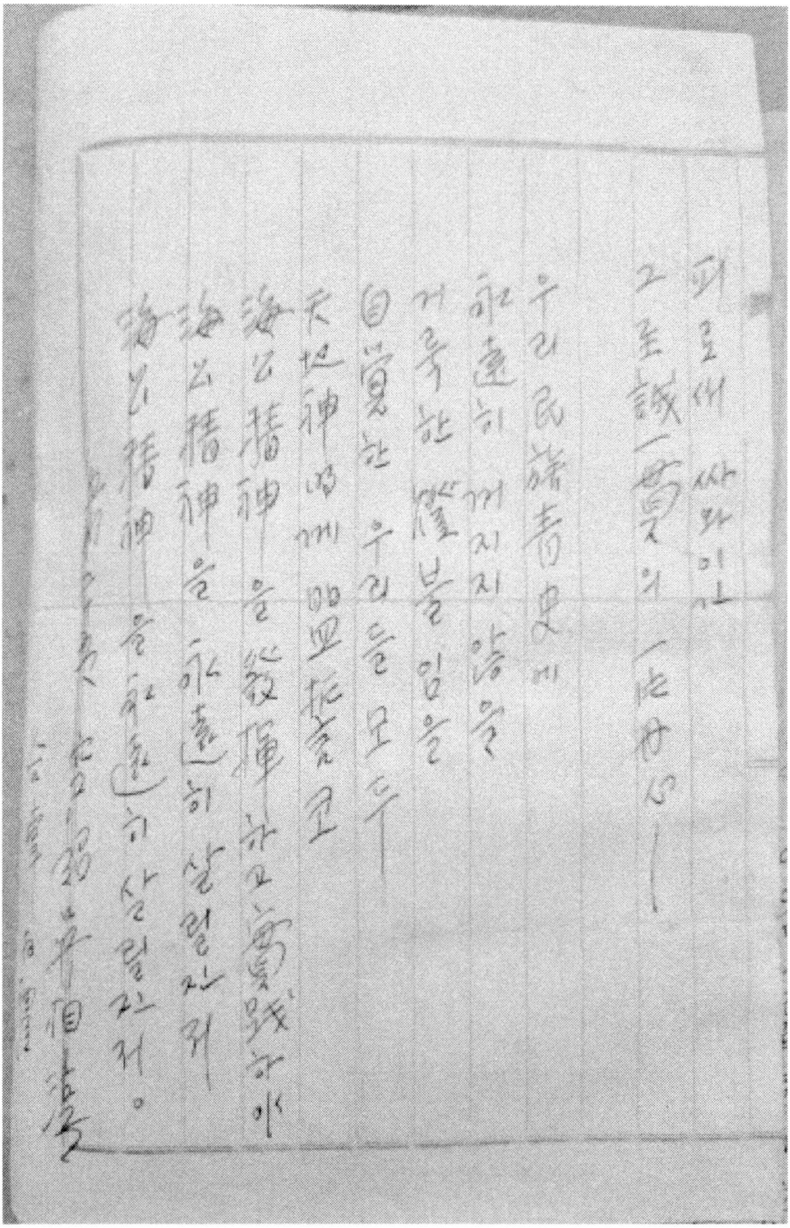
피로써 싸와이긴
그 至誠一貫의 一生이여 —
우리 民族靑史에
永遠히 꺼지지 않을
거룩한 燈불임을
自覺한 우리들 모두 —
天地神明께 盟誓하고
海公精神을 發揮하고 實踐하여
海公精神을 永遠히 살릴지니
海公精神을 永遠히 살릴지어。

해공 선생 추도시 2

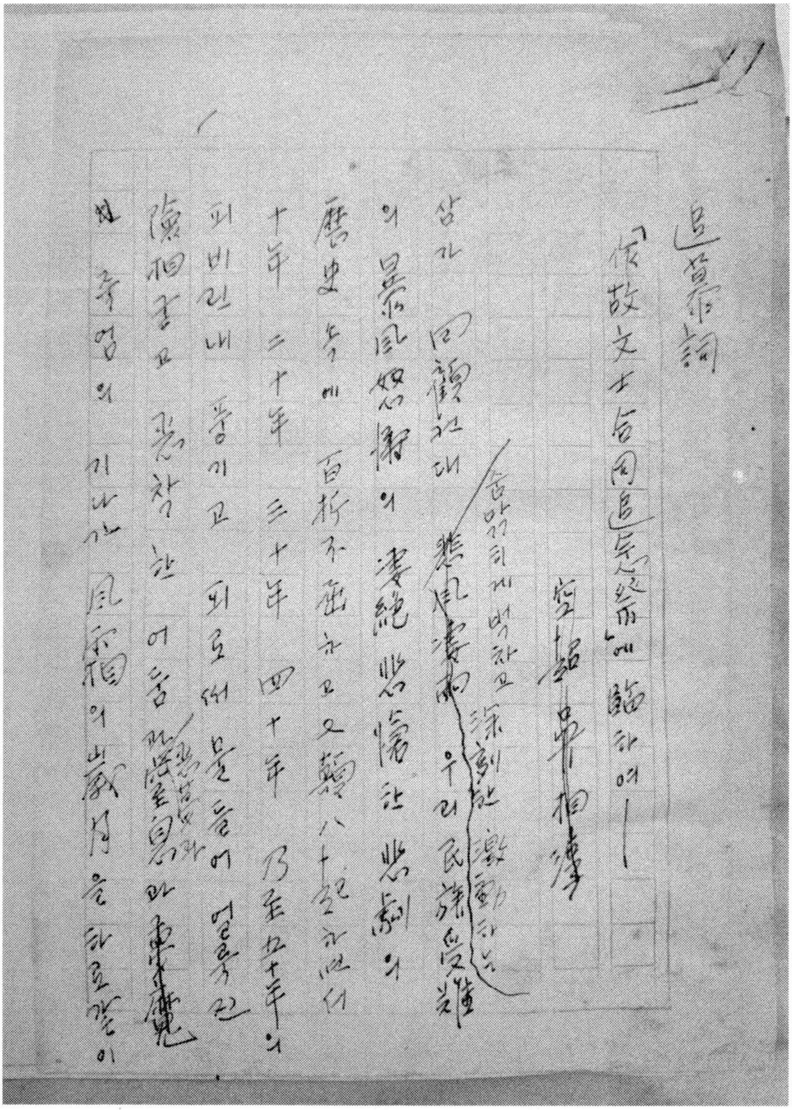

오상순의 사신 1

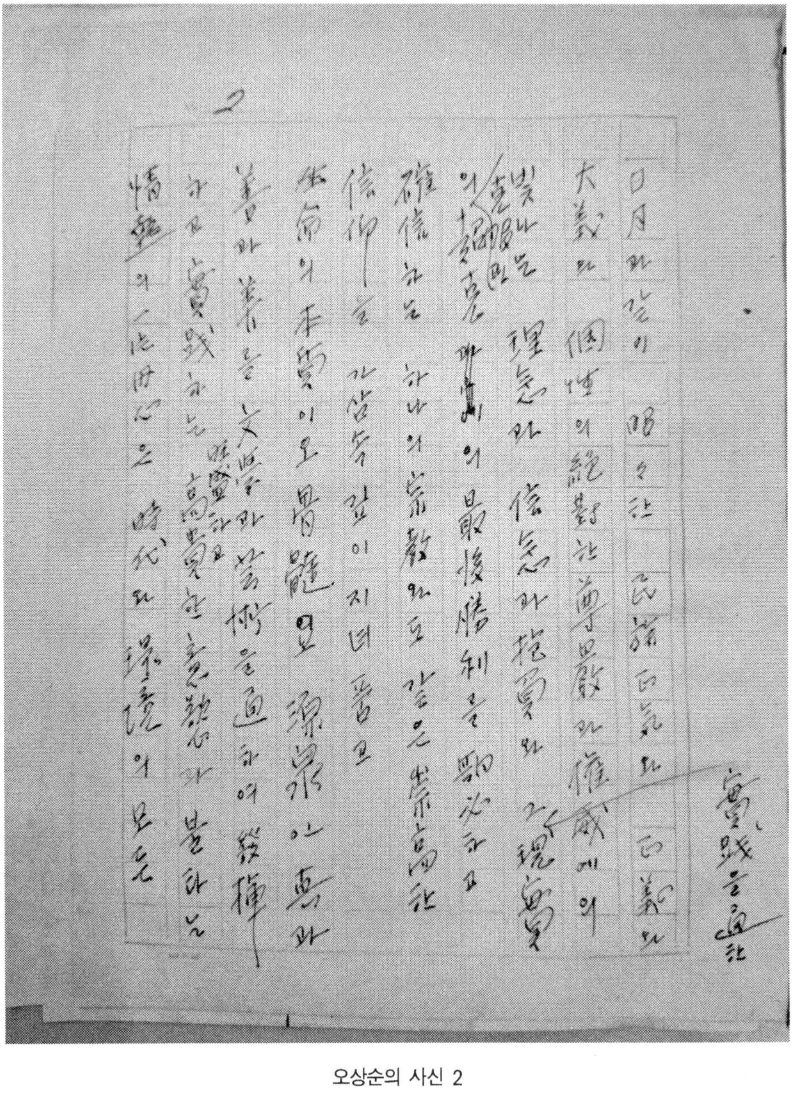
2

日月과 같이 明々한 民族正氣와 正義와
大義와 個性의 絶對한 尊嚴과 權威에의
빛나는 理念과 信念과 指導와 그 理實
의 [illegible] 의 最後勝利를 [illegible]하고
確信하는 하나의 宗敎와도 같은 崇高한
信仰을 가슴속 깊이 지녀 품고
生命의 本質이요 骨髓요 源泉이 [illegible]과
善과 美를 文學과 藝術을 通하여 發揮
하고 實踐하는 高貴한 意志와 불타는
情熱의 人生觀은 時代와 環境의 모든

實踐을 通한

오상순의 사신 2

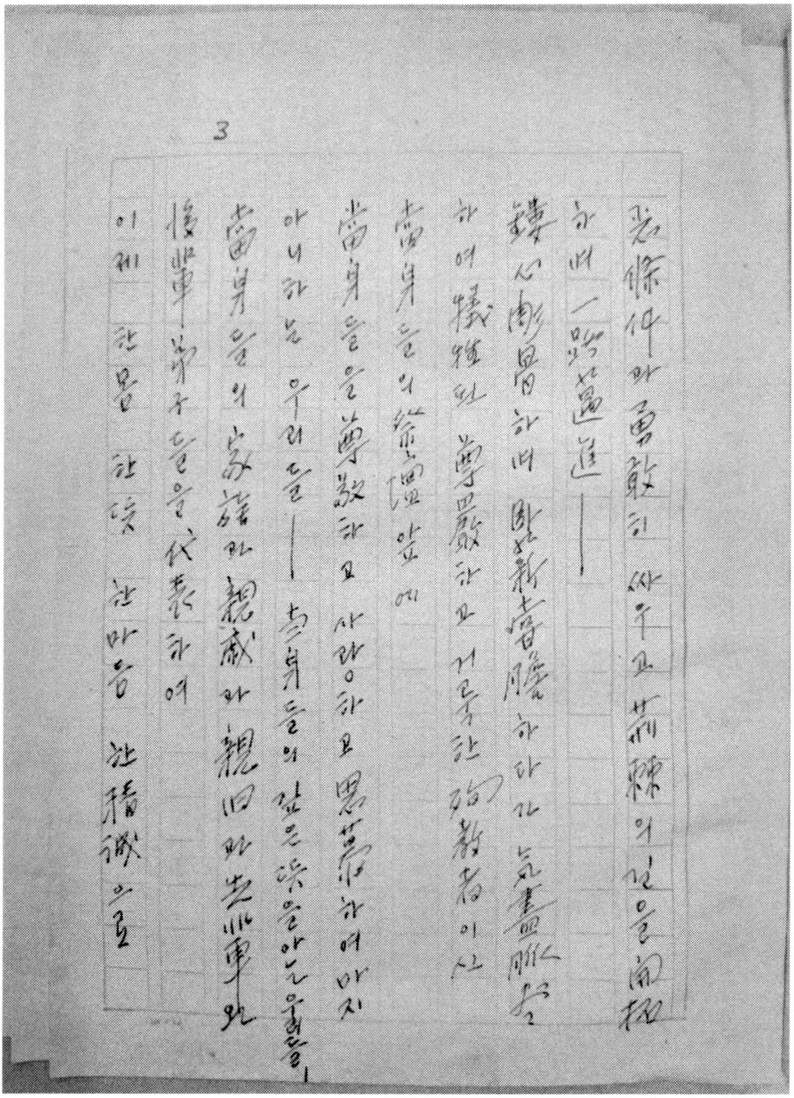

3

惡條件과 勇敢히 싸우고 荊棘의 길을 開拓
하며 一路邁進——
鏤心彫骨하며 臥薪嘗膽하다가 [illegible]
하여 犧牲된 尊嚴하고 거룩한 殉敎者이신
當身들의 靈前앞에
當身들을 尊敬하고 사랑하고 思慕하여 마지
아니하는 우리들—— 當身들의 값은 뜻을 아는 우리들,
當身들의 家族과 親戚과 親舊와 先輩와
後輩 弟子들을 代表하여
이제 한 몸 한 뜻 한 마음 한 組織으로

오상순의 사신 3

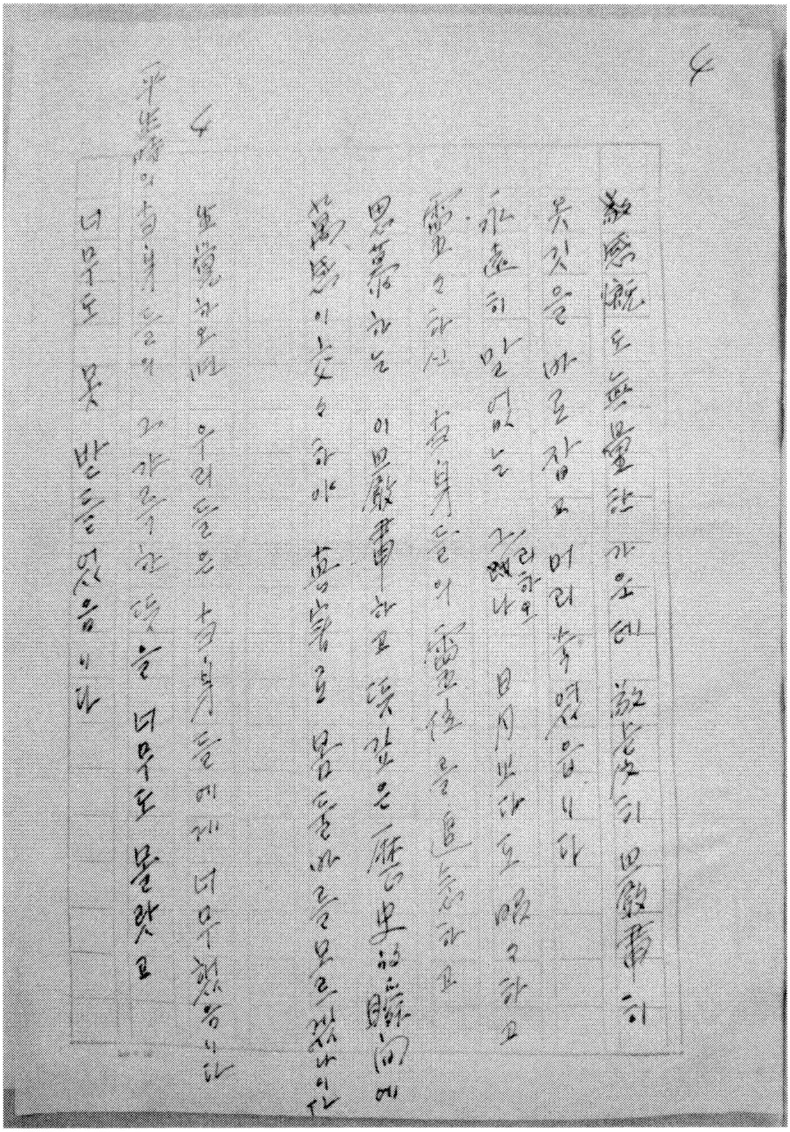
感慨도 無量한 가운데 感激의 恩嚴事이
옷깃을 바로 잡고 머리 숙였읍니다
永遠히 말없는 그리하였나 日月보다도 明々하고
靈々하신 先身들의 靈位를 追念하고
思慕하는 이 恩嚴事하고 뜻깊은 歷史的 瞬間에
萬感이 交々하야 喜嘗로 몸둘바를 모르겠나이다
4 生覺하오면 우리들은 先身들에게 너무 했읍니다
平生時의 先身들의 그 가득한 뜻을 너무도 몰랐고
너무도 못 받들었읍니다

오상순의 사신 4

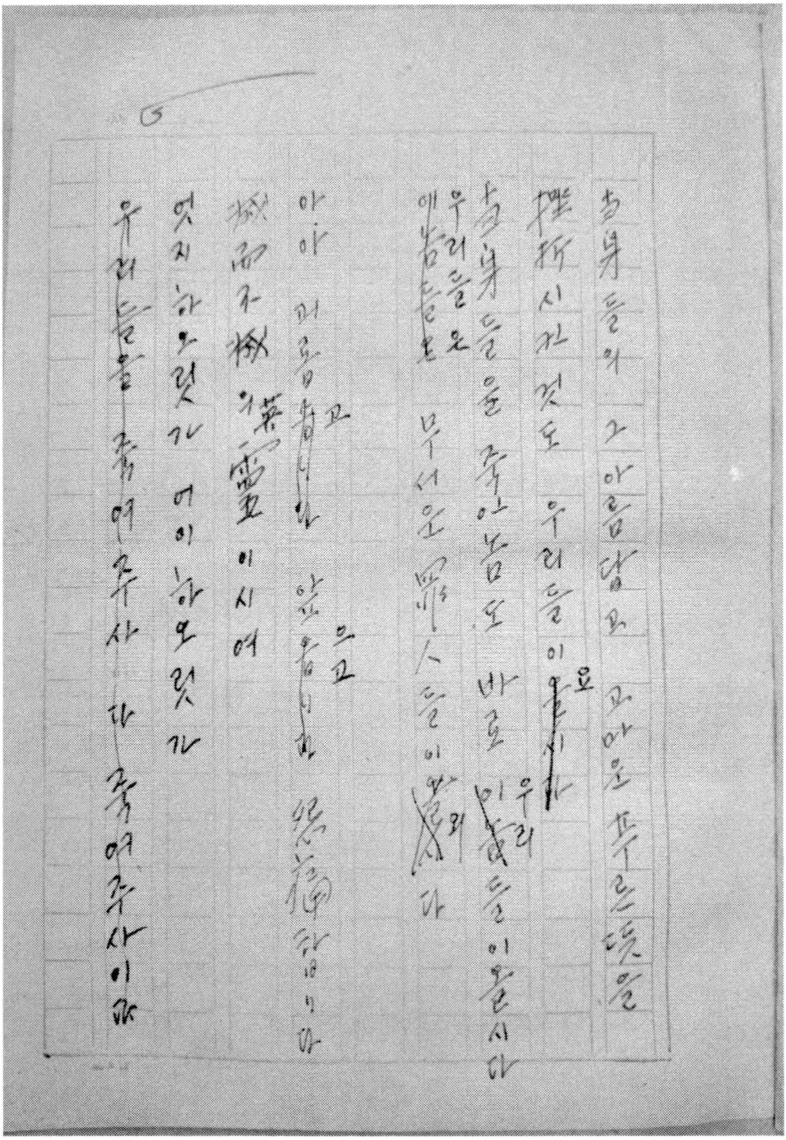

오상순의 사신 5

16. 김관식(金冠植, 1934~1970)

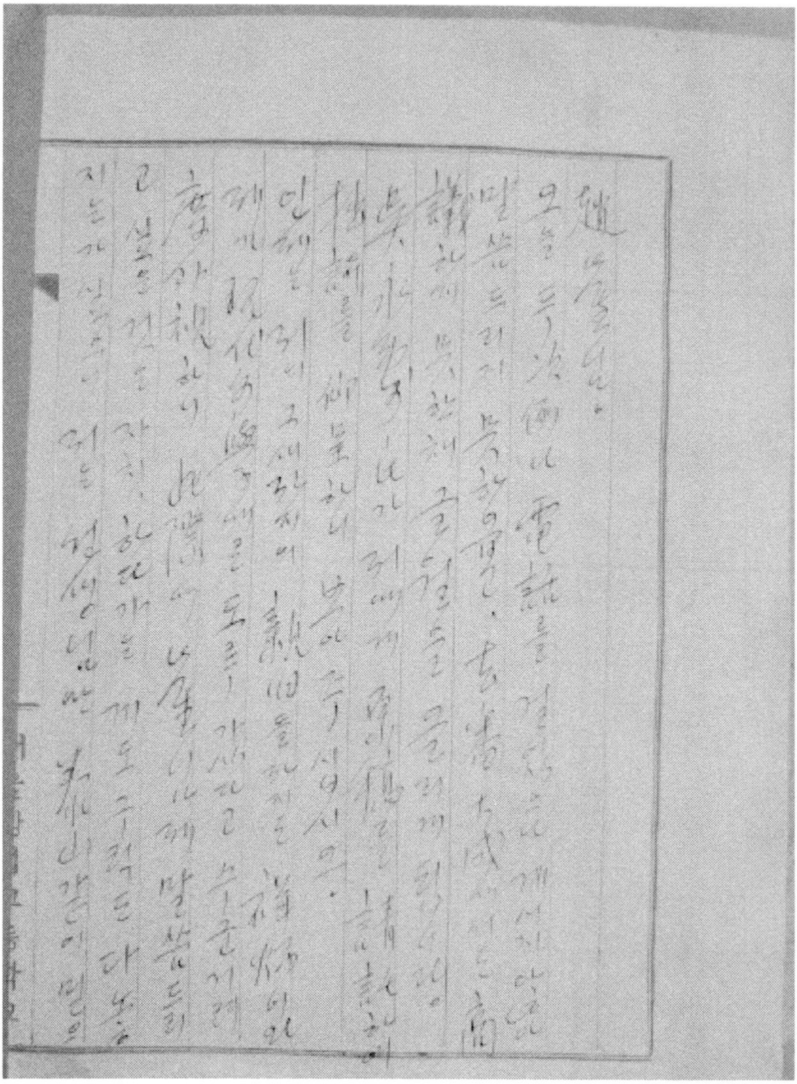

김관식의 사신 1

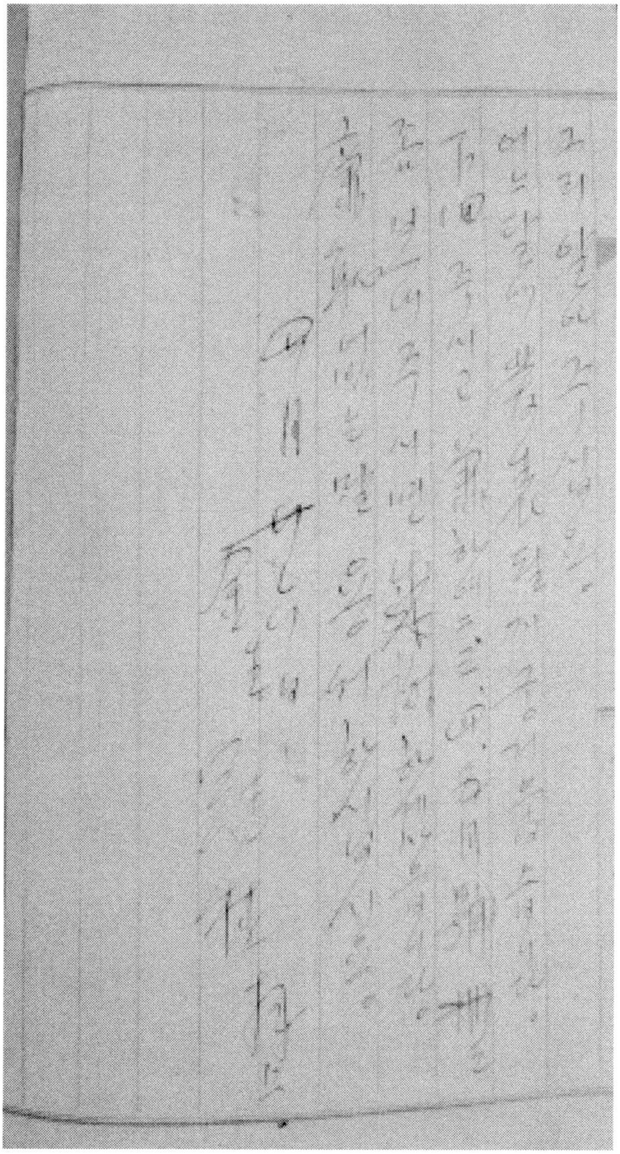

김관식의 사신 2

32. 신석초(申石艸, 1909~1975)

신석초의 사신 1

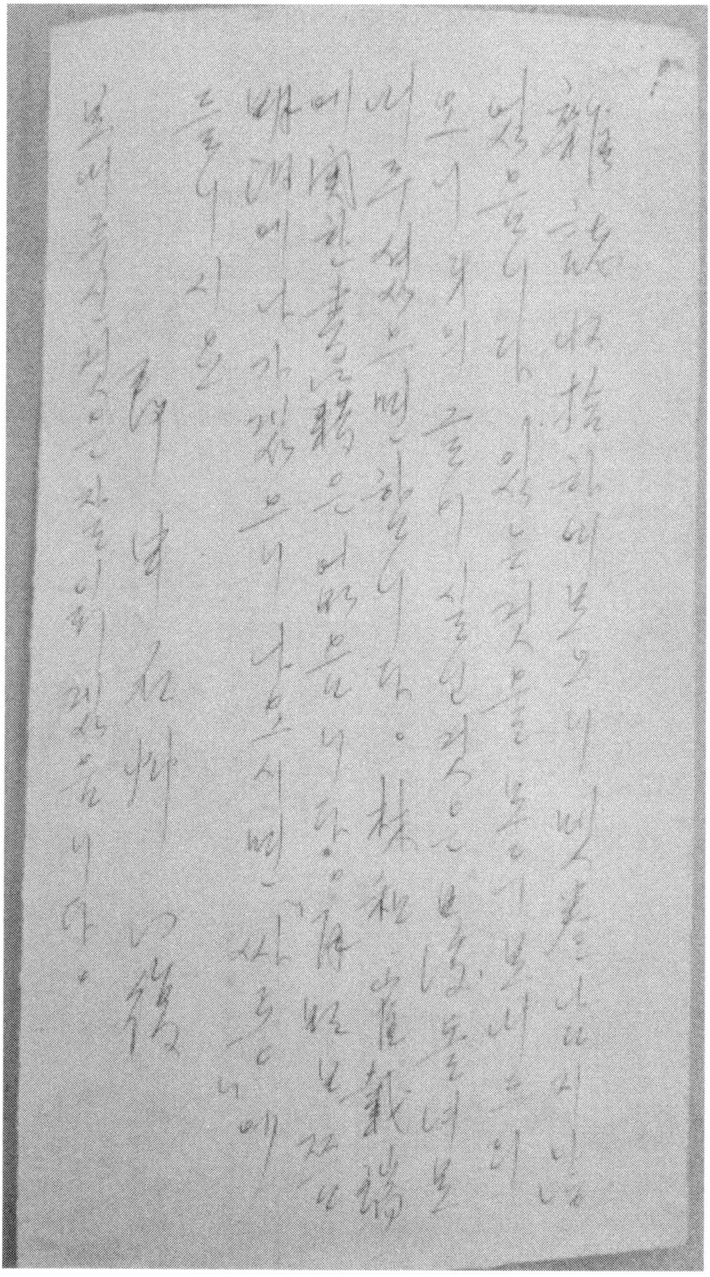

신석초의 사신 2

36. 박목월(朴木月, 1916~1978)

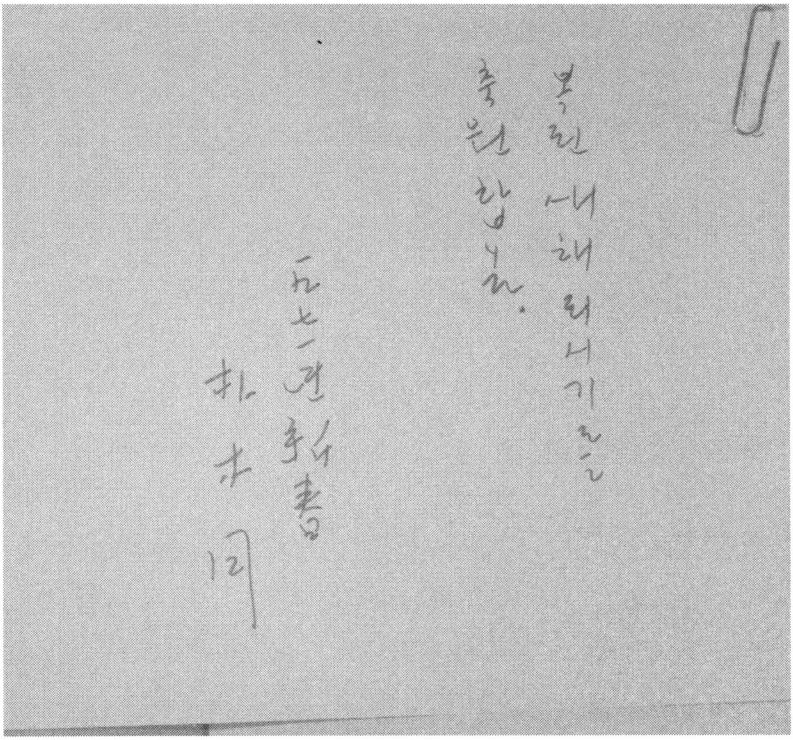

박목월이 조연현에게 보낸 엽서, 1971년 신춘

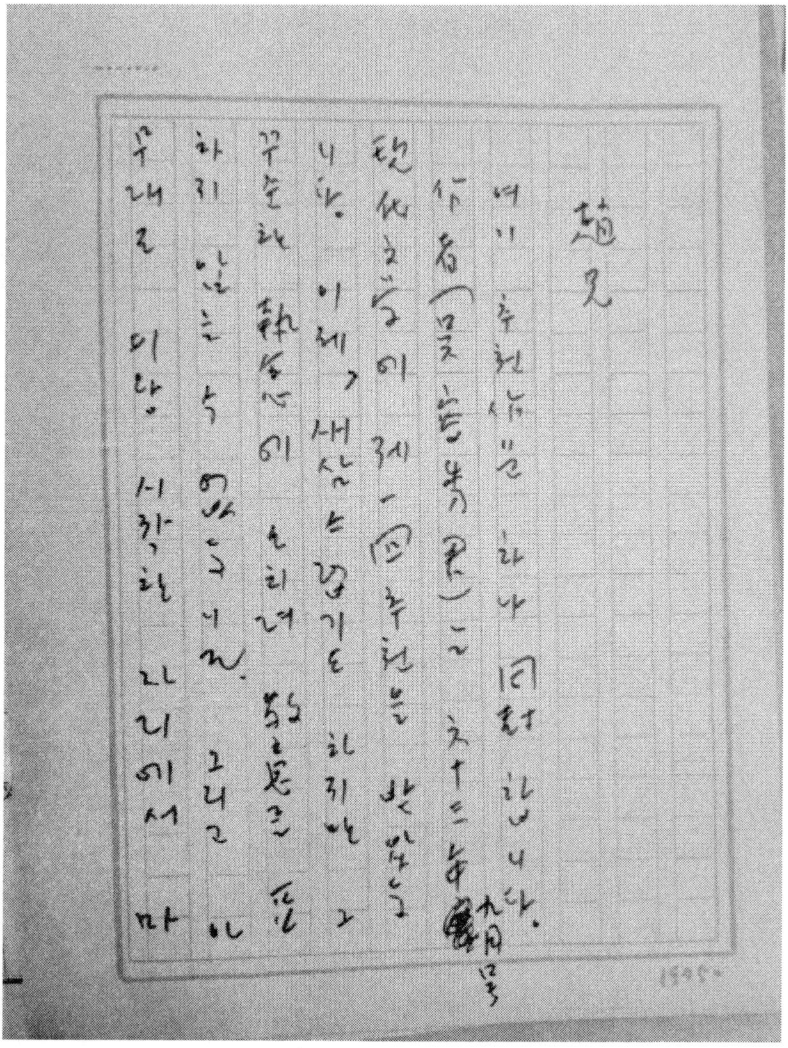

박목월의 사신 1

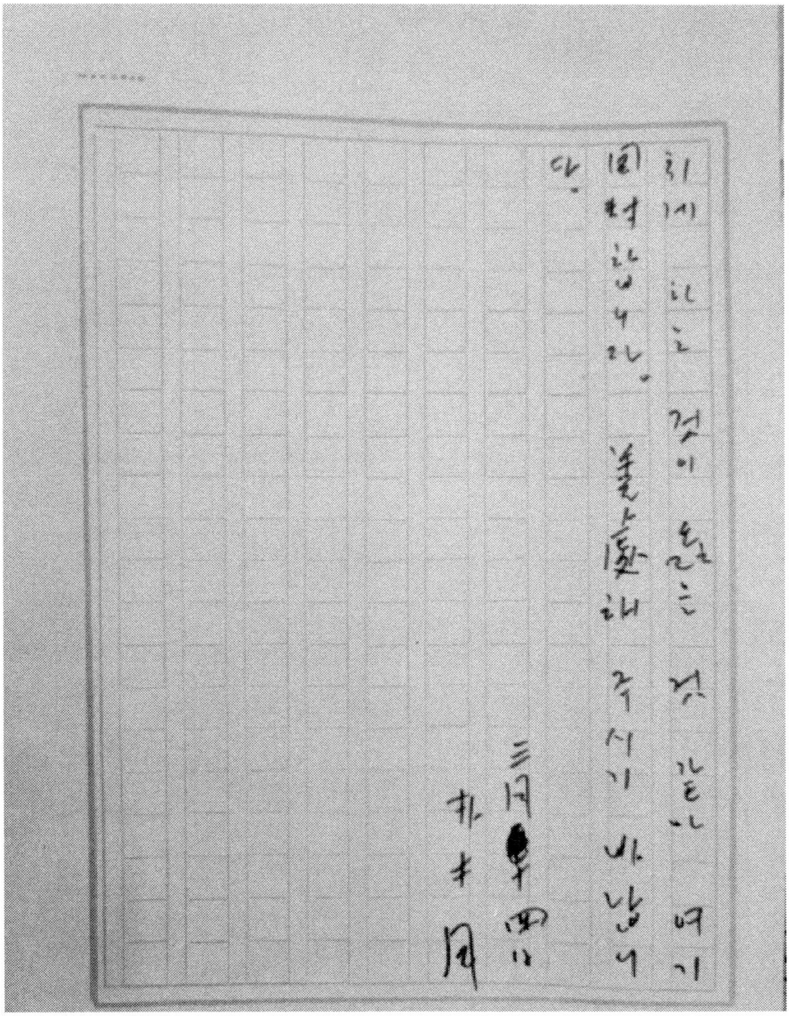
하게 하는 것이 좋은 것 같아 여기
同封합니다. 善處해 주시기 바랍니
다.

三月 十四日
朴木月

박목월의 사신 2

42. 장만영(張萬榮, 1914~1975)

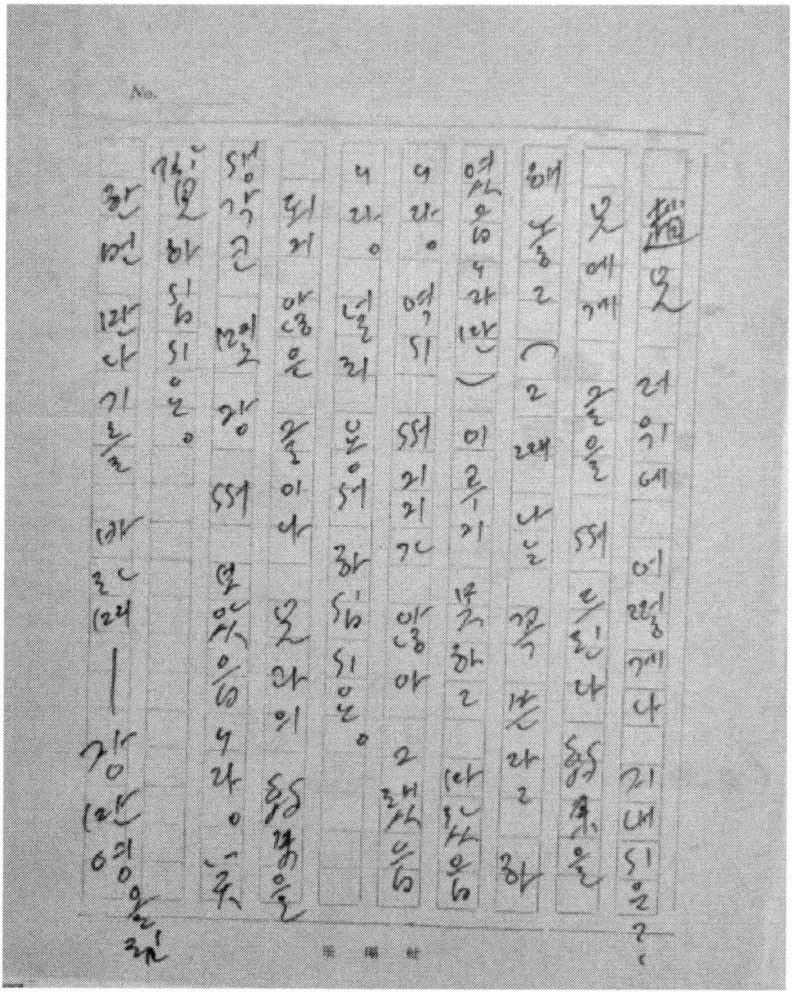

장만영의 사신 1

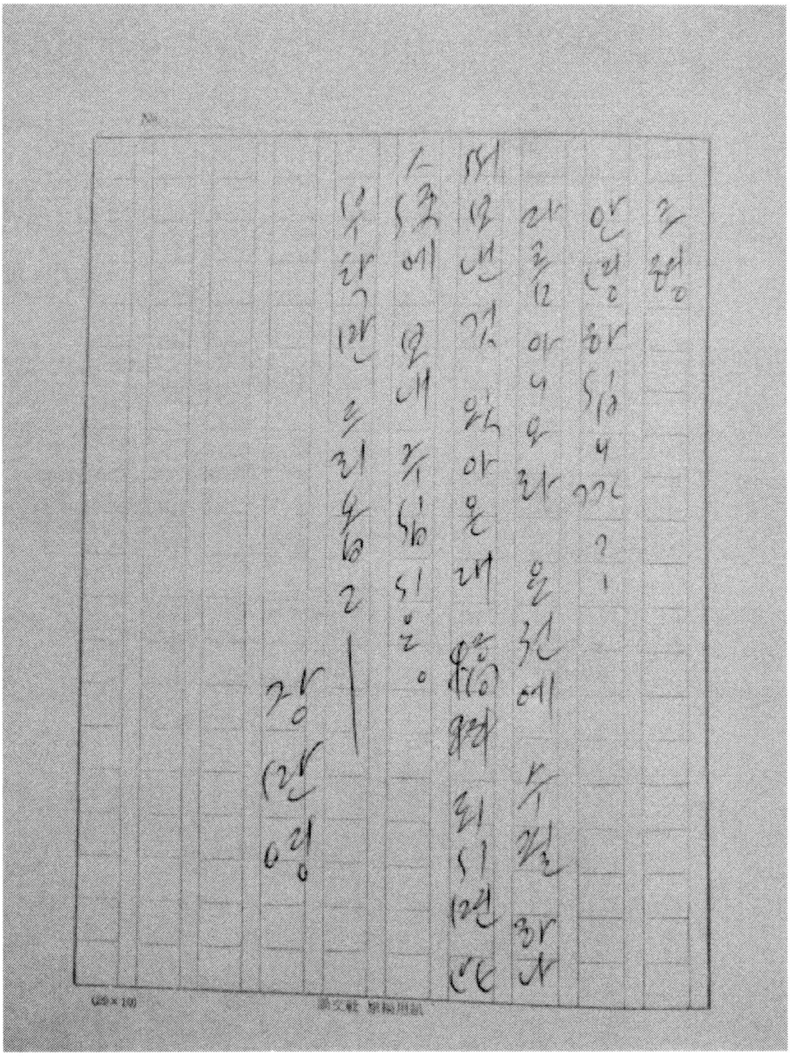

장만영의 사신 2

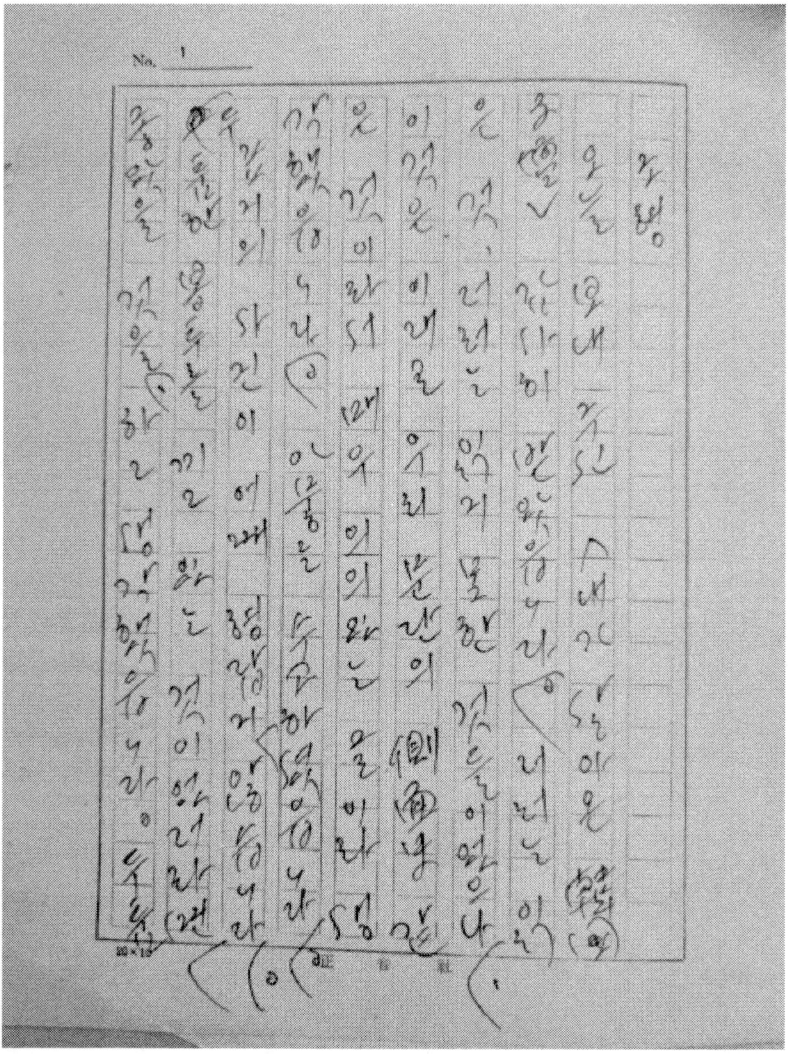

장만영의 사신 3

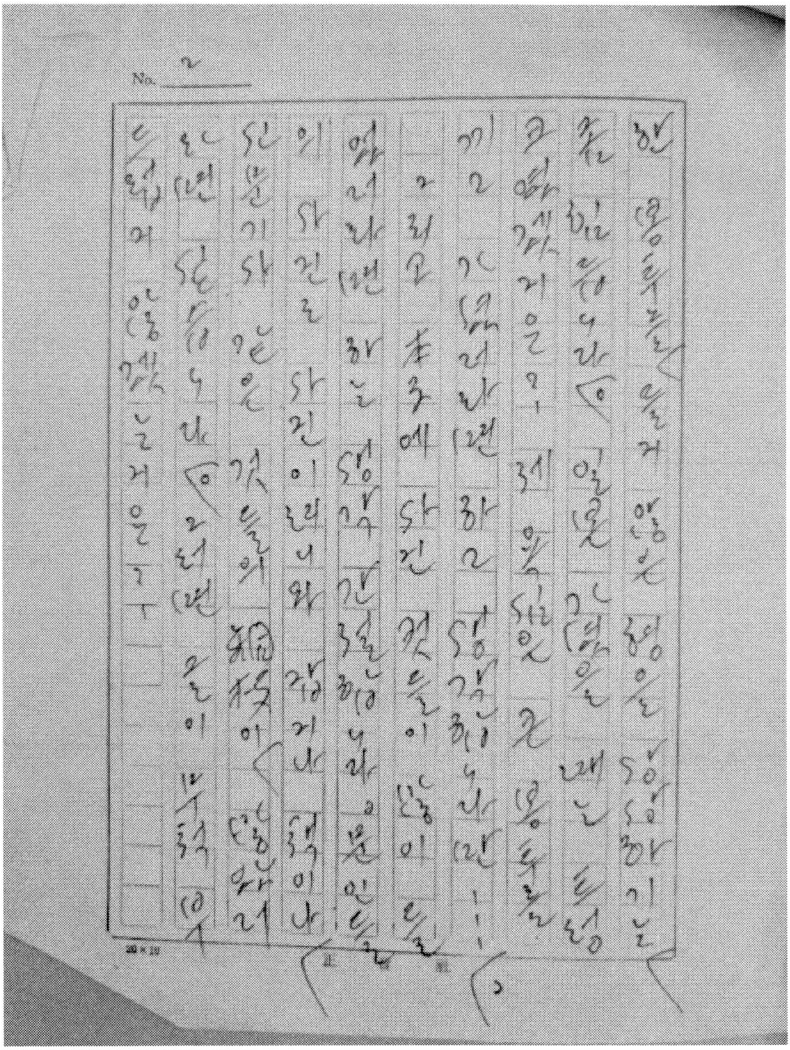

장만영의 사신 4

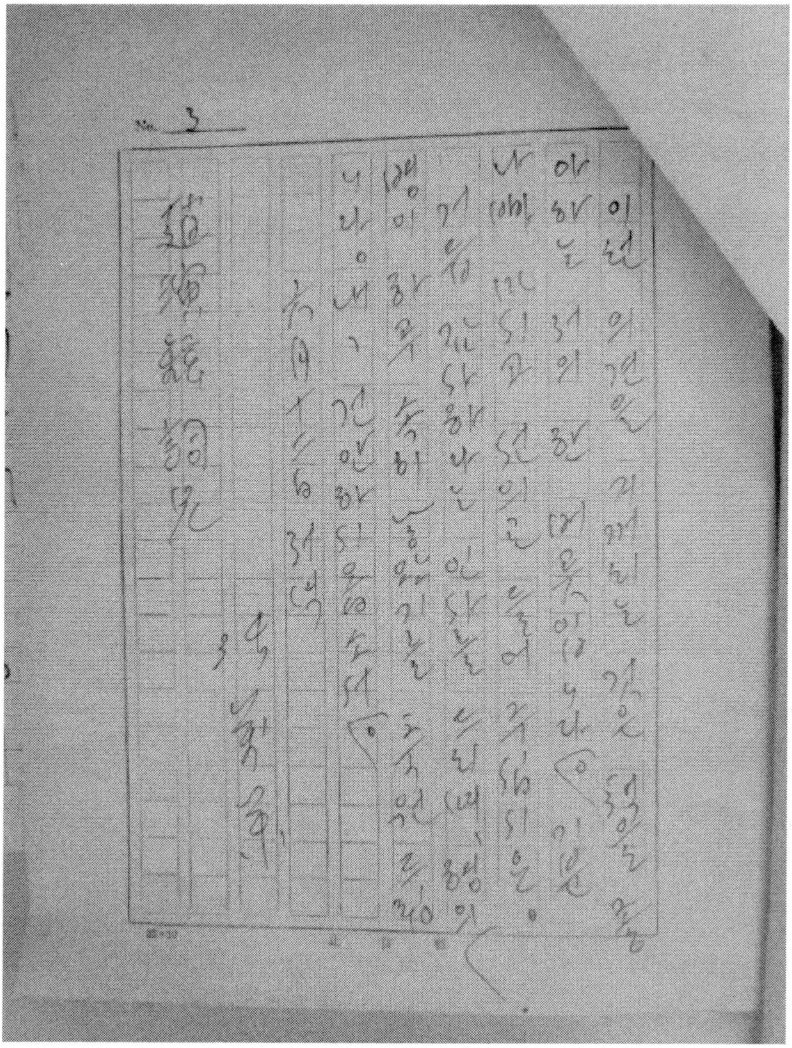

장만영의 사신 5

3. 1950년대 동·서양의 비평적 시각과 지역 비평계의 촉수(觸鬚)

6. 고석규(高錫珪, 1932~1958)

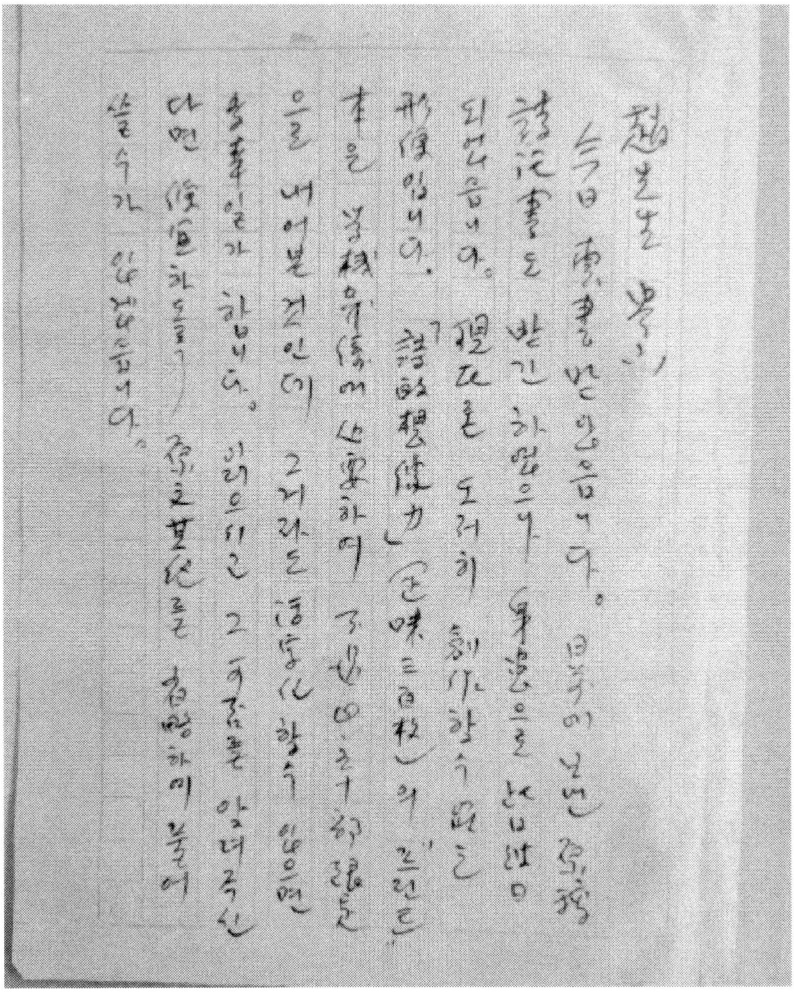

고석규의 사신 1

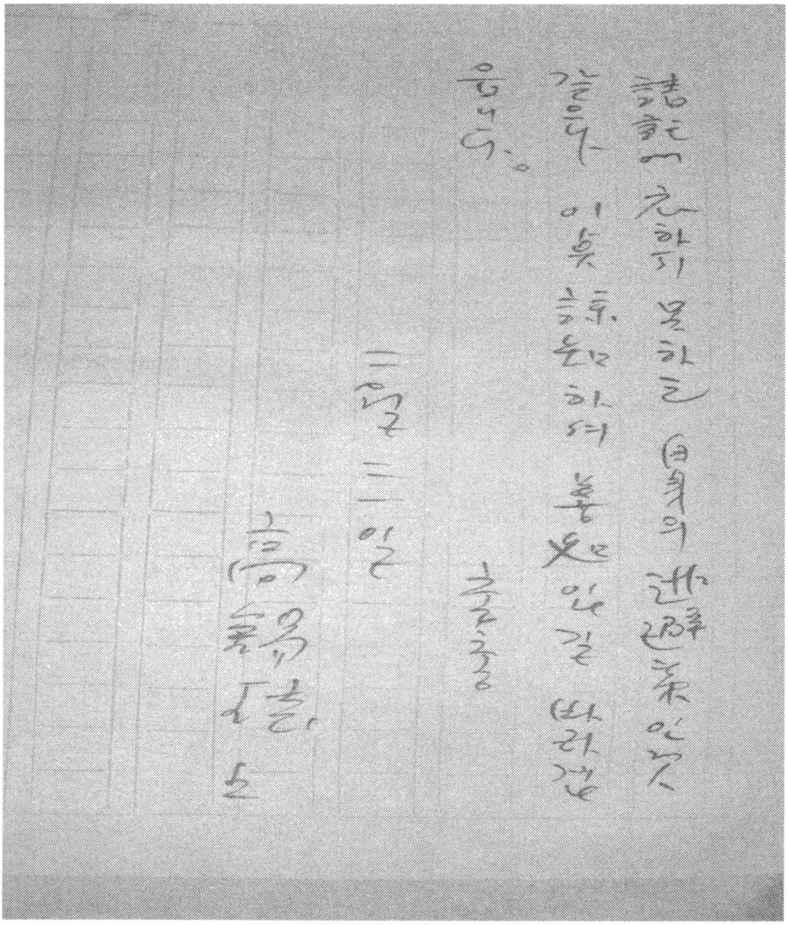

諸君에 充하지 못하는 自身의 過去來인것
같읍니다 이 後 諸君하여 幸福인 길 바라겠
읍니다.

草草

三월 三一일

高錫珪 上

고석규의 사신 2

9. 김종후(金鍾厚, 1928~1958)

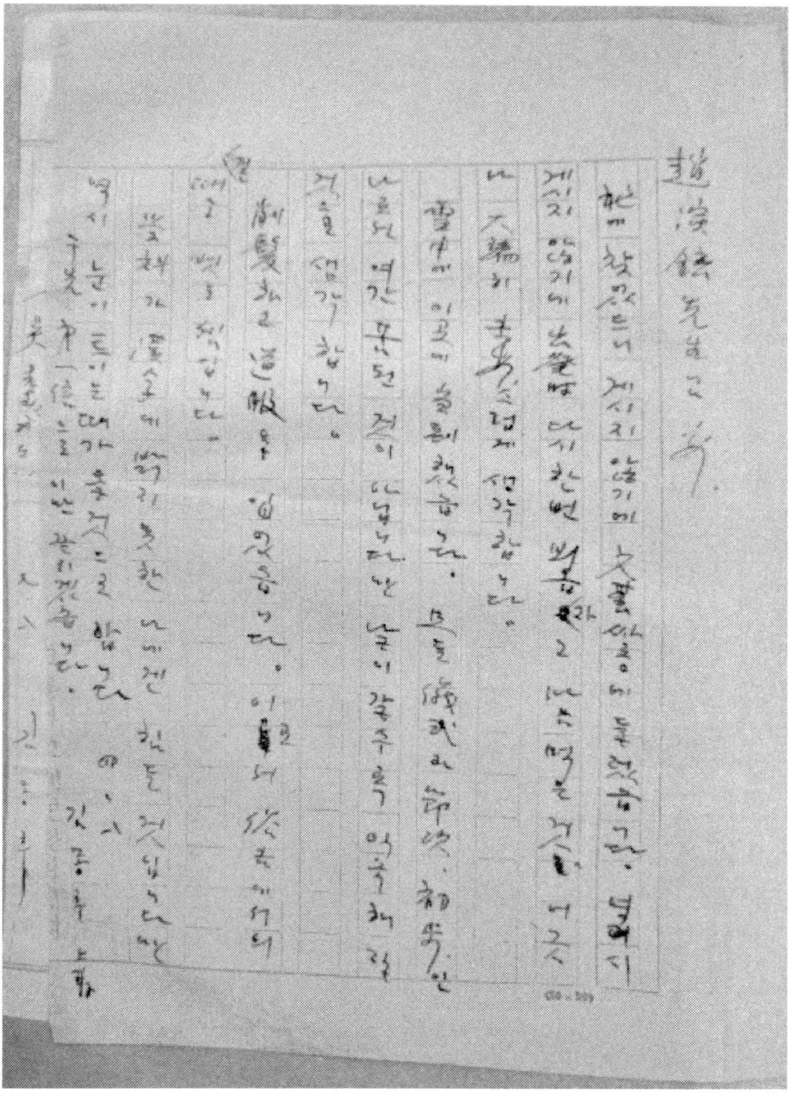

김종후의 사신 1

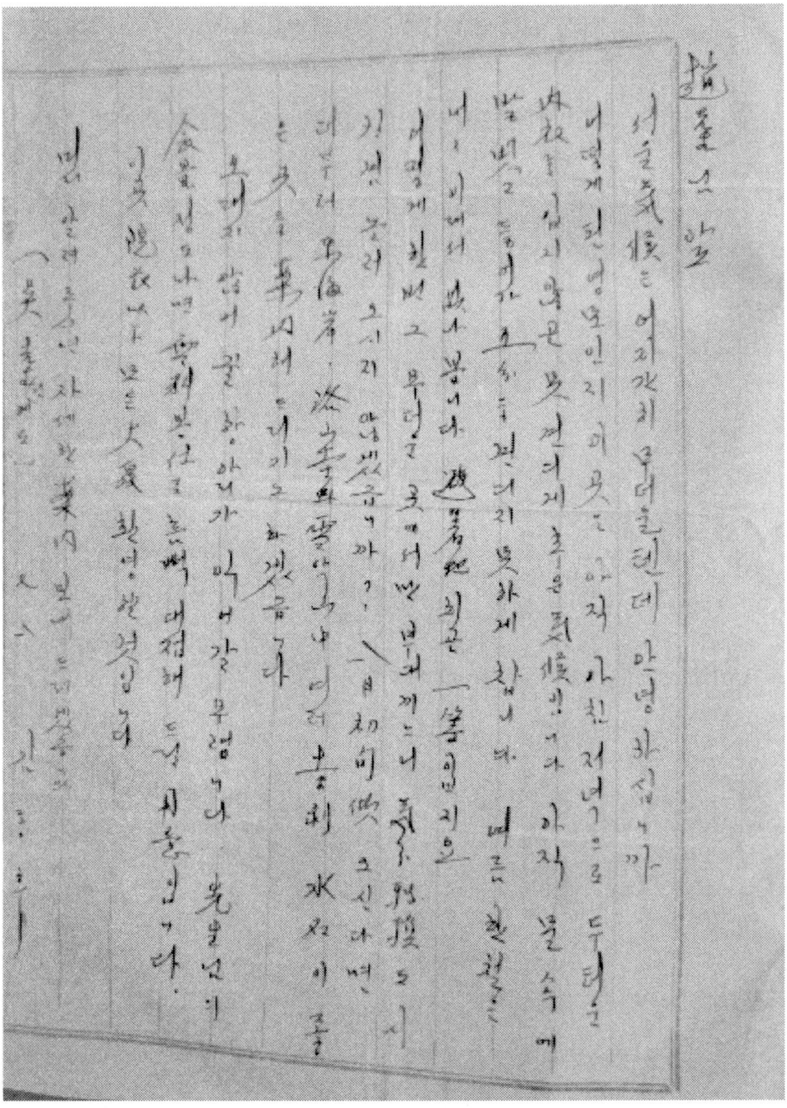

김종후의 사신 2

산청山淸 박종석朴種錫

문학평론가, 문학박사

2015 개정 고등 '국어' 교과서 집필 위원

『송욱 문학 연구』, 『송욱 평전』, 『한국현대시의 탐색』

『작가연구 방법론』(문화관광부 추천 – 우수학술도서)

『현대시 분석 방법론』(울산 작가상)

『비평과 삶의 감각』, 『조연현 평전』, 『현대시와 표절 양상』

『송욱의 실험 시와 주체적 시학』, 『에고티스트 송욱의 삶과 문학』

『박종석의 글쓰기 기술』(제4판), 『우리 시대의 독자』, 『작가 사신 연구 방법론』

『바로 써먹는 수업의 기술』외 교육 저서.

논문

「백석 시의 문체론적 고찰」(전국대학생학술논문발표, 한국학술진흥재단)

「송욱 시 해설」(『한국문학선집』 수록, 문학과 지성사)

「송욱의〈시학평전〉 연구」(새미작가론총서, 《송욱》 수록)

「고전시론과 현대시론의 한 접점 연구」(창간호 《한국시학연구》 수록)

「윤홍길의 〈장마〉론」(《동남어문논집》 수록) 외 논문.

상훈

옥조근정훈장

정릉으로 온 편지
첫 번째 이야기

초판 1쇄 인쇄 2024년 11월 25일
초판 1쇄 발행 2024년 12월 1일

지은이 박종석
펴낸이 박성복
펴낸곳 도서출판 월인
주소 01047 서울특별시 강북구 노해로25길 61
등록 1998년 5월 4일 제6-0364호
전화 (02) 912-5000
팩스 (02) 900-5036
홈페이지 www.worin.net
전자우편 worinnet@hanmail.net

ISBN 978-89-8477-731-6 93810

값은 뒤표지에 있습니다.